다락원

저자 약력

이치우(lcw66631@gmail.com)

인하대학교 문과대학 일어일문학과 졸업
일본 横浜国立大学 教育学部 研究生 수료
駐日 한국대사관 한국문화원 근무
(전)일본 와세다대학 객원 연구원
(전)한국디지털대학교 외래교수
(현)일본어 교재 저술가

저서

「최신 개정판 JLPT 일본어능력시험 한권으로 끝내기 N1/N2/N3/N4/N5」(다락원, 공저)
「4th EDITION JLPT 일본어 능력시험 [문자·어휘 / 문법 / 한자] 콕콕 찍어주마 N1/N2/N3/N4·5」(다락원)

JLPT 콕콕 찍어주마 N1 문자·어휘 4th EDITION

지은이 이치우
펴낸이 정규도
펴낸곳 (주)다락원

초판 1쇄 발행 2003년 9월 5일
개정2판 1쇄 발행 2010년 1월 5일
개정3판 1쇄 발행 2017년 12월 15일
개정3판 6쇄 발행 2025년 8월 26일

책임편집 김자임, 임혜련, 김은경, 한누리, 손명숙, 송화록
디자인 정현석, 이승현, 하태호(표지)

다락원 경기도 파주시 문발로 211
내용문의: (02)736-2031 내선 460~465
구입문의: (02)736-2031 내선 250~252
Fax: (02)732-2037
출판등록 1977년 9월 16일 제406-2008-000007호

ISBN 978-89-277-1169-8 18730
978-89-277-1168-1 (set)

http://www.darakwon.co.kr

- 다락원 홈페이지를 방문하시면 상세한 출판정보와 함께 동영상강좌, MP3자료 등 다양한 어학 정보를 얻으실 수 있습니다.
- **콕콕 기출 문제, 콕콕 예상 문제, 파이널 테스트의 해석**은 다락원 **홈페이지 학습자료실** 또는 **책날개의 QR코드**로 다운로드 받을 수 있습니다.

머리말

JLPT(일본어능력시험)는 일본어를 모국어로 하지 않는 학습자들의 일본어 능력을 측정하고 인정하는 것을 목적으로 하는 시험으로 일본국제교류기금 및 일본국제교육지원협회가 1984년부터 실시하고 있습니다.

JLPT는 1984년 총 15개 국가의 21개 도시에서 응모자 7,998명(일본 국내 2,849명, 해외 5,149명)으로 제1회 시험이 개시되어, 2016년에는 866,294명(제1회 389,674명, 제2회 476,620명)이 응시하는 대규모 시험으로 발전하였습니다. 일본 정부가 공인하는 세계 유일의 일본어 시험인 만큼 JLPT는 일본의 대학, 전문학교, 국내 대학교의 일본어과 등의 특기자 전형과 기업 인사 및 공무원 선발에서의 일본어 능력에 대한 평가 자료로도 활용되고 있습니다.

2010년부터 실시된 새로운 시험에서는 학습자들의 과제 수행을 위한 커뮤니케이션 능력을 측정하는 것을 목표로 하고 있으며, 기존 4단계에서 5단계로 단계 조정을 하게 되었습니다. 기존의 시험은 위의 급부터 1급-2급-3급-4급 구성이었지만, 새로운 시험에서는 N1-N2-N3-N4-N5로 바뀌었습니다. 여기서 「N」은 「NIHONGO(일본어)」, 「NEW(신)」의 첫 글자인 「N」을 가리킵니다.

1990~2017년까지의 일본어 능력시험 문자·어휘의 분석을 토대로 이번에 『JLPT 콕콕 찍어주마 N1 문자·어휘』를 개정하여 출간하게 되었습니다.

『JLPT 콕콕 찍어주마 N1 문자·어휘』 Part I 에는 1990~2017년까지 출제된 문자·어휘의 모든 단어와 연습 문제를, PartⅡ에는 예상 단어와 연습 문제를 실었습니다. 그리고 부록으로 학습자의 실력을 점검할 수 있도록 4회분의 「파이널 테스트」를 마련했습니다. 따라서 이 책만 충실히 공부한다면 JLPT N1 문자·어휘에 대한 고민은 더 이상 하지 않아도 되리라 확신합니다. 이 책으로 학습한 분들께 좋은 결과가 있기를 진심으로 기원합니다.

끝으로 자료 수집과 분석을 도와준 이한나 님, 감수를 해 주신 米倉安生 님, 이 책의 출판에 도움을 주신 (주)다락원의 정규도 사장님, 그리고 일본어 출판부 직원들에게 이 자리를 빌어 감사를 드립니다.

저자 이치우

JLPT 일본어 능력시험에 대하여

1. **목적 및 주최** | JLPT 일본어 능력시험은 원칙적으로 일본 국내외에서 일본어를 모국어로 하지 않는 사람을 대상으로 하며, 일본어를 공부하거나 사용하는 사람들의 일본어 능력을 측정하고 인정하는 것을 목적으로 한다. 일본 정부가 세계적으로 공인하는 유일한 일본어 시험으로 국제교류기금과 재단법인 일본국제교육지원협회가 주최한다.

2. **실시 횟수** | 매년 7월 첫 번째 일요일과 12월 첫 번째 일요일 2회 실시한다. 하지만 주관 부서의 사정에 따라 변경될 수도 있으니 http://www.jlpt.or.kr/ 에서 확인하기 바란다.

3. **레벨** | 시험은 N1, N2, N3, N4, N5로 나뉘어져 있어 수험자가 자신에게 맞는 레벨을 선택하면 된다. 각 레벨에 따라 N1~N2는 언어지식(문자·어휘·문법)·독해, 청해의 두 섹션으로, N3~N5는 언어지식(문자·어휘), 언어지식(문법)·독해, 청해의 세 섹션으로 나뉘어져 있다.

4. **시험결과 통지와 합격 여부** | JLPT 일본어 능력시험은 다음 예와 같이 각 과목의 ①구분 별 득점과 구분 별 득점을 합계한 ②총점을 통지하며, 이 두 가지 기준에 따라 합격 여부를 판정한다. 즉, 총점이 합격점 이상이고, 각 구분별 득점(과목별 점수)이 기준점 이상이어야 합격이 된다.

〈일반 수험자 합격 기준점〉

2017. 7월 시험 기준

레벨	합격점/만점	기준점		
		언어지식	독해	청해
N1	100점 / 180점	19점 / 60점	19점 / 60점	19점 / 60점

*2017년 7월 시험에서는 총점으로는 100점, 기준점으로는 각각 19점이 모두 넘어야 합격이 되었다.
만약 한 과목이라도 19점을 넘기지 못하면 총점이 100점을 넘더라도 불합격이 된다. 이 점수는 매년 달라진다.

*A 씨의 성적표 (예)

① 구분 별 득점			② 총점
언어지식	독해	청해	
60 / 60	30 / 60	15 / 60	105 / 180

불합격

*총점은 105점으로 합격점은 충족하지만, 청해가 15점으로 기준점 19점을 넘기지 못했다. 따라서 A 씨는 불합격이다.

*B 씨의 성적표 (예)

① 구분 별 득점			② 총점
언어지식	독해	청해	
40 / 60	30 / 60	35 / 60	105 / 180

합격

* 총점은 105점으로 합격점을 충족하며, 구분별 득점도 모두 19점 이상이므로 B 씨는 합격이다.

5. 시험 내용 | 각 레벨의 인정 기준을 【읽기】, 【듣기】라는 언어행동으로 나타낸다. 각 레벨에는 이 언어행동을 실현하기 위한 언어지식이 필요하다.

레벨	구성 (항목 / 시간)		인정 기준
N1	언어지식 (문자・어휘・문법) 독해	110분	**폭넓은 장면에서 사용되는 일본어를 이해할 수 있다.** 읽기 • 폭넓은 화제에 대해 쓰여진 신문의 논설, 논평 등 논리적으로 약간 복잡한 문장이나 추상도가 높은 문장 등을 읽고, 문장의 구성이나 내용을 이해할 수 있다. • 다양한 화제의 내용에 깊이 있는 내용을 읽고, 이야기의 흐름이나 상세한 표현 의도를 이해할 수 있다. 듣기 • 폭넓은 장면에 있어 자연스러운 속도의 정리된 회화나 뉴스, 강의를 듣고 이야기의 흐름이나 내용, 등장인물의 관계나 내용의 논리 구성 등을 상세하게 이해하거나 요지를 파악할 수 있다.
	청해	60분	
	계	170분	
N2	언어지식 (문자・어휘・문법) 독해	105분	**일상적인 장면에서 사용되는 일본어의 이해에 더해, 보다 폭넓은 장면에서 사용되는 일본어를 어느 정도 이해할 수 있다.** 읽기 • 폭넓은 화제에 대해 쓰여진 신문이나 잡지의 기사・해설, 평이한 논평 등 요지가 명쾌한 문장을 읽고 문장의 내용을 이해할 수 있다. • 일반적인 화제에 관한 내용을 읽고, 이야기의 흐름이나 표현 의도를 이해할 수 있다. 듣기 • 일상적인 장면에 더해 폭넓은 장면에서, 비교적 자연스러운 속도의 정리된 회화나 뉴스를 듣고 이야기의 흐름이나 내용, 등장인물의 관계를 이해하거나 요지를 파악할 수 있다.
	청해	50분	
	계	155분	
N3	언어지식(문자・어휘)	30분	**일상적인 장면에서 사용되는 일본어를 어느 정도 이해할 수 있다.** 읽기 • 일상적인 화제에 대해 쓰여진 구체적인 내용을 나타내는 문장을 읽고 이해할 수 있다. • 신문의 표제어 등에서 정보의 개요를 캐치할 수 있다. • 일상적인 장면에서 눈으로 보는 범위의 난이도가 약간 높은 문장은 대체 표현이 주어지면 요지를 이해할 수 있다. 듣기 • 일상적인 장면에서 비교적 자연스러운 속도의 정리된 회화를 듣고 이야기의 구체적인 내용을 등장인물의 관계 등과 맞춰서 거의 이해할 수 있다.
	언어지식(문법)・독해	70분	
	청해	40분	
	계	140분	
N4	언어지식(문자・어휘)	30분	**기본적인 일본어를 이해할 수 있다.** 읽기 • 기본적인 어휘나 한자로 쓰여진, 일상생활 중에서도 우리 주변의 화제의 문장을 읽고 이해할 수 있다. 듣기 • 일상적인 장면에서 약간 천천히 이야기하는 대화라면 내용을 거의 이해할 수 있다.
	언어지식(문법)・독해	60분	
	청해	35분	
	계	125분	
N5	언어지식(문자・어휘)	25분	**기본적인 일본어를 어느 정도 이해할 수 있다.** 읽기 • 히라가나나 가타카나, 일상생활에서 사용되는 기본적인 한자로 쓰여진 정형적 어구나 글, 문장을 읽고 이해할 수 있다. 듣기 • 교실이나 신변적인 일상생활 중에서도 자주 접하는 장면으로, 천천히 이야기하는 짧은 대화라면 필요한 정보를 캐치할 수 있다.
	언어지식(문법)・독해	50분	
	청해	30분	
	계	105분	

6. 성적표 교부 | 합격자에 한해 교부되는 급수별 「일본어 능력 인정서」와 함께 응시자 전원에게 합격・불합격의 결과를 알려주는 통지서, 인정 결과 및 성적에 관한 증명서를 교부한다.

N1 문자·어휘의 문제 유형 분석

JLPT 일본어 능력시험 N1 문자·어휘 문제는 「한자읽기」, 「문맥규정」, 「유의표현」, 「용법」의 4가지 유형으로 25문제가 출제된다.

問題 1 한자읽기

밑줄 친 한자를 바르게 읽은 것을 찾는 문제로, 문자·어휘 25문제 중 6문제가 출제된다.

問題 1 ＿＿＿の言葉の読み方として最もよいものを、1・2・3・4 から一つ選びなさい。

1 去年より利益がわずかに増えた。

1 りし　　2 りそく　　3 りえき　　4 りじゅん

2 橋本(はしもと)選手の活躍で、なんとかピンチを逃れた。

1 のがれた　　2 はなれた　　3 それた　　4 まぬがれた

問題 2 문맥규정

문맥에 맞는 어휘를 고르는 문제로, 문자·어휘 25문제 중 7문제가 출제된다.

問題 2 (　　　)に入れるのに最もよいものを、1・2・3・4 から一つ選びなさい。

7 物置の隅で、ほこり（　　　）になっている古い人形を見つけた。

1 ぐるみ　　2 がらみ　　3 まみれ　　4 ずくめ

8 木村(きむら)さんとは共通の趣味があるので、いつも会話が（　　　）。

1 舞う　　2 弾む　　3 転がる　　4 跳ねる

問題 3 유의표현

밑줄 친 단어나 표현과 의미가 비슷한 것을 찾는 문제로 문자·어휘 25문제 중 6문제가 출제된다.

問題 3 ＿＿＿の言葉に意味が最も近いものを、1・2・3・4 から一つ選びなさい。

14 この映画は画期的な手法で製作された。

1 広く知られている
2 最近ではめずらしい
3 非常に時間がかかる
4 今までになく新しい

15 あの企業は海外市場へ進出をもくろんでいる。

1 計画して
2 果たして
3 開始して
4 あきれめて

問題 4 용법

주어진 어휘의 올바른 사용법을 묻는 문제로 문자·어휘 25문제 중 6문제가 출제된다.

問題 4 次の言葉の使い方として最も近いものを、1・2・3・4 から一つ選びなさい。

20 連携

1 学校は地域と連携して生徒の安全を守っている。
2 複数の社員で一台のプリンターを連携して使っている。
3 最近の株価は、為替レートと連携して上下している。
4 登山のときには、必ず地図を連携してください。

21 不服

1 彼の失礼な態度は、そこにいた人々の不服を買った。
2 カラオケで思い切り歌って、日ごろの不服を晴らそう。
3 審判の判定に不服を唱えることはできない。
4 この部署で、お客様からの不服を受け付けています。

이 책의 구성 및 특징

이 책은 JLPT 일본어 능력시험 N1 문자 · 어휘에 완벽하게 대응하도록 분석 · 정리하여, 일본어 능력시험의 출제 경향을 한눈에 파악할 수 있도록 한 수험서입니다. 1990년부터 지금까지 출제된 모든 기출 단어를 싣고, 연습 문제로 실제 시험에 익숙해지도록 하였습니다.

Part Ⅰ 문자 · 어휘 기출편

JLPT 일본어 능력시험 N1 문자 · 어휘에 출제된 기출 어휘를 2017~2010년, 2009~1990년으로 나누어 정리하고, 이를 확인하는 콕콕 기출 문제를 실었습니다.

Part Ⅱ 문자 · 어휘 예상편

출제 가능성이 높은 단어를 품사별로 정리하고, 이를 확인하는 콕콕 예상 문제를 실었습니다.

파이널 테스트

JLPT 일본어 능력시험 N1 문자 · 어휘 시험과 같은 형식의 파이널 테스트를 4회 수록하여 마무리 점검을 할 수 있도록 하였습니다.

★ 교재에서 사용된 약자는 읽기→한자읽기 , 표기→표기, 문규→문맥규정, 형성→단어형성, 유의→유의표현, 용법→용법입니다.

★ 교재에서 분류한 품사는 절대적 기준이 아니며, 저자가 임의로 분류한 것입니다.

★ 명사와 な형용사 두가지 쓰임의 단어는 시험에 출제된 형태를 따랐습니다.

★ 콕콕 기출 문제, 콕콕 예상 문제, 파이널테스트의 해석은 다락원 홈페이지 또는 책날개의 QR코드를 이용하여 다운로드 받을 수 있습니다.

차례

Part I

문자 · 어휘 기출편

問題 ❶

한자읽기

1. 한자읽기 기출 2017~2010년
2. 한자읽기 기출 2009~1990년

1 한자읽기 기출 2017~2010년

問題1 한자읽기는 문자·어휘 25문제 중 6문제가 출제됩니다. 음독과 훈독이 섞여 출제되며, 음독은 청음·탁음 및 장단음의 차이를 포함한 정확한 발음 표기를, 훈독은 문장 전체의 뜻이 통할 수 있는 읽기의 식별 능력을 요구합니다.

2017

□ 潤(うるお)す 적시다, 축축하게 하다	□ 怠(おこた)る 게을리하다	□ 開拓(かいたく) 개척
□ 傾斜(けいしゃ) 기울, 경사	□ 指図(さしず) 지시, 지휘	□ 殺菌(さっきん) 살균
□ 託(たく)す 맡기다	□ 暴露(ばくろ) 폭로	□ 阻(はば)む 방해하다
□ 復興(ふっこう) 부흥	□ 巡(めぐ)る 돌다, 순회하다	□ 了承(りょうしょう) 승낙, 납득, 양해

2016

□ 賢(かしこ)い 현명하다, 영리하다	□ 偏(かたよ)る 치우치다, 기울다	□ 鑑定(かんてい) 감정
□ 顕著(けんちょ)だ 현저하다	□ 樹木(じゅもく) 수목	□ 人脈(じんみゃく) 인맥
□ 廃(すた)れる 쇠퇴하다, 소용없게 되다	□ 相場(そうば) 시세	□ 多岐(たき) 다기, 여러 갈래로 갈려 복잡함
□ 蓄(たくわ)える 저장하다, 모으다	□ 陳列(ちんれつ) 진열	□ 華(はな)やかだ 화려하다

2015

□ 値(あたい)する 가치가 있다, ~할 만하다	□ 淡(あわ)い (맛·빛깔이) 진하지 않다	□ 画一的(かくいつてき)だ 획일적이다
□ 興奮(こうふん) 흥분	□ 慕(した)われる 존경받다	□ 承諾(しょうだく) 승낙
□ 随時(ずいじ) 수시, 그때그때	□ 添付(てんぷ) 첨부	□ 唱(とな)える 외치다, 주장하다
□ 励(はげ)む 힘쓰다, 노력하다	□ 破損(はそん) 파손	□ 変遷(へんせん) 변천

2014

- □ 否(いな)めない 부정할 수 없다
- □ 概略(がいりゃく) 개략, 대략
- □ 凝縮(ぎょうしゅく) 응축
- □ 厳正(げんせい)だ 엄정하다
- □ 拒(こば)む 거부하다
- □ 遂行(すいこう) 수행
- □ 健(すこ)やかだ 튼튼하다, 건전하다
- □ 漂(ただよ)う 떠돌다, 표류하다
- □ 中枢(ちゅうすう) 중추
- □ 督促(とくそく) 독촉
- □ 臨(のぞ)む 임하다
- □ 躍進(やくしん) 약진

2013

- □ 跡地(あとち) 철거지, 잔해
- □ 憤(いきどお)り 분노
- □ 憩(いこ)い 휴식
- □ 愚(おろ)かだ 어리석다
- □ 緩和(かんわ) 완화
- □ 巧妙(こうみょう)だ 교묘하다
- □ 趣旨(しゅし) 취지
- □ 需要(じゅよう) 수요
- □ 貫(つらぬ)く 관철하다
- □ 日夜(にちや) ① 밤낮 ② 언제나, 늘
- □ 把握(はあく) 파악
- □ 貧富(ひんぷ) 빈부

2012

- □ 改革(かいかく) 개혁
- □ 覆(くつがえ)す 뒤엎다
- □ 群衆(ぐんしゅう) 군중
- □ 克明(こくめい)だ ① 자세하고 꼼꼼하다 ② 성실하고 정직하다
- □ 心地(ここち)よい 기분이 좋다
- □ 費(つい)やす 소비하다
- □ 手際(てぎわ) 솜씨, 수완
- □ 踏襲(とうしゅう)する 답습하다, 전철을 밟다
- □ 名誉(めいよ) 명예
- □ 網羅(もうら) 망라
- □ 由緒(ゆいしょ) 유서
- □ 枠(わく) 테두리

2011

□ 閲覧(えつらん) 열람	□ 合併(がっぺい) 합병	□ 肝心(かんじん)だ 중요하다
□ 兆(きざ)し 조짐, 징조	□ 考慮(こうりょ) 고려	□ 根拠(こんきょ) 근거
□ 遮(さえぎ)る 가로막다, 차단하다	□ 釈明(しゃくめい) 변명, 해명	□ 鈍(にぶ)る 둔해지다
□ 逃(のが)れる 벗어나다, 면하다	□ 漠然(ばくぜん) 막연함	□ 利益(りえき) 이익

2010

□ 潤(うるお)う ① 축축해지다 ② 혜택을 받다	□ 極(きわ)める 극도로 ~하다, 다하다	□ 契約(けいやく) 계약
□ 壊(こわ)す 부수다	□ 締(し)める ① (끈 등으로) 매다 ② 죄다, 잠그다	
□ 推理(すいり) 추리	□ 手薄(てうす)だ ① 허술하다 ② 불충분하다	
□ 練(ね)る ① 반죽하다 ② (계획, 구상) 짜다, 다듬다 ③ (기술을) 연마하다		□ 華々(はなばな)しい 화려하다, 훌륭하다
□ 繁盛(はんじょう) 번성, 번창	□ 伴奏(ばんそう) 반주	□ 本筋(ほんすじ) 본론

콕콕 기출 문제 01 한자읽기 /10

問題１ ＿＿＿の言葉の読み方として最もよいものを、１・２・３・４から一つ選びなさい。

1 一杯の水でのどを潤した。(17)

1 たがやした　2 ぬらした　3 うるおした　4 いやした

2 米倉（よねくら）さんは教育界に広い人脈があります。(16)

1 にんびゃく　2 にんみゃく　3 じんびゃく　4 じんみゃく

3 重要なデータはこのコンピューターに蓄えている。(16)

1 かかえて　2 そなえて　3 たくわえて　4 たずさえて

4 このグラフは我が社の売上高の変遷を示したものです。(15)

1 へんさい　2 へんせい　3 へんさん　4 へんせん

5 応募作品を厳正に審査した。(14)

1 げんせい　2 げんしょう　3 がんせい　4 がんしょう

6 介護制度の整備が遅れているという事実は否めないだろう。(14)

1 いなめない　2 こばめない　3 ひめない　4 ゆがめない

7 彼の警告を無視するのは愚かなことだ。(13)

1 すみやかな　2 したたかな　3 おろかな　4 ひそかな

8 鳥の鳴き声で目がさめるというのは心地よいものだ。(12)

1 ここじよい　2 ここちよい　3 こころじよい　4 こころちよい

9 そのうわさにはぜんぜん根拠がない。(11)

1 こんしょ　2 こんじょ　3 こんきょ　4 こんぎょ

10 石川（いしかわ）さんははでなネクタイを締めていた。(10)

1 はめて　2 しめて　3 からめて　4 ゆるめて

답 1③ 2④ 3③ 4④ 5① 6① 7③ 8② 9③ 10②

콕콕 기출 문제 02 한자읽기 /10

問題 1 ＿＿＿の言葉の読み方として最もよいものを、１・２・３・４から一つ選びなさい。

1 このせっけんには殺菌効果があります。(17)

1 ざっきん　2 さっきん　3 ざっこん　4 さっこん

2 彼は日本各地のお寺(てら)を巡る旅に出かけた。(17)

1 さぐる　2 たどる　3 めぐる　4 ねばる

3 エジプトの宝物はこの部屋に陳列してあります。(16)

1 ちんれい　2 ちんれつ　3 しんれい　4 しんれつ

4 あの化学者はノーベル賞に値すると思います。(15)

1 あたいする　2 ちょくする　3 ねする　4 ちする

5 口では拒んでいつも内心は許している。(14)

1 にくんで　2 うらんで　3 こばんで　4 おがんで

6 相手チームの巧妙な作戦に引っかかってしまった。(13)

1 きみょう　2 きしょう　3 こうみょう　4 こうしょう

7 あそこに見えるのは、千年前に建てられた由緒あるお寺です。(12)

1 ゆうしょう　2 ゆうしょ　3 ゆいしょう　4 ゆいしょ

8 ようやく景気回復の兆しが見え始めた。(11)

1 しるし　2 あかし　3 きざし　4 ひざし

9 彼女の経営のもとでその店は繁盛した。(10)

1 はんしょう　2 はんじょう　3 びんしょう　4 びんじょう

10 彼はきのうの試合で華々しいデビューを飾った。(10)

1 ものものしい　2 おもおもしい　3 はなばなしい　4 そうぞうしい

답 1② 2③ 3② 4① 5③ 6③ 7④ 8③ 9② 10③

콕콕 기출 문제 03 한자읽기

/10

問題１　＿＿＿の言葉の読み方として最もよいものを、１・２・３・４から一つ選びなさい。

1 子供たちは先生の指図で１列に並んだ。(17)

1 さしじ　2 さしず　3 しず　4 しじ

2 石原（いしはら）さんは地域の振興に顕著な功績があった。(16)

1 けんちょう　2 けんちょ　3 げんちょう　4 げんちょ

3 その学校は随時生徒を募集している。(15)

1 じゅうじ　2 しゅうじ　3 ずいじ　4 すいじ

4 その会社はここ数年でめざましい躍進を遂げた。(14)

1 ようしん　2 とうしん　3 やくしん　4 たくしん

5 国民の大多数が官僚の不正に憤りを感じている。(13)

1 いきどおり　2 おせり　3 こだわり　4 いかり

6 政府はその橋の建設に20億円を費やした。(12)

1 ついやした　2 つやした　3 ひいやした　4 ひやした

7 大臣は不用意な発言を釈明した。(11)

1 しゃくめい　2 たくめい　3 やくめい　4 しゅくめい

8 ３つの銀行は合併して世界最大の銀行になった。(11)

1 ごうべい　2 ごうべん　3 がっぺい　4 がっぺん

9 山田（やまだ）さんのスピーチはしばしば本筋からそれた。(10)

1 ほんすじ　2 ほんきん　3 もとすじ　4 もときん

10 その選手は新設チームと契約を結んだ。(10)

1 けいやく　2 せいやく　3 ようやく　4 こうやく

답 1② 2② 3③ 4③ 5① 6① 7① 8③ 9① 10①

問題１　＿＿＿の言葉の読み方として最もよいものを、１・２・３・４から一つ選びなさい。

1 この手紙をお渡しするよう託されて参りました。(17)

1 かされて　2 まかされて　3 くだされて　4 たくされて

2 鈴木(すずき)さんの趣味はガーデニングからパラグライダーまで多岐にわたる。(16)

1 だぎ　2 だき　3 たぎ　4 たき

3 筆跡(ひっせき)鑑定によって本人かどうかの確認がすぐに行われた。(16)

1 かんてい　2 かんじょう　3 けんてい　4 けんじょう

4 その会合で話し合ったことの概略をお話ししましょう。(14)

1 がいかく　2 きかく　3 がいりゃく　4 きりゃく

5 そのような発言は本会合の趣旨に反する。(13)

1 しゅうし　2 しゅうじ　3 しゅし　4 しゅじ

6 政府はその地震による被害状況の把握に努めている。(13)

1 ばおく　2 はおく　3 ばあく　4 はあく

7 新社長は、これまでの経営方針を踏襲すると述べた。(12)

1 とうしょう　2 とうしゅう　3 としょう　4 としゅう

8 彼はその取り引きで約５００万円の利益をあげた。(11)

1 りし　2 りそく　3 りじゅん　4 りえき

9 約束の時間に遅れないようにすることが肝心だ。(11)

1 たんしん　2 かんしん　3 たんじん　4 かんじん

10 景子(けいこ)さんはその曲を伴奏なしで歌った。(10)

1 ばんそ　2 はんそ　3 ばんそう　4 はんそう

답 1④ 2④ 3① 4③ 5③ 6④ 7② 8④ 9④ 10③

콕콕 기출 문제 05 한자읽기 /10

問題 1 ＿＿＿の言葉の読み方として最もよいものを、１・２・３・４から一つ選びなさい。

1 雪がすべり落ちるように屋根(やね)は大きく傾斜している。(17)

1 けいしゃ　2 けいさ　3 かいしゃ　4 かいさ

2 DVDの出現でレーザーディスクは廃れてしまった。(16)

1 くずれて　2 かすれて　3 すたれて　4 つぶれて

3 提出された彼の申請書には免許証の写しが添付してあった。(15)

1 てんぷ　2 でんぷ　3 てんふ　4 でんふ

4 この短いフレーズに彼の様々な思いが凝縮されている。(14)

1 のうしゅく　2 のしゅく　3 ぎょうしゅく　4 ぎしゅく

5 彼は目標達成のために日夜努力した。(13)

1 じつよ　2 じつや　3 にちよ　4 にちや

6 通勤ラッシュ緩和のため列車が増発(ぞうはつ)された。(13)

1 がんわ　2 かんわ　3 だんわ　4 たんわ

7 花子(はなこ)さんは手際よく仕事を片づけた。(12)

1 しゅざい　2 しゅさい　3 てぎわ　4 てきわ

8 この文書には、当時の生活の様子が克明に記録されている。(12)

1 こうめい　2 こくめい　3 きょうめい　4 きょくめい

9 あの店のシェフは近ごろ腕が鈍ってきたようです。(11)

1 ちぢまって　2 とどこおって　3 にぶって　4 おとって

10 その少年の推理は正しいことが分かった。(10)

1 ろんり　2 どうり　3 すいり　4 しんり

답 1① 2③ 3① 4③ 5④ 6② 7③ 8② 9③ 10③

콕콕 기출 문제 06 한자읽기

/10

問題１　＿＿＿の言葉の読み方として最もよいものを、１・２・３・４から一つ選びなさい。

1　世界中の企業が中国市場の開拓に魅力（みりょく）を感じている。(17)

1　かいたく　2　かいだく　3　かいせき　4　かいぜき

2　ここ１週間、相場は不安定な状態が続いている。(16)

1　そうば　2　そうじょう　3　あいば　4　あいじょう

3　彼は借金の返済を督促してきた。(14)

1　さいそく　2　とくそく　3　さいぞく　4　とくぞく

4　子が心身ともに健やかに育つよう祈っている。(14)

1　おだやか　2　しとやか　3　さわやか　4　すこやか

5　鈴木（すずき）さんは最後まで自分の主張を貫いた。(13)

1　つらぬいた　2　つらむいた　3　すらぬいた　4　すらむいた

6　缶詰工場の跡地が、今は駐車場になっている。(13)

1　せきち　2　せきじ　3　あとち　4　あとじ

7　怒った群衆が本社の周りに集まってきている。(12)

1　ぐんしゅ　2　ぐんしゅう　3　かんしゅ　4　かんしゅう

8　金メダルを取ることは選手にとっても国にとっても名誉なことだ。(12)

1　めいよ　2　めいよう　3　めいゆ　4　めいゆう

9　高校生のころ、「将来は海外で働きたい」と漠然と考えていた。(11)

1　もうぜん　2　まくぜん　3　ぼうぜん　4　ばくぜん

10　我が社は今極めて重大な問題に直面している。(10)

1　つきつめて　2　つとめて　3　あらためて　4　きわめて

답 1① 2① 3② 4④ 5① 6③ 7② 8① 9④ 10④

콕콕 기출 문제 07 한자읽기　/10

問題 1　＿＿＿の言葉の読み方として最もよいものを、１・２・３・４から一つ選びなさい。

1 崖崩れ(がけくず)に遭(あ)った被害者(ひがいしゃ)の救出作業が激(はげ)しい雨に阻まれている。(17)

1 はばまれて　2 にらまれて　3 からまれて　4 こばまれて

2 公園内には様々な種類の樹木が茂っている。(16)

1 じゅうもく　2 じゅもく　3 しゅうもく　4 しゅもく

3 この説は、山田(やまだ)氏が２５年前に初めて唱えた。(15)

1 うったえた　2 かなえた　3 たたえた　4 となえた

4 洪水による家屋の破損は大きかった。(15)

1 はそん　2 はいん　3 ひそん　4 ひいん

5 この３０年で、この国の貧富の差は縮まってきている。(13)

1 びんぷ　2 びんふ　3 ひんぷ　4 ひんふ

6 アジアでの日本の中古車の需要は高い。(13)

1 じゅうよう　2 じゅよう　3 しゅうよう　4 しゅよう

7 従来の枠を超えて新しい分野に進出する企業が増えている。(12)

1 わく　2 ふち　3 みぞ　4 かべ

8 これまでの学説を覆すような新事実が発見された。(12)

1 ゆるがす　2 まどわす　3 くつがえす　4 ひるがえす

9 視界を遮るものは何もなく、目の前には海が広がっていた。(11)

1 さまたげる　2 せばめる　3 へだてる　4 さえぎる

10 もう少しアイディアを練ってからお話しします。(10)

1 ねって　2 ほって　3 つのって　4 けずって

답 1① 2② 3④ 4① 5③ 6② 7① 8③ 9④ 10①

콕콕 기출 문제 08 한자읽기

/10

問題 1 ＿＿＿の言葉の読み方として最もよいものを、１・２・３・４から一つ選びなさい。

1 市当局の腐敗(ふはい)は新聞に暴露された。(17)

1 ばくろう　2 ばくろ　3 ぼうろう　4 ぼうろ

2 台風の進路は予想より東に偏っている。(16)

1 いつわって　2 かたよって　3 あやまって　4 こだわって

3 画一的教育では個々の子どもの能力を伸ばすことはできない。(15)

1 かくいつてき　2 かくいちてき　3 がいつてき　4 がいちてき

4 彼は腹心(ふくしん)の部下を財務(ざいむ)の中枢に据(す)えた。(14)

1 ちゅうきゃく　2 ちゅうしゅう　3 ちゅうかく　4 ちゅうすう

5 計画をきちんと遂行することが大切です。(14)

1 しっこう　2 すいこう　3 すいぎょう　4 しつぎょう

6 町の公園は人々の憩いの場として親しまれている。(13)

1 うるおい　2 つどい　3 にぎわい　4 いこい

7 この辞書は現行のアメリカの俗語(ぞくご)を網羅している。(12)

1 ぼうろう　2 もうろう　3 ぼらう　4 もうら

8 昨年、会社の大幅な機構改革が行われた。(12)

1 かいごく　2 かいがく　3 かいこく　4 かいかく

9 報道関係者は被害者の気持ちも考慮しなければならない。(11)

1 こうりょ　2 こうりょう　3 こうろ　4 こうろう

10 開発のために古いビルが次々と壊されている。(10)

1 くずされて　2 こわされて　3 たおされて　4 つぶされて

답 1② 2② 3① 4④ 5② 6④ 7④ 8④ 9① 10②

한자읽기 기출 2009~1990년

2009~1990년까지 출제된 단어를 품사별로 나누어 정리하였습니다.

명사

□ 合間(あいま) 틈, 사이	□ 悪循環(あくじゅんかん) 악순환	□ 悪癖(あくへき) 나쁜 버릇, 악습
□ 争い(あらそ) 다툼, 싸움	□ 意義(いぎ) 의의	□ 維持(いじ) 유지
□ 衣装(いしょう) 의상	□ 遺跡(いせき) 유적	□ 委託(いたく) 위탁
□ 一断面(いちだんめん) 한 단면	□ 田舎(いなか) 시골	□ 違反(いはん) 위반
□ 依頼(いらい) 의뢰	□ 威力(いりょく) 위력	□ 印鑑(いんかん) 인감, 도장
□ 隠居(いんきょ) 은거	□ 印象(いんしょう) 인상	□ 渦(うず) 소용돌이
□ 器(うつわ) 그릇	□ 影響(えいきょう) 영향	□ 栄養(えいよう) 영양
□ 獲物(えもの) 사냥감	□ 演奏(えんそう) 연주	□ 応募(おうぼ) 응모
□ 丘(おか) 언덕	□ お菓子(かし) 과자	□ 沖(おき) 먼 바다, 앞바다
□ 汚染(おせん) 오염	□ 訪れ(おとず) 방문	□ 衰え(おとろ) 쇠약
□ 表向き(おもてむ) 공공연함, 표면상	□ 貝殻(かいがら) 조가비, 조개 껍데기	□ 海峡(かいきょう) 해협
□ 介護(かいご) 간호	□ 回収(かいしゅう) 회수	□ 怪獣(かいじゅう) 괴수
□ 解消(かいしょう) 해소	□ 改善(かいぜん) 개선	□ 開拓(かいたく) 개척
□ 価格(かかく) 가격	□ 垣根(かきね) 울타리	□ 架空(かくう) 가공
□ 格差(かくさ) 격차	□ 各種(かくしゅ) 각종	□ 確保(かくほ) 확보
□ 火災(かさい) 화재	□ 箇条書き(かじょうが) 조목별로 씀	□ 仮説(かせつ) 가설
□ 過疎化(かそか) 과소화	□ 偏り(かたよ) 치우침	□ 花壇(かだん) 화단
□ 合併(がっぺい) 합병	□ 活躍(かつやく) 활약	□ 観客(かんきゃく) 관객
□ 看護師(かんごし) 간호사	□ 干渉(かんしょう) 간섭	□ 歓声(かんせい) 환성
□ 監督(かんとく) 감독	□ 幹部(かんぶ) 간부	□ 寛容(かんよう) 관용
□ 還暦(かんれき) 환갑	□ 企画(きかく) 기획	□ 企業(きぎょう) 기업

□ 戯曲(ぎきょく) 희곡	□ 起源(きげん) 기원	□ 既婚者(きこんしゃ) 기혼자
□ 記載(きさい) 기재	□ 儀式(ぎしき) 의식	□ 偽造(ぎぞう) 위조
□ 軌道(きどう) 궤도	□ 義務(ぎむ) 의무	□ 脚本(きゃくほん) 각본
□ 救援(きゅうえん) 구원	□ 救済(きゅうさい) 구제	□ 宮殿(きゅうでん) 궁전
□ 業績(ぎょうせき) 업적	□ 強調(きょうちょう) 강조	□ 共鳴(きょうめい) 공명
□ 郷里(きょうり) 고향	□ 極限(きょくげん) 극한	□ 漁船(ぎょせん) 어선
□ 拒否(きょひ) 거부	□ 均衡(きんこう) 균형	□ 吟味(ぎんみ) 음미
□ 草花(くさばな) 화초	□ 工夫(くふう) 궁리	□ 経緯(けいい) 경위
□ 掲載(けいさい) 게재	□ 継続(けいぞく) 계속	□ 契約(けいやく) 계약
□ 欠陥(けっかん) 결함	□ 結束(けっそく) 결속	□ 欠乏(けつぼう) 결핍
□ 気配(けはい) 낌새, 기미	□ 検討(けんとう) 검토	□ 言動(げんどう) 언동
□ 権力者(けんりょくしゃ) 권력자	□ 行為(こうい) 행위	□ 幸運(こううん) 행운
□ 貢献(こうけん) 공헌	□ 交渉(こうしょう) 교섭	□ 香辛料(こうしんりょう) 향신료
□ 功績(こうせき) 공적	□ 拘束(こうそく) 구속	□ 交代(こうたい) 교대
□ 興奮(こうふん) 흥분	□ 行楽地(こうらくち) 행락지	□ 考慮(こうりょ) 고려
□ 高齢化(こうれいか) 고령화	□ 誤解(ごかい) 오해	□ 告白(こくはく) 고백
□ 克服(こくふく) 극복	□ 試み(こころみ) 시도	□ 誤差(ごさ) 오차
□ 故障(こしょう) 고장	□ 小銭(こぜに) 잔돈	□ 雇用(こよう) 고용
□ 献立(こんだて) 메뉴, 식단	□ 昆虫(こんちゅう) 곤충	□ 根底(こんてい) 근저, 밑바탕
□ 混乱(こんらん) 혼란	□ 災害(さいがい) 재해	□ 細菌(さいきん) 세균
□ 採択(さいたく) 채택	□ 栽培(さいばい) 재배	□ 再発(さいはつ) 재발
□ 削減(さくげん) 삭감	□ 砂糖(さとう) 설탕	□ 砂漠(さばく) 사막
□ 山岳(さんがく) 산악	□ 磁気(じき) 자기	□ 色彩(しきさい) 색채
□ 自己(じこ) 자기	□ 試行(しこう) 시행	□ 事情(じじょう) 사정
□ 死傷者(ししょうしゃ) 사상자	□ 姿勢(しせい) 자세	□ 施設(しせつ) 시설
□ 事態(じたい) 사태	□ 実態(じったい) 실태	□ 実費(じっぴ) 실비

□ 執筆(しっぴつ) 집필	□ 指摘(してき) 지적	□ 芝居(しばい) 연극
□ 紙幣(しへい) 지폐	□ 自慢(じまん) 자랑	□ 使命(しめい) 사명
□ 使命感(しめいかん) 사명감	□ 霜(しも) 서리	□ 視野(しや) 시야
□ 斜面(しゃめん) 사면, 경사면	□ 周囲(しゅうい) 주위	□ 収穫(しゅうかく) 수확
□ 終始(しゅうし) 처음부터 끝까지	□ 重視(じゅうし) 중시	□ 従事(じゅうじ) 종사
□ 充実(じゅうじつ) 충실	□ 渋滞(じゅうたい) 정체	□ 従来(じゅうらい) 종래
□ 修行(しゅぎょう) 수행	□ 祝賀会(しゅくがかい) 축하 모임	□ 縮小(しゅくしょう) 축소
□ 首相(しゅしょう) 수상	□ 寿命(じゅみょう) 수명	□ 障害(しょうがい) 장애
□ 消去(しょうきょ) 소거	□ 衝撃(しょうげき) 충격	□ 証拠(しょうこ) 증거
□ 症状(しょうじょう) 증상	□ 状態(じょうたい) 상태	□ 焦点(しょうてん) 초점
□ 衝突(しょうとつ) 충돌	□ 譲歩(じょうほ) 양보	□ 証明(しょうめい) 증명
□ 奨励(しょうれい) 장려	□ 助言(じょげん) 조언	□ 処罰(しょばつ) 처벌
□ 庶民(しょみん) 서민	□ 署名(しょめい) 서명	□ 資料(しりょう) 자료
□ 視力(しりょく) 시력	□ 進化(しんか) 진화	□ 神経(しんけい) 신경
□ 信仰(しんこう) 신앙	□ 審査(しんさ) 심사	□ 人材(じんざい) 인재
□ 真珠(しんじゅ) 진주	□ 真相(しんそう) 진상	□ 侵入(しんにゅう) 침입
□ 辛抱(しんぼう) 참음, 인내	□ 巣(す) 둥지	□ 推進(すいしん) 추진
□ 衰退(すいたい) 쇠퇴	□ 睡眠(すいみん) 수면	□ 崇拝(すうはい) 숭배
□ 誠意(せいい) 성의	□ 正規(せいき) 정규	□ 成功(せいこう) 성공
□ 生態系(せいたいけい) 생태계	□ 政府筋(せいふすじ) 정부 소식통	□ 是正(ぜせい) 시정
□ 設置(せっち) 설치	□ 折衷(せっちゅう) 절충	□ 繊維(せんい) 섬유
□ 前途(ぜんと) 전도	□ 全滅(ぜんめつ) 전멸	□ 騒音(そうおん) 소음
□ 相互(そうご) 상호	□ 創作(そうさく) 창작	□ 装飾(そうしょく) 장식
□ 想定(そうてい) 상정	□ 遭難(そうなん) 조난	□ 束縛(そくばく) 속박
□ 素材(そざい) 소재	□ 阻止(そし) 저지	□ 訴訟(そしょう) 소송
□ 措置(そち) 조치	□ 率先(そっせん) 솔선	□ 存続(そんぞく) 존속

□ 大規模(だいきぼ) 대규모
□ 待遇(たいぐう) 대우
□ 大惨事(だいさんじ) 대참사
□ 態勢(たいせい) 태세
□ 妥協(だきょう) 타협
□ 魂(たましい) 영혼, 정신
□ 探検(たんけん) 탐험
□ 蓄積(ちくせき) 축적
□ 秩序(ちつじょ) 질서
□ 宙(ちゅう) 공중
□ 中旬(ちゅうじゅん) 중순
□ 彫刻(ちょうこく) 조각
□ 徴収(ちょうしゅう) 징수
□ 沈黙(ちんもく) 침묵
□ 陳列(ちんれつ) 진열
□ 痛感(つうかん) 통감
□ 通常(つうじょう) 통상
□ 償い(つぐな) 보상
□ 翼(つばさ) 날개
□ 手当て(てあ) 처치, 치료
□ 提案(ていあん) 제안
□ 定義(ていぎ) 정의
□ 提供(ていきょう) 제공
□ 抵抗(ていこう) 저항
□ 邸宅(ていたく) 저택
□ 徹底(てってい) 철저
□ 徹夜(てつや) 철야
□ 転換(てんかん) 전환
□ 典型(てんけい) 전형
□ 陶器(とうき) 도기
□ 投資(とうし) 투자
□ 独裁(どくさい) 독재
□ 特集(とくしゅう) 특집
□ 特徴(とくちょう) 특징
□ 特派員(とくはいん) 특파원
□ 隣(となり) 이웃
□ 取り扱い(と あつか) 취급
□ 取り締まり(と し) 단속
□ 泥沼(どろぬま) 수렁
□ 問屋(とんや) 도매상
□ 内臓(ないぞう) 내장
□ 苗(なえ) 모종
□ 名残(なごり) 여운, 흔적
□ 認識(にんしき) 인식
□ 狙い(ねら) 노리는 바, 목표
□ 燃焼(ねんしょう) 연소
□ 濃度(のうど) 농도
□ 把握(はあく) 파악
□ 廃棄物(はいきぶつ) 폐기물
□ 俳優(はいゆう) 배우
□ 拍手(はくしゅ) 박수
□ 派遣(はけん) 파견
□ 端(はし) 끝, 가
□ 裸(はだか) 알몸
□ 鉢(はち) 화분
□ 発刊(はっかん) 발간
□ 発揮(はっき) 발휘
□ 発掘(はっくつ) 발굴
□ 浜辺(はまべ) 바닷가
□ 犯罪(はんざい) 범죄
□ 反射(はんしゃ) 반사
□ 万能(ばんのう) 만능
□ 被害者(ひがいしゃ) 피해자
□ 人影(ひとかげ) 사람의 그림자
□ 人柄(ひとがら) 인품
□ 人質(ひとじち) 인질
□ 非難(ひなん) 비난
□ 避難(ひなん) 피난
□ 評判(ひょうばん) 평판
□ 肥料(ひりょう) 비료
□ 貧富(ひんぷ) 빈부
□ 普及(ふきゅう) 보급
□ 侮辱(ぶじょく) 모욕
□ 舞台(ぶたい) 무대
□ 再び(ふたた) 두 번, 다시
□ 負担(ふたん) 부담
□ 復興(ふっこう) 부흥
□ 不動産(ふどうさん) 부동산

□ 赴任(ふにん) 부임	□ 腐敗(ふはい) 부패	□ 不平等(ふびょうどう) 불평등
□ 踏み場(ふみば) 발 디딜 곳	□ 雰囲気(ふんいき) 분위기	□ 憤慨(ふんがい) 분개
□ 分析(ぶんせき) 분석	□ 紛争(ふんそう) 분쟁	□ 閉鎖(へいさ) 폐쇄
□ 別荘(べっそう) 별장	□ 返済(へんさい) 변제	□ 変遷(へんせん) 변천
□ 奉仕(ほうし) 봉사	□ 防止(ぼうし) 방지	□ 報道(ほうどう) 보도
□ 冒頭(ぼうとう) 이야기나 글의 첫머리	□ 飽和(ほうわ) 포화	□ 僕(ぼく) 나(남자의 지칭)
□ 募集(ぼしゅう) 모집	□ 保守派(ほしゅは) 보수파	□ 墓地(ぼち) 묘지
□ 没収(ぼっしゅう) 몰수	□ 本場(ほんば) 본고장	□ 摩擦(まさつ) 마찰
□ 街角(まちかど) 길모퉁이	□ 慢性(まんせい) 만성	□ 源(みなもと) 근원
□ 魅力(みりょく) 매력	□ 無言(むごん) 무언	□ 矛盾(むじゅん) 모순
□ 無条件(むじょうけん) 무조건	□ 紫(むらさき) 자색, 보라빛	□ 芽(め) 싹
□ 迷信(めいしん) 미신	□ 名簿(めいぼ) 명부	□ 模索(もさく) 모색
□ 物事(ものごと) 사물, 매사	□ 模様(もよう) 모양, 무늬	□ 役職(やくしょく) 직무, 관리직
□ 融通(ゆうずう) 융통	□ 誘導(ゆうどう) 유도	□ 夕闇(ゆうやみ) 땅거미
□ 幽霊(ゆうれい) 유령	□ 様相(ようそう) 양상	□ 幼稚園(ようちえん) 유치원
□ 抑制(よくせい) 억제	□ 酪農(らくのう) 낙농	□ 濫用(らんよう) 남용
□ 寮(りょう) 기숙사	□ 倫理的(りんりてき) 윤리적	□ 類似(るいじ) 유사
□ 連日(れんじつ) 연일	□ 廊下(ろうか) 복도	□ 老衰(ろうすい) 노쇠
□ 朗読(ろうどく) 낭독	□ 枠(わく) 틀	□ 枠内(わくない) 테두리 안, 범위 내
□ 技(わざ) 기술		

동사

□ 相次ぐ(あいつぐ) 잇따르다	□ 焦る(あせる) 초조해하다	□ 値する(あたいする) ~할 만하다, 가치가 있다
□ 与える(あたえる) 주다	□ 暴れる(あばれる) 날뛰다	□ 余る(あまる) 남다
□ 危ぶむ(あやぶむ) 위태로워하다, 의심하다	□ 現れる(あらわれる) 나타나다	□ 至る(いたる) 도달하다
□ 挑む(いどむ) 도전하다	□ 威張る(いばる) 뽐내다	□ 訴える(うったえる) 소송하다, 호소하다

- □ 促(うなが)す 재촉하다
- □ 描(えが)く 그리다
- □ 納(おさ)める 납부하다
- □ 惜(お)しむ 아끼다, 애석해하다
- □ 襲(おそ)う 덮치다
- □ 劣(おと)る 뒤떨어지다
- □ 脅(おびや)かす 위태롭게 하다, 위협하다
- □ 帯(お)びる 띠다, 기미가 있다
- □ 及(およ)ぶ 미치다
- □ 省(かえり)みる 돌이켜보다, 반성하다
- □ 顧(かえり)みる 뒤돌아보다, 회고하다
- □ 輝(かがや)く 빛나다
- □ 駆(か)ける 달리다
- □ 稼(かせ)ぐ 벌다
- □ 傾(かたむ)ける 기울이다
- □ 兼(か)ねる 겸하다
- □ 絡(から)む 얽히다
- □ 築(きず)く 쌓다
- □ 崩(くず)す 무너뜨리다
- □ 崩(くず)れる 무너지다
- □ 朽(く)ち果(は)てる 썩어 문드러지다
- □ 配(くば)る 나누어 주다
- □ 組(く)む 짜다
- □ 繰(く)り返(かえ)す 되풀이하다
- □ 狂(くる)う 미치다
- □ 志(こころざ)す 지향하다
- □ 断(ことわ)る 거절하다
- □ 込(こ)める 담다
- □ 遮(さえぎ)る 막다, 차단하다
- □ 裂(さ)く 찢다
- □ 探(さぐ)る 탐색하다
- □ 避(さ)ける 피하다
- □ 支(ささ)える 지탱하다
- □ 悟(さと)る 깨닫다
- □ 慕(した)う 사모하다
- □ 勧(すす)める 권하다
- □ 澄(す)む 맑다, 깨끗하다
- □ 迫(せま)る 다가오다
- □ 添(そ)える 첨부하다
- □ 損(そこ)なう 파손하다, 해치다
- □ 耐(た)える 견디다
- □ 漂(ただよ)う 떠돌다
- □ 立(た)ち去(さ)る 떠나다
- □ 脱(だっ)する 벗어나다
- □ 立(た)て直(なお)す 다시 세우다
- □ 縮(ちぢ)まる 줄어들다
- □ 尽(つ)きる 다하다, 바닥나다
- □ 尽(つ)くす 다하다, 진력하다
- □ 告(つ)げる 알리다
- □ 慎(つつし)む 삼가다, 조심하다
- □ 募(つの)る 모집하다, 심해지다
- □ 釣(つ)る 낚다
- □ 説(と)く 설명하다
- □ 遂(と)げる 이루다, 달성하다
- □ 取(と)り除(のぞ)く 제거하다
- □ 眺(なが)める 바라보다
- □ 嘆(なげ)く 탄식하다
- □ 倣(なら)う 모방하다
- □ 縫(ぬ)う 꿰메다
- □ 臨(のぞ)む 임하다
- □ 伸(の)ばす 늘리다
- □ 述(の)べる 진술하다
- □ 図(はか)る 꾀하다, 도모하다
- □ 測(はか)る 재다, 측정하다
- □ 励(はげ)ます 격려하다
- □ 離(はな)れる 떨어지다
- □ 控(ひか)える 삼가다, 대기하다
- □ 率(ひき)いる 인솔하다
- □ 隔(へだ)てる 사이에 두다, 가로막다
- □ 経(へ)る 지나다
- □ 葬(ほうむ)る 매장하다
- □ 誇(ほこ)る 자랑하다
- □ 施(ほどこ)す 베풀다
- □ 滅(ほろ)ぶ 멸망하다
- □ 賄(まかな)う 조달하다
- □ 招(まね)く 초대하다
- □ 磨(みが)く 닦다
- □ 認(みと)める 인정하다

- □ 結(むす)ぶ 묶다, 매다
- □ 巡(めぐ)る 둘러싸다
- □ 潜(もぐ)る 잠수하다, 잠입하다
- □ 戻(もど)す 되돌리다
- □ 催(もよお)す 개최하다
- □ 辞(や)める 그만두다, 사임하다
- □ 和(やわ)らぐ 누그러지다
- □ 装(よそお)う 치장하다

い형용사

- □ 淡(あわ)い (맛·빛깔이) 진하지 않다
- □ 固(かた)い 단단하다
- □ 厳(きび)しい 엄격하다
- □ 詳(くわ)しい 상세하다
- □ 快(こころよ)い 기분이 좋다
- □ 寂(さび)しい 한적하다, 쓸쓸하다
- □ 乏(とぼ)しい 부족하다
- □ 紛(まぎ)らわしい 혼동하기 쉽다
- □ 煩(わずら)わしい 번거롭다

な형용사

- □ 鮮(あざ)やかだ 선명하다
- □ 新(あら)ただ 새롭다
- □ 円滑(えんかつ)だ 원활하다
- □ 大幅(おおはば)だ 대폭적이다
- □ 穏(おだ)やかだ 온화하다
- □ 簡潔(かんけつ)だ 간결하다
- □ 頑丈(がんじょう)だ 튼튼하다
- □ 貴重(きちょう)だ 귀중하다
- □ 窮屈(きゅうくつ)だ 비좁다, 궁색하다
- □ 強硬(きょうこう)だ 강경하다
- □ 軽率(けいそつ)だ 경솔하다
- □ 謙虚(けんきょ)だ 겸허하다
- □ 懸命(けんめい)だ 힘껏 하다
- □ 賢明(けんめい)だ 현명하다
- □ 盛(さか)んだ 번성하다, 열렬하다
- □ 質素(しっそ)だ 검소하다
- □ 柔軟(じゅうなん)だ 유연하다
- □ 迅速(じんそく)だ 신속하다
- □ 速(すみ)やかだ 재빠르다
- □ 盛大(せいだい)だ 성대하다
- □ 正当(せいとう)だ 정당하다
- □ 切実(せつじつ)だ 절실하다
- □ 対照的(たいしょうてき)だ 대조적이다
- □ 著名(ちょめい)だ 저명하다
- □ 手軽(てがる)だ 간편하다
- □ 伝統的(でんとうてき)だ 전통적이다
- □ 特殊(とくしゅ)だ 특수하다
- □ 派手(はで)だ 화려하다
- □ 華(はな)やかだ 화려하다
- □ 控(ひか)え目(め)だ 조심스럽다, 삼가하다
- □ 悲惨(ひさん)だ 비참하다
- □ 微妙(びみょう)だ 미묘하다
- □ 敏感(びんかん)だ 민감하다
- □ 頻繁(ひんぱん)だ 빈번하다
- □ 不利(ふり)だ 불리하다
- □ 無礼(ぶれい)だ 무례하다
- □ 膨大(ぼうだい)だ 방대하다
- □ 豊富(ほうふ)だ 풍부하다
- □ 朗(ほが)らかだ 명랑하다
- □ 身近(みぢか)だ 가깝다
- □ 無邪気(むじゃき)だ 천진난만하다
- □ 猛烈(もうれつ)だ 맹렬하다
- □ 勇敢(ゆうかん)だ 용감하다
- □ 有望(ゆうぼう)だ 유망하다
- □ 容易(ようい)だ 용이하다

부사

□ 依然(いぜん)として 여전히	□ 一概(いちがい)に 일률적으로	□ 一般(いっぱん)に 일반적으로
□ 即座(そくざ)に 즉석에서	□ 互(たが)いに 서로	□ 必死(ひっし)に 필사적으로
□ 自(みずか)ら 스스로		

콕콕 기출 문제 09 한자읽기 /10

問題１ ＿＿＿の言葉の読み方として最もよいものを、１・２・３・４から一つ選びなさい。

1 願書(がんしょ)は写真を<u>添えて</u>提出(ていしゅつ)してください。(05)

1 そなえて　2 くわえて　3 ととのえて　4 そえて

2 彼らの<u>速やかな</u>救援(きゅうえん)活動は、賞賛(しょうさん)に値(あたい)する。(97)

1 なごやかな　2 すみやかな　3 ゆるやかな　4 はなやかな

3 お土産に<u>真珠</u>を勧められた。(05)

1 しんじゅう　2 しんしゅう　3 しんじゅ　4 しんしゅ

4 先週は<u>連日</u>雪が降った。(05)

1 れんじつ　2 れんにち　3 れんか　4 れんび

5 県の野球大会で優勝したので<u>祝賀会</u>が開かれた。(03)

1 しゅくがかい　2 しゅくかかい　3 しゅうがかい　4 しゅうかかい

6 親切なので彼はみんなに<u>慕われた</u>。(05)

1 したわれた　2 になわれた　3 うやまわれた　4 したがわれた

7 この学校の規則は<u>融通</u>がきかない。(06)

1 かくつう　2 かくずう　3 ゆうつう　4 ゆうずう

8 イギリスは議会政治の<u>本場</u>である。(04)

1 ほんじょう　2 ほんば　3 もとじょう　4 もとば

9 <u>寂しい</u>通りをひとりで歩くのは危険です。(04)

1 わびしい　2 あやしい　3 さびしい　4 おそろしい

10 彼はまっすぐな姿勢を<u>崩さなかった</u>。(04·90)

1 ずらさなかった　2 かくさなかった　3 こわさなかった　4 くずさなかった

답 1④ 2② 3③ 4① 5① 6① 7④ 8② 9③ 10④

콕콕 기출 문제 10 한자읽기 　/10

問題 1　＿＿＿の言葉の読み方として最もよいものを、１・２・３・４から一つ選びなさい。

1 十分に栄養をとることは健康上大切なことだ。(98)

1　えいよう　　2　えいゆう　　3　えんよう　　4　えんゆう

2 地方に伝わる人形芝居を鑑賞(かんしょう)する。(03)

1　しばい　　2　しばきょ　　3　しい　　4　しきょ

3 隣室(りんしつ)から朗らかな話(はな)し声(ごえ)が聞こえる。(04)

1　ほがらかな　　2　あきらかな　　3　うららかな　　4　おおらかな

4 浜辺で子どもたちが貝殻(かいがら)を拾っている。(00)

1　ひんぺん　　2　ひんべ　　3　はまへん　　4　はまべ

5 その件に関する私の疑問が解消した。(94)

1　かいしょ　　2　かいしょう　　3　げしょ　　4　げしょう

6 彼は名誉(めいよ)に輝く業績(ぎょうせき)を成(な)し遂(と)げた。(03)

1　かがやく　　2　かたむく　　3　きらめく　　4　まぶしく

7 この都市の人口は飽和状態(じょうたい)にある。(06)

1　しょくわ　　2　しょくあ　　3　ほうわ　　4　ほうあ

8 彼女は新しい芝居(しばい)の脚本を執筆(しっぴつ)している。(03)

1　きゃほん　　2　きょほん　　3　きゃくほん　　4　きょくほん

9 判事は判決(はんけつ)理由を詳しく述べた。(03)

1　むなしく　　2　くやしく　　3　よろしく　　4　くわしく

10 山田(やまだ)さんは陶器製作を習っている。(05)

1　どうき　　2　とうき　　3　どき　　4　とき

답 1① 2① 3① 4④ 5② 6① 7③ 8③ 9④ 10②

콕콕 기출 문제 11 한자읽기

/ 10

問題 1 ＿＿＿の言葉の読み方として最もよいものを、１・２・３・４から一つ選びなさい。

1 雨が毎日降り続いたので、山道(やまみち)が崩れてしまった。(96)

1 くずれて　2 つぶれて　3 こわれて　4 たおれて

2 努力を積んで、自らの道を開いていくものだ。(96)

1 かれら　2 みずから　3 われら　4 おのずから

3 夕暮れ(ゆうぐ)の海の色は、微妙に変化してとても美しい。(93)

1 ちょうしょうに　2 ちょうみょうに　3 びしょうに　4 びみょうに

4 今度の事件は彼のために惜しむべき事柄(ことがら)だった。(06·94)

1 さびしむ　2 かなしむ　3 あやしむ　4 おしむ

5 親は乏しい収入の中から子どもの学費(がくひ)を出す。(90)

1 むなしい　2 とぼしい　3 わびしい　4 まずしい

6 草花をたくさん庭に植えている。(94)

1 くさばな　2 くさか　3 そうばな　4 そうか

7 犠牲(ぎせい)の精神に徹底するのは、難しいことです。(92)

1 とうてい　2 とってい　3 てってい　4 てつてい

8 彼は殴(なぐ)れるものなら殴ってみろと私に挑んだ。(01)

1 つかんだ　2 はげんだ　3 はばんだ　4 いどんだ

9 人生には迅速な決断(けつだん)を下(くだ)さなければならない時がある。(06·99)

1 さっそくな　2 じんそくな　3 せっそくな　4 ぜんそくな

10 機械が円滑に作動(さどう)し、次々に製品が作られていく。(98)

1 えんきつ　2 えんかつ　3 えんけつ　4 えんこつ

답 1① 2② 3④ 4④ 5② 6① 7③ 8④ 9② 10②

콕콕 기출 문제 12 한자읽기

/10

問題 1 ＿＿＿の言葉の読み方として最もよいものを、１・２・３・４から一つ選びなさい。

1 いろいろなことができて、充実した旅行だった。(97)

1 せいじつ　2 ちゃくじつ　3 じゅうじつ　4 ちゅうじつ

2 私は彼が成功するかどうかを危ぶんでいます。(07)

1 あわうぶんで　2 あやぶんで　3 あわぶんで　4 あやうぶんで

3 彼女は老人ホームで奉仕している。(02)

1 ほうじ　2 ほうし　3 ぼうじ　4 ぼうし

4 ３月も中旬(ちゅうじゅん)になると寒さが和らいでくる。(90)

1 うすらいで　2 なごらいで　3 やすらいで　4 やわらいで

5 難しい問題を解くには、柔軟な思考(しこう)が必要だ。(06·99)

1 じゅうなんな　2 じゅうけつな　3 じゅなんな　4 じゅけつな

6 彼は娘を身近に置いておきたかった。(91)

1 みちかに　2 しんきんに　3 みぢかに　4 しんこんに

7 家庭裁判所(さいばんしょ)に訴えてくる人が多くなった。(91)

1 となえて　2 ととのえて　3 たたえて　4 うったえて

8 カルシウムが欠乏すると骨が折れやすくなる。(98)

1 けつぼう　2 けっぴん　3 けつびん　4 けっぼう

9 最近日本でも外国人の絡んだ事件が発生(はっせい)するようになった。(93)

1 ひそんだ　2 からんだ　3 はらんだ　4 ふくんだ

10 学校側と生徒側の意見を折衷した案が出された。(05·98)

1 せっすい　2 せっちゅう　3 せっそく　4 せっちょう

답 1③ 2② 3② 4④ 5① 6③ 7④ 8① 9② 10②

콕콕 기출 문제 13 한자읽기

/10

問題１ ＿＿＿の言葉の読み方として最もよいものを、１・２・３・４から一つ選びなさい。

1 問題の解決に全力を尽くした。(01)

1 なくした　2 たくした　3 つくした　4 かくした

2 外国人記者は記者会見に参加することを拒否された。(02)

1 きょひ　2 きょうひ　3 きょふ　4 きょうふ

3 日本では６５歳以上の老齢(ろうれい)人口が増え、高齢化社会となってきた。(91)

1 こうろうか　2 こうれいか　3 こうりんか　4 こうれきか

4 自分の行為(こうい)を省みる余裕(よゆう)が必要です。(96)

1 もどりみる　2 こころみる　3 はぶきみる　4 かえりみる

5 そのことが子どもたちの読書を奨励する結果になった。(02)

1 げきれい　2 しょうれい　3 すいしょう　4 たいしょう

6 政府筋から得た情報によれば、首相はその国の要求を受(う)け入(い)れるそうだ。(92)

1 せいふうきん　2 せいふきん　3 せいふうすじ　4 せいふすじ

7 古代人(こだいじん)には、自然崇拝の心が根強(ねづよ)かった。(99)

1 しゅうはい　2 しょうはい　3 そうはい　4 すうはい

8 被害が広範囲(こうはんい)なので災害(さいがい)の現地(げんち)にいても実態(じったい)を把握するのが難しい。(07·99)

1 ひあく　2 ひおく　3 はあく　4 はおく

9 はしごの下を歩くと悪いことがあるという迷信がある。(95)

1 めいしん　2 まいしん　3 べいしん　4 はいしん

10 今日は風がなく、穏やかないい天気だ。(09·06·90)

1 すこやかな　2 さわやかな　3 ゆるやかな　4 おだやかな

답 1③ 2① 3② 4④ 5② 6④ 7④ 8③ 9① 10④

콕콕 기출 문제 14 한자읽기 /10

問題1 ＿＿＿の言葉の読み方として最もよいものを、１・２・３・４から一つ選びなさい。

1 サービスを充実(じゅうじつ)させるため、新たに職員(しょくいん)を雇(やと)う。(96)

1 あたたに　2 あたらたに　3 あらたに　4 あらたたに

2 子どもたちは恥ずかしいので何も言わず、互いに顔を見合わせている。(97)

1 ただいに　2 たがいに　3 ちがいに　4 ちだいに

3 袋の中に手を入れて探ると、何かかたいものに触れた。(90)

1 さぐる　2 たどる　3 さとる　4 のぼる

4 電気による刺激(しげき)を与えて神経に反射を起こさせる。(03·91)

1 はんたい　2 はんのう　3 はんこう　4 はんしゃ

5 今までは、我慢(がまん)していたが、もう辛抱できなくなった。(00)

1 しんぽう　2 しんぼう　3 じぽう　4 じぼう

6 いったん泥沼の生活に落ちると、よほど強い意志がなければ立ち上がれない。(94)

1 でいぬま　2 どろぬま　3 でいしょう　4 どろしょう

7 あの人は物事をまじめに考えすぎる。(98)

1 ものごと　2 もつごと　3 もつじ　4 ぶつじ

8 誤りはただちに是正されなければならない。(09·06)

1 ぜいせい　2 ぜせい　3 ぜしょう　4 ぜいしょう

9 部屋は本が散らかって足の踏み場もなかった。(01)

1 あゆみば　2 こみば　3 はさみば　4 ふみば

10 一昼夜(いっちゅうや)燃え続けた山火事は、いまだに火勢(かせい)の衰えを見せない。(99·91)

1 さしつかえ　2 かまえ　3 ふるえ　4 おとろえ

답 1③ 2② 3① 4④ 5② 6② 7① 8② 9④ 10④

콕콕 기출 문제 15 한자읽기　/10

問題 1 ＿＿＿の言葉の読み方として最もよいものを、１・２・３・４から一つ選びなさい。

1 寝たきりの老人の介護に、巡回(じゅんかい)サービスが行われるようになった。(02·97)

1 かいご　　2 ほご　　3 かいじょ　　4 ほじょ

2 山田(やまだ)先生は英語の先生と音楽の先生を兼ねています。(96)

1 かねて　　2 つらねて　　3 かさねて　　4 こねて

3 体操の選手が鮮やかな技を見せた。(95)

1 あざやかな　　2 はれやかな　　3 あでやかな　　4 はなやかな

4 軽井沢(かるいざわ)に別荘を建てる。(02)

1 べっしょ　　2 べっそう　　3 べっそ　　4 べっしょう

5 難しい仕事を彼は快く引き受けてくれた。(90)

1 ここちよく　　2 いさぎよく　　3 はやく　　4 こころよく

6 貨幣(かへい)の偽造は経済的取引(とりひき)の信用に傷をつけるおそれがある。(93)

1 いそう　　2 ぎぞう　　3 いぞう　　4 ぎそう

7 他国(たこく)に対する干渉には、国際的な反発(はんぱつ)がある。(97)

1 せんほ　　2 せんしょう　　3 かんほ　　4 かんしょう

8 いくら譲歩しろといっても、これだけは譲(ゆず)れないよ。(94)

1 じょうほう　　2 じょうふ　　3 じょうほ　　4 じょうぶ

9 彼は悲惨な生涯(しょうがい)を送った。(00)

1 びざんな　　2 びさんな　　3 ひさんな　　4 ひざんな

10 古い木の橋がすっかり朽ち果てた。(95)

1 こちはてた　　2 くちはてた　　3 こちかてた　　4 くちかてた

답 1① 2① 3① 4② 5④ 6② 7④ 8③ 9③ 10②

콕콕 기출 문제 16 한자읽기

/10

問題１ ＿＿＿の言葉の読み方として最もよいものを、１・２・３・４から一つ選びなさい。

1 彼は試合に負けたので、「技(わざ)を磨いてまた来ます」と言って帰った。(98)

1 みがいて　2 くだいて　3 はいて　4 ふいて

2 梅(うめ)の香りがあたりに漂っている。(07·94)

1 さまよって　2 かたよって　3 にかよって　4 ただよって

3 海岸へ散歩に出て海を眺めていると急に母に会いたくなった。(09·02·95)

1 みつめて　2 ながめて　3 ひそめて　4 とがめて

4 戦争の名残は何も残っていない。(94)

1 めいさん　2 なのこり　3 めいざん　4 なごり

5 近代的な色彩がこい。(08·95)

1 しょくざい　2 しょくさい　3 しきさい　4 しきざい

6 よく話し合った後、妥協することにした。(09·00)

1 じょきょう　2 だきょう　3 じゅきょう　4 どきょう

7 問題点を認識(にんしき)したら、直ちに対処するのが賢明だ。(07·99)

1 けんみょう　2 けんめい　3 かんみょう　4 かんめい

8 長年にわたって平城京(へいじょうきょう)の発掘が進められている。(99)

1 ほっしゅつ　2 ほっくつ　3 はっしゅつ　4 はっくつ

9 よく自己を見つめてみる必要がある。(01)

1 じぎ　2 じご　3 じき　4 じこ

10 会社の金品(きんぴん)を横領(おうりょう)して処罰を受ける。(93)

1 しょうばつ　2 しょばち　3 しょばつ　4 しょうばち

답 1① 2④ 3② 4④ 5③ 6② 7② 8④ 9④ 10③

콕콕 기출 문제 17 한자읽기

/10

問題 1 ＿＿＿の言葉の読み方として最もよいものを、１・２・３・４から一つ選びなさい。

1 ほかの大都市もこれに倣っている。(08)

1 ならって　2 たよって　3 したがって　4 ともなって

2 医者は少年の額(ひたい)の傷を縫った。(08)

1 おった　2 つった　3 はった　4 ぬった

3 彼女の家は町の北の端にある。(07)

1 すみ　2 おく　3 かど　4 はし

4 銃を持った男が女性を人質に取った。(07)

1 ひとじち　2 にんじち　3 にんしち　4 ひとしち

5 私は友人からひどく侮辱された。(08)

1 かいじょく　2 かいしょく　3 ぶじょく　4 ぶしょく

6 性別に基づく賃金の不平等は憲法違反(けんぽう い はん)だ。(09)

1 ふへいどう　2 ふびょうとう　3 ふびょうどう　4 ふへいとう

7 彼女は２０万円で毎月家計を賄った。(07)

1 うるおった　2 まかなった　3 やしなった　4 おぎなった

8 彼は石油で財産(ざいさん)を築いた。(90)

1 もとずいた　2 のぞいた　3 きずいた　4 とどいた

9 彼は医学の発展に大いに貢献した。(90)

1 こうこん　2 こうけん　3 かいこん　4 かいけん

10 彼の家は丘の中腹にある。(02)

1 おか　2 さか　3 みね　4 みさき

답 1① 2④ 3④ 4① 5③ 6③ 7② 8③ 9② 10①

콕콕 기출 문제 18 한자읽기 　/10

問題１　＿＿＿の言葉の読み方として最もよいものを、１・２・３・４から一つ選びなさい。

1 鳥の群れが<u>海峡</u>を渡って行く。(02)

1 かいこう　2 かいそう　3 かいきょう　4 かいしょう

2 彼女は<u>架空</u>の世界と現実との区別がつかなくなっている。(01)

1 かくう　2 かこう　3 きょくう　4 きょこう

3 昨夜校舎内で<u>火災</u>が発生した。(01)

1 かさい　2 かじ　3 かえん　4 かか

4 その車はエンジンに<u>欠陥</u>があります。(02)

1 けってん　2 けっそん　3 けっきん　4 けっかん

5 この問題はもっと<u>検討</u>してみなくてはならない。(92)

1 げんとう　2 けんどう　3 けんとう　4 げんどう

6 日本では２月の寒さが一番<u>厳しい</u>。(02·96·93)

1 いちじるしい　2 はなはだしい　3 きびしい　4 はげしい

7 危険を<u>避ける</u>方法はこれしかない。(00·93)

1 ぬける　2 さける　3 のける　4 よける

8 <u>軽率な</u>言葉が重大な結果を招(まね)いてしまった。(93)

1 けいりつな　2 けいそつな　3 かいりつな　4 かいそつな

9 欠陥商品による事故は<u>企業</u>の責任だ。(02)

1 りぎょう　2 しぎょう　3 じぎょう　4 きぎょう

10 雨が上がる<u>気配</u>はありません。(94)

1 きはい　2 きばい　3 けはい　4 けばい

답 1③ 2① 3① 4④ 5③ 6③ 7② 8② 9④ 10③

問題 ❷

문맥규정

1. 문맥규정 기출 2017~2010년
2. 문맥규정 기출 2009~1990년

1 문맥규정 기출 2017~2010년

問題2 문맥규정은 문자·어휘 25문제 중 7문제가 출제됩니다. 명사·동사·い형용사·な형용사·부사·외래어·접속사·접두어·접미어·관용표현 등 폭넓은 어휘력을 요구합니다.

2017

□ 一環(いっかん)	일환	高校野球は教育の一環(いっかん)として位置づけられている。 고등학교 야구는 교육의 일환으로 자리매김하고 있다.
□ 逸脱(いつだつ)	일탈, 벗어남	その提案(ていあん)は本来の目的から大きく逸脱(いつだつ)しています。 그 제안은 본래의 목적에서 크게 벗어나고 있습니다.
□ いとも	매우, 아주	僕が何年もかけて習得したことを、彼はいとも簡単に成し遂げてしまう。 나는 몇 년이나 걸려 습득했던 것을 그는 매우 간단하게 해냈다.
□ 経歴(けいれき)	경력	新しい上司は元警察官という経歴(けいれき)の持(も)ち主(ぬし)です。 새 상사는 전직 경찰관이라는 경력의 소유자입니다.
□ コンスタント	항상 일정함	彼女は英語ではコンスタントに80点はとっている。 그녀는 영어에서는 항상 일정하게 80점은 받고 있다.
□ シェア	시장 점유율	この自動車メーカーは国内最大のシェアを占めた。 이 자동차 제조사는 국내 최대 점유율을 차지했다.
□ 打診(だしん)	타진	部長はこの提案について相手の意向を打診(だしん)した。 부장님은 이 제안에 대해서 상대의 의향을 타진했다.
□ たたえる	칭찬하다	彼をたたえる者はだれもいなかった。 그를 칭찬하는 사람은 아무도 없었다.
□ 念願(ねんがん)	염원	われわれは念願(ねんがん)の初優勝を達成した。 우리들은 염원인 첫 우승을 달성했다.
□ はじく	튀기다	このコートは水をはじく素材(そざい)で作られています。 이 코트는 물을 튀기는 소재로 만들어졌습니다.
□ 非(ひ)	잘못	山田(やまだ)さんは自分の非(ひ)を認(みと)めた。 야마다 씨는 자신의 잘못을 인정했다.
□ まちまち	각기 다름	オーディションに集まった人たちは、年齢(ねんれい)がまちまちだった。 오디션에 모인 사람들은 연령이 각기 달랐다.
□ もっぱら	오로지	彼女は休みの日にはもっぱら映画を見て過ごす。 그녀는 휴일에는 오로지 영화를 보며 지낸다.
□ よみがえる	되살아나다	その音楽を聞いたとたん失った記憶がよみがえった。 그 음악을 들은 순간 잃어버렸던 기억이 되살아났다.

2016

□	愛着(あいちゃく)	애착	彼女はこの古い家に深い愛着(あいちゃく)がある。 그녀는 이 낡은 집에 깊은 애착이 있다.
□	一掃(いっそう)	일소, 남김없이 제거함	その委員会は省内(しょうない)の不正を一掃(いっそう)するために組織された。 그 위원회는 기관 내의 부정을 한번에 제거하기 위해 조직되었다.
□	基盤(きばん)	기반	その国の経済基盤(きばん)は安定している。 그 나라의 경제기반은 안정되어 있다.
□	教訓(きょうくん)	교훈	ボランティア活動からは貴重な教訓(きょうくん)を得ることができる。 자원봉사활동에서는 귀중한 교훈을 얻을 수 있다.
□	切(き)り出(だ)す	말을 꺼내다	彼はいつその話を切(き)り出(だ)すのだろう。 그는 언제 그 이야기를 꺼낼까.
□	染(し)みる	스며들다, 배다	インクが次のページまで染(し)みた。 잉크가 다음 페이지까지 스며들었다.
□	すんなり	척척, 수월히, 순순히	佐藤(さとう)さんはすんなり試験に合格した。 사토 씨는 수월하게 시험에 합격했다.
□	センス	센스, 감각	中村(なかむら)さんは着る物のセンスがいい。 나카무라 씨는 복장 센스가 좋다.
□	尽(つ)くす	(최선을) 다하다	問題の早期(そうき)解決に向けて最善(さいぜん)を尽(つ)くします。 문제의 조기 해결을 목표로 최선을 다합니다.
□	ノウハウ	노하우 (ノーハウ라고도 함)	ホテル経営のノウハウを一から学ぶことにした。 호텔 경영의 노하우를 처음부터 배우기로 했다.
□	頻繁(ひんぱん)だ	빈번하다	その路線バスは頻繁(ひんぱん)に出ています。 그 노선 버스는 빈번하게 다닙니다.
□	へとへと	녹초가 됨, 몹시 지침	大して泳いでいないのに、へとへとに疲れた。 별로 헤엄치지 않았는데 녹초가 되서 피곤하다.
□	見(み)かける	눈에 띄다, 만나다	彼女が家の前を通るのをよく見(み)かける。 그녀가 집 앞을 지나가는 것을 자주 보았다.
□	流出(りゅうしゅつ)	유출	貴重な美術品が国外へ流出(りゅうしゅつ)しているようだ。 귀중한 미술품이 외국으로 유출되고 있는 것 같다.

2015

□ おおらかだ	대범하고 느긋하다	山下(やました)さんはとても**おおらか**です。 야마시타 씨는 아주 대범합니다.
□ 該当(がいとう)	해당	これらの条件に**該当**(がいとう)する人は誰もいない。 이 조건들에 해당하는 사람은 아무도 없다.
□ 稼働(かどう)	가동	この原発(げんぱつ)は去年から**稼働**(かどう)していない。 이 원자력 발전소는 작년부터 가동하지 않는다.
□ 起伏(きふく)	기복	このあたりの土地は**起伏**(きふく)に富(と)んでいる。 이 주변의 토지는 기복이 심하다.
□ 強制(きょうせい)	강제	その自白は任意(にんい)によるもので**強制**(きょうせい)によるものではない。 그 자백은 임의에 의한 것으로 강제에 따른 것은 아니다.
□ くよくよ	끙끙(사소한 일을 늘 걱정하는 모양)	山田(やまだ)さんはそんな小さなことに**くよくよ**しない。 야마다 씨는 그런 소소한 것에 끙끙대지 않는다.
□ 合意(ごうい)	합의	彼らはいくつかの点で**合意**(ごうい)した。 그들은 몇 가지 점에 합의했다.
□ しいて	억지로, 굳이, 구태여	**しいて**猛(もう)勉強する必要はない。 억지로 열심히 공부할 필요는 없다.
□ すさまじい	무섭다, 굉장하다	彼は試合に勝つため、**すさまじい**努力をした。 그는 시합에 이기기 위해 무섭게 노력을 했다.
□ 直面(ちょくめん)	직면	多くの危機に**直面**(ちょくめん)して彼の勇気もくじけてしまった。 많은 위험에 직면하여 그의 용기도 꺾이고 말았다.
□ 取(と)り戻(もど)す	되찾다, 회복하다	盗まれたお金を**取**(と)**り戻**(もど)**す**のは難しい。 도둑맞은 돈을 되찾는 것은 어렵다.
□ 幅広(はばひろ)い	폭넓다	彼女は**幅広**(はばひろ)**い**読書によって知識を増やした。 그녀는 폭넓은 독서에 의해 지식을 늘렸다.
□ 紛(まぎ)れる	뒤섞이다	がらくたに**紛**(まぎ)**れて**大切なものまで捨(す)ててしまった。 잡동사니에 뒤섞여서 소중한 것까지 버리고 말았다.
□ メディア	미디어, 매체	テレビは世論形成(せろんけいせい)に最も影響力のある**メディア**だ。 텔레비전은 여론 형성에 가장 영향력이 있는 미디어다.

2014

□ 異色(いしょく)	이색적임, 색다름	鈴木(すずき)さんは文壇(ぶんだん)では**異色**(いしょく)の存在です。 스즈키 씨는 문단에서는 이색적인 존재입니다.
□ ウエイト	무게, 중점 (=ウエート)	内容より形式に**ウエイト**を置くことにした。 내용보다 형식에 무게를 두기로 했다.
□ おびただしい	엄청나다	その通りには**おびただしい**数の観光客がいた。 그 길에는 엄청난 수의 관광객이 있었다.
□ 可決(かけつ)される	가결되다	その動議(どうぎ)は3対1の票決(ひょうけつ)で**可決**(かけつ)**された**。 그 동의는 3대 1의 표결에서 가결되었다.
□ 食(く)い止(と)める	저지하다, 막다	火事の被害を最小限に**食**(く)**い止**(と)**めた**。 화재의 피해를 최소한으로 막았다.
□ 駆使(くし)する	구사하다	彼はパソコンを**駆使**(くし)**して**その統計を分析した。 그는 컴퓨터를 구사해서 그 통계를 분석했다.
□ 心細(こころぼそ)い	불안하다	ひとり暮らしを始めたばかりで**心細**(こころぼそ)**い**。 독신 생활을 막 시작해서 불안하다.
□ 支障(ししょう)	지장	その事件はわれわれの計画に**支障**(ししょう)をきたすだろう。 그 사건은 우리들의 계획에 지장을 초래할 것이다.
□ 絶大(ぜつだい)だ	절대적이다	私は彼らに**絶大**(ぜつだい)**な**信頼を置いている。 나는 그들에게 절대적인 신뢰를 가지고 있다.
□ たどる	길을 따라가다	彼らの話し合いは平行線を**たどった**。 그들의 교섭은 평행선을 걸었다.
□ てきぱきと	일을 척척 해내는 모양	彼女はいつも物事を**てきぱきと**片付けている。 그녀는 언제나 일을 척척 해치우고 있다.
□ ノルマ	기준량, 할당량	約10分で今日の**ノルマ**は達成しました。 약 10분으로 오늘의 기준량은 달성했습니다.
□ 揺(ゆ)らぐ	흔들리다	いざというときになって彼の決心は**揺**(ゆ)**らいだ**。 다급해져서 그의 결심은 흔들렸다.
□ 予断(よだん)	예단, 예측	実際何が起こるかは**予断**(よだん)を許さない。 실제 무엇이 일어날지는 예측을 불허하다.

2013

□ 一任(いちにん)	일임	われわれは広報活動を石田(いしだ)氏に一任(いちにん)した。 우리들은 홍보 활동을 이시다 씨에게 일임했다.
□ 腕前(うでまえ)	솜씨	伊藤(いとう)さんはみんなにスキーの腕前(うでまえ)を披露(ひろう)した。 이토 씨는 모두에게 스키 솜씨를 보였다.
□ 気(き)に障(さわ)る	비위에 거슬리다	少し太ったみたいね。こんなこと言ってお気(き)に障(さわ)ったかしら。 조금 살찐 것 같네. 이런 말을 해서 마음이 상했을까.
□ 強硬(きょうこう)だ	강경하다	原田(はらだ)さんはその法案に強硬(きょうこう)に反対している。 하라다 씨는 그 법안에 강경하게 반대하고 있다.
□ じめじめ	축축, 끈적끈적 (습기가 많은 모양)	雨の後で地面がじめじめしている。 비 온 후에 지면이 축축해져 있다.
□ そわそわ	안절부절 못함	彼は舞台に上がる前はいつも緊張のあまりそわそわする。 그는 무대에 오르기 전에는 항상 긴장한 나머지 안절부절 못한다.
□ 立(た)て替(か)える	대신 갚아주다	内田(うちだ)さんのタクシー代を立(た)て替(か)えた。 우치다 씨의 택시비를 대신 내줬다.
□ ためらう	주저하다	高橋(たかはし)さんはまだその受諾(じゅだく)をためらっている。 다카하시 씨는 아직 그 수락을 주저하고 있다.
□ とりわけ	유난히, 특히	彼は強く、勇敢(ゆうかん)で、とりわけ正直だ。 그는 강하고, 용감하고, 유난히 정직하다.
□ 荷(に)が重(おも)い	짐(책임)이 무겁다	この仕事は彼には荷(に)が重(おも)すぎる。 이 사업은 그에게는 책임이 너무 무겁다.
□ 担(にな)う	짊어지다	日本の将来はきみたちが担(にな)っている。 일본의 장래는 너희들이 짊어지고 있다.
□ 練(ね)る	① 반죽하다 ② (계획·구상) 짜다, 다듬다	転職(てんしょく)はよく計画を練(ね)ってから行いましょう。 전직은 계획을 잘 짜고 나서 합시다.
□ 念頭(ねんとう)	염두	この家はお年寄りを念頭(ねんとう)に置いた造りになっている。 이 집은 노인을 염두에 둔 구조로 되어 있다.
□ 無性(むしょう)に	몹시, 공연히, 무턱대고	なんだかアイスクリームが無性(むしょう)に食べたい。 어쩐지 아이스크림이 몹시 먹고 싶다.

2012

□ 言い張る(いはる)	우기다	その子はお母さんと一緒に行くと言い張(いは)った。 그 아이는 엄마와 함께 가겠다고 우겼다.
□ 大筋(おおすじ)	대강, 대략, 요점	被告(ひこく)は容疑(ようぎ)を大筋(おおすじ)で認めた。 피고는 용의를 대강 인정했다.
□ 加工(かこう)	가공	ミルクは加工(かこう)されてバターやチーズになる。 우유는 가공해서 버터나 치즈가 된다.
□ 急遽(きゅうきょ)	급거, 갑작스럽게	彼はクーデターの知らせに急遽(きゅうきょ)帰国した。 그는 쿠데타 소식에 급거 귀국했다.
□ 究明(きゅうめい)	구명	原因を徹底的に究明(きゅうめい)し、二度とおきないようにする。 원인을 철저하게 구명하여 두번 다시 일어나지 않도록 한다.
□ 寄与(きよ)	기여	田中(たなか)さんは航空(こうくう)の発展に大いに寄与(きよ)した。 다나카 씨는 항공 발전에 크게 기여했다.
□ 妥協(だきょう)	타협	彼らは映画を見に行くことで妥協(だきょう)した。 그들은 영화를 보러 가는 것으로 타협했다.
□ ハードル	① 기준 ② 장애물	あの大学は僕にはハードルが高すぎてとても無理だ。 저 대학은 나에게는 기준이 너무 높아서 무리다.
□ ～版(ばん)	~판	この本の改訂版(かいていばん)は３月上旬(じょうじゅん)の発売の予定だ。 이 책의 개정판은 3월 상순에 발매할 예정이다.
□ 人出(ひとで)	나들이 인파	そのジャズフェスティバルは人出(ひとで)が多かった。 그 재즈 페스티벌은 인파가 많았다.
□ 紛らわしい(まぎらわしい)	헷갈리기 쉽다	この二つの単語はたいへん紛(まぎ)らわしい。 이 두개의 단어는 매우 헷갈리기 쉽다.
□ 催す(もよおす)	개최하다	その展示会は大阪(おおさか)で催(もよお)される予定だ。 그 전시회는 오사카에서 개최될 예정이다.
□ 和らぐ(やわらぐ)	누그러지다	薬を飲むとすぐ頭痛は和(やわ)らいだ。 약을 먹자 바로 두통은 누그러졌다.
□ リストアップ	나열, 열거	買いたい本をリストアップした。 사고 싶은 책을 나열했다.

2011

□	逸材(いつざい)	우수한 인재	酒井(さかい)教授は多くの逸材(いつざい)を世に送った。 사카이 교수님은 많은 인재를 세상에 보냈다.
□	会心(かいしん)	회심, 마음에 듦	この彫刻は彼女の会心(かいしん)の作品だ。 이 조각은 그녀의 회심의 작품이다.
□	実情(じつじょう)	실정	商品の需要(じゅよう)に生産が追いつかないのが実情(じつじょう)だ。 상품의 수요에 생산이 따라가지 못하는 것이 실정이다.
□	修復(しゅうふく)	수복, 복원	寺は修復(しゅうふく)工事のため、閉まっている。 절은 복원 공사 때문에 닫혀 있다.
□	ストック	재고	その布のストックはたくさんあります。 그 천의 재고는 많이 있습니다.
□	強(つよ)み	강점, 장점	小林(こばやし)さんには留学したという強(つよ)みがある。 고바야시 씨는 유학했다는 강점이 있다.
□	ニュアンス	뉘앙스, 미묘한 차이	彼は演説の微妙なニュアンスは分からなかった。 그는 연설의 미묘한 뉘앙스는 몰랐다.
□	弾(はず)む	들뜨다, 신이 나다	ニュージーランド旅行について話が弾(はず)んだ。 뉴질랜드 여행에 대해서 이야기가 활기를 띠었다.
□	抜粋(ばっすい)	발췌	その本から必要な箇所(かしょ)を抜粋(ばっすい)した。 그 책에서 필요한 군데를 발췌했다.
□	不備(ふび)だ	충분히 갖추어지지 않다	現在の教育制度には不備(ふび)な点がいくつかある。 현재 교육제도에는 갖추어지지 않은 점이 몇 개인가 있다.
□	並行(へいこう)	병행	２人の容疑者(ようぎしゃ)の取り調べは並行(へいこう)して行われた。 2명의 용의자의 수사는 병행해서 이루어졌다.
□	～まみれ	~투성이	全身ほこりまみれになった。 전신이 먼지투성이가 되었다.
□	無謀(むぼう)だ	무모하다	この悪天候に飛行機で飛ぶなんて無謀(むぼう)だ。 이 악천우에 비행기로 간다니 무모하다.
□	猛(もう)～	맹~	彼らはその計画に猛(もう)反対した。 그는 그 계획에 맹반대했다.

2010

□ 円滑(えんかつ)だ	원활하다	この週末はすべてがとても円滑(えんかつ)に進んでいる。 이 주말은 모든 것이 매우 원활하게 진행되고 있다.
□ 及(およ)ぼす	(영향) 미치다	彼はいまだ政界(せいかい)に強い影響を及(およ)ぼしている。 그는 아직 정계에 강한 영향을 미치고 있다.
□ 完結(かんけつ)	완결	今月号掲載(こんげつごうけいさい)分を含め、残り５話で完結(かんけつ)する。 이번 호 게재 분을 포함해, 남은 5화로 완결한다.
□ キャリア	경력	彼はキャリアを捨てて子育てに専念(せんねん)した。 그는 경력을 버리고 육아에 전념했다.
□ 結束(けっそく)	결속	全員が結束(けっそく)してその作業にあたった。 전원이 결속해서 그 작업을 맡았다.
□ ～上(じょう)	~상	歴史上(じょう)の人物をテーマにした和楽(わがく)アルバムを制作したい。 역사상 인물을 테마로 한 일본 고유 음악 앨범을 제작하고 싶다.
□ 当(とう)～	당	当(とう)ホテルではファミリー客を歓迎しております。 당 호텔에서는 가족 손님을 환영합니다.
□ 念願(ねんがん)	염원	彼女は念願(ねんがん)のブティックをこの町で開いた。 그녀는 염원인 부티크를 이 마을에 열었다.
□ 背景(はいけい)	배경	この犯罪の背景(はいけい)には何があったのだろうか。 이 범죄의 배경에는 무엇이 있었을까.
□ フォロー	지원, 보조	たくさんの方がフォローしてくれた。 많은 분이 지원해 주었다.
□ 報(ほう)じる	알리다	インドで鉄道事故があったと今日の新聞が報(ほう)じている。 인도에서 철도 사고가 있었다고 오늘 신문이 알렸다.
□ 本音(ほんね)	본심, 속마음	本音(ほんね)を言えば介護(かいご)なんてしたくない。 본심을 말하자면 간호 따위 하고 싶지 않다.
□ 綿密(めんみつ)だ	면밀하다	彼らは綿密(めんみつ)な計画を立てた。 그들은 면밀한 계획을 세웠다.
□ やんわり	부드럽게, 살며시	佐藤(さとう)さんは申し出をやんわり断った。 사토 씨는 신청을 부드럽게 거절했다.

콕콕 기출 문제01 문맥규정

/10

問題2 （　　　）に入れるのに最もよいものを、１・２・３・４から一つ選びなさい。

1 その会社はリストラ策の（　　　）として従業員を500人削減(さくげん)した。(17)

1 一環　2 一体　3 内部　4 部門

2 今度のスキャンダルは現政権の（　　　）を揺るがしかねない不祥事だ。(16)

1 基地　2 根拠　3 基盤　4 根源

3 コンピューターウイルスにより会社の内部資料が（　　　）した。(16)

1 転向　2 流出　3 発散　4 展開

4 その資料はほかの書類に（　　　）しまったのかもしれない。(15)

1 からんで　2 おさまって　3 まぎれて　4 なじんで

5 退職を申し出たが、強く引き止められて心が（　　　）いる。(14)

1 揺(ゆ)らいで　2 乱(みだ)れて　3 震(ふる)えて　4 浮(う)かれて

6 問題の再発防止のために、何度も会議を開いて対策を（　　　）。(13)

1 培った　2 築いた　3 練った　4 磨いた

7 彼は事件の真相を（　　　）するために私立探偵を雇った。(12)

1 探知　2 察知　3 釈明　4 究明

8 警察はその２つの事件の捜査(そうさ)を（　　　）して進めている。(11)

1 並行　2 同伴　3 並列　4 同調

9 約500年前の壁画(へきが)の（　　　）が終わり、来月から展示が予定されている。(11)

1 回復　2 修復　3 復旧　4 復興

10 失業者数の増大を（　　　）に騒動が起こった。(10)

1 発起　2 後援　3 根源　4 背景

답 1① 2③ 3② 4③ 5① 6③ 7④ 8① 9② 10④

콕콕 기출 문제 02 문맥규정

/10

問題２　（　　　）に入れるのに最もよいものを、１・２・３・４から一つ選びなさい。

1 彼女はどうやってあのように（　　　）に正解できるのか分からない。(17)

1　クリア　　2　ストレート　　3　シンプル　　4　コンスタント

2 私の企画があまりに（　　　）通ったので驚いた。(16)

1　すんなり　　2　うっとり　　3　ふんわり　　4　こっそり

3 中村(なかむら)さんは取材のためその地を（　　　）訪れた。(16)

1　円滑に　　2　活発に　　3　緊密に　　4　頻繁に

4 私は日本の歴史、（　　　）平安時代に興味がある。(13)

1　いよいよ　　2　まさしく　　3　いっそう　　4　とりわけ

5 疲れると、甘いものがなぜか（　　　）食べたくなる。(13)

1　ひたむきに　　2　むしょうに　　3　かたくなに　　4　いちずに

6 彼らの行動は環境問題の解決に（　　　）するところが大きい。(12)

1　供与　　2　寄与　　3　普及　　4　波及

7 カタカナの「ソ」と「リ」は（　　　）ので、名前を書くときは気をつけてください。(12)

1　悩(なや)ましい　　2　疑(うたが)わしい　　3　まぎらわしい　　4　わずらわしい

8 これはその新聞記事からの（　　　）です。(11)

1　採取　　2　抜粋　　3　摘出　　4　抽選

9 バレーボールをするときに彼の背の高さは大きな（　　　）だ。(11)

1　強み　　2　深み　　3　高み　　4　重み

10 この漫画は次号で（　　　）する。(10)

1　静止　　2　成就　　3　完結　　4　終息

답 1④ 2① 3④ 4④ 5② 6② 7③ 8② 9① 10③

콕콕 기출 문제 03 문맥규정 /10

問題２　（　　　）に入れるのに最もよいものを、１・２・３・４から一つ選びなさい。

1 彼は、涙ながらに胸を打つ言葉でファンの心を動かし、スピーチ力の不安を（　　　）した。(16)

1 排出　2 削除　3 追放　4 一掃

2 朝から晩まで働き（　　　）疲れて何も出来ない状態だ。(16)

1 からからに　2 へとへとに　3 すっきり　4 ぎっしり

3 彼は、その話を聞いたときは動揺していたが、次第にいつもの冷静さを（　　　）。(15)

1 取り戻した　2 引き寄せた　3 受け入れた　4 呼び込んだ

4 議会に提出された条例(じょうれい)は、賛成多数で（　　　）された。(14)

1 判別　2 採取　3 可決　4 選出

5 殺人事件の現場には（　　　）血が流れていた。(14)

1 目まぐるしい　2 限りない　3 極まりない　4 おびただしい

6 職場の環境に満足していたので、その当時は転職など全く（　　　）になかった。(13)

1 念頭　2 内心　3 念願　4 本心

7 自分の意見を（　　　）主張してしまうと、逆効果となる可能性もある。(13)

1 堅実に　2 無謀に　3 果敢に　4 強硬に

8 今年の博多(はかた)どんたく港まつりの（　　　）予想は200万人となっている。(12)

1 人波(ひとなみ)　2 人出(ひとで)　3 人込み(ひとごみ)　4 人通り(ひとどお)

9 コピー用紙の（　　　）が減ったら、注文しておいてください。(11)

1 キープ　2 チャージ　3 シェア　4 ストック

10 ベテランが若手部員を（　　　）する必要がある。(10)

1 インターン　2 フォロー　3 マッチ　4 アップ

답 1④　2②　3①　4③　5④　6①　7④　8②　9④　10②

콕콕 기출 문제 04 문맥규정

/10

問題 2　（　　　）に入れるのに最もよいものを、１・２・３・４から一つ選びなさい。

1 このおでんはよく味が（　　　）います。(16)

1 染みて　　2 溶けて　　3 潤って　　4 沈んで

2 どんな話を（　　　）かと待っている間も胸がどきどきした。(16)

1 待ち上げる　　2 割り当てる　　3 押し込む　　4 切り出す

3 現在、工場にあるすべての機械を24時間体制で（　　　）している。(15)

1 稼働　　2 展開　　3 運行　　4 起動

4 知らない国の知らない駅で、一人取り残されると、とても（　　　）気持ちになった。(14)

1 ひそかな　　2 かすかな　　3 心無い　　4 心細い

5 このシリーズは若者を中心に（　　　）な人気を誇っている。(14)

1 膨大　　2 絶大　　3 偉大　　4 強大

6 彼女は今日が初めてのデートらしく、朝から（　　　）して落ち着かない様子だ。(13)

1 めそめそ　　2 ぶらぶら　　3 そわそわ　　4 ぐらぐら

7 今度の仕事に必要な物をすべて（　　　）してください。(12)

1 エントリー　　2 リストアップ　　3 ストック　　4 コーディネート

8 Ａデパートで、有名な写真家による写真展が（　　　）いる。(12)

1 挙げられて　　2 設けられて　　3 施されて　　4 催されて

9 その部屋は暗くてほこり（　　　）だった。(11)

1 ずくめ　　2 まみれ　　3 がらみ　　4 ぐるみ

10 カビが私たちの健康に（　　　）影響は大きい。(10)

1 掲げる　　2 費やす　　3 及ぼす　　4 授ける

답 1① 2④ 3① 4④ 5② 6③ 7② 8④ 9② 10③

콕콕 기출 문제 05 문맥규정

/10

問題2 (　　) に入れるのに最もよいものを、1・2・3・4から一つ選びなさい。

1 生産、販売、人事、財務(ざいむ)など企業経営の（　　）を学ぶことができます。(16)

1 ライフワーク　2 ノウハウ　3 ベテラン　4 データベース

2 世界じゅうでインターネットの利用者数が（　　）勢いで伸びている。(15)

1 あわただしい　2 やかましい　3 すさまじい　4 いさましい

3 A社は銀行からの支援(しえん)によって経営の悪化を何とか（　　）ことができた。(14)

1 食い止める　2 打ち切る　3 吸い上げる　4 投げ出す

4 話し合いは平行線を（　　）、結局一致点を見いだせなかった。(14)

1 あゆみ　2 たどり　3 なぞり　4 つたい

5 将来を（　　）人材を育成するために新入社員教育に力を入れている。(13)

1 かかげる　2 やしなう　3 になう　4 いたわる

6 お客様の気に（　　）ことのないよう注意してください。(13)

1 逆(さか)らう　2 絡(から)む　3 及(およ)ぶ　4 障(さわ)る

7 朝から頭痛がひどかったが、薬を飲んだら少し痛みが（　　）。(12)

1 安(やす)らいだ　2 薄(うす)まった　3 和(やわ)らいだ　4 弱(よわ)った

8 大学を辞めると言ったら、母に（　　）反対された。(11)

1 厳　2 頑　3 強　4 猛

9 彼女はジャーナリストとして20年もの（　　）を積んできた。(10)

1 マージン　2 キャリア　3 ボイコット　4 ベテラン

10 あの会議の場では君の意見を否定したけど、（　　）を言えば、君の意見は正しいと思うよ。(10)

1 弱気　2 弱音　3 本気　4 本音

답 1② 2③ 3① 4② 5③ 6④ 7③ 8④ 9② 10④

콕콕 기출 문제 06 문맥규정　/10

問題２　（　　　）に入れるのに最もよいものを、１・２・３・４から一つ選びなさい。

1 その歌を聞いていると幸せな思い出が（　　　）くる。(17)

1　さかのぼって　　2　引き返して　　3　よみがえって　　4　立ち直って

2 政府はさまざまな（　　　）を通じて増税(ぞうぜい)の必要性を訴えた。(15)

1　メディア　　2　データベース　　3　スクリーン　　4　コミュニケーション

3 地球上には飢(う)えで死に（　　　）している子どもが大勢いる。(15)

1　隣接　　2　対面　　3　近接　　4　直面

4 この会社の営業部では、社員一人一人に毎週厳しい（　　　）が課されている。(14)

1　キャリア　　2　ノルマ　　3　チーフ　　4　コスト

5 高橋(たかはし)さんは友人たちを招いて料理の（　　　）を披露した。(13)

1　腕前　　2　手間　　3　しわざ　　4　そぶり

6 梅雨(つゆ)どきで部室が（　　　）して気持ちが悪い。(13)

1　からっと　　2　しっとり　　3　がさがさ　　4　じめじめ

7 このソフトは初心者には（　　　）が高いと思う。(12)

1　デビュー　　2　ハードル　　3　ブロック　　4　リミット

8 地域の（　　　）に合った総合的な福祉サービスの提供が求められている。(11)

1　実情　　2　実況　　3　実権　　4　実在

9 突然のご報告となりますが、このたび、健康（　　　）の理由で退社することになりました。(10)

1　内　　2　側　　3　上　　4　面

10 彼女に結婚を申し込んだら（　　　）断られた。(10)

1　しんなり　　2　やんわり　　3　うんざり　　4　ひんやり

답 1③ 2① 3④ 4② 5① 6④ 7② 8① 9③ 10②

콕콕 기출 문제07 문맥규정 /10

問題２　（　　　）に入れるのに最もよいものを、１・２・３・４から一つ選びなさい。

1 留学したいという娘(むすめ)の（　　　）をなんとかかなえてやりたい。(17)

1　念願　　2　志願　　3　欲求　　4　意欲

2 田中(たなか)さんはいつも自分の意見を人に（　　　）しようとする。(15)

1　固執　　2　束縛　　3　圧迫　　4　強制

3 済んでしまったことに（　　　）したって始まらないよ。(15)

1　ひっそり　　2　ふんわり　　3　くよくよ　　4　のろのろ

4 今日の対談は、サッカー選手と物理学者という（　　　）の組み合わせで行われる。(14)

1　異色　　2　大差　　3　変形　　4　遠隔

5 なかなか病院へ行くのを（　　　）いる方が多いようです。(13)

1　案じて　　2　よけて　　3　遠ざけて　　4　ためらって

6 彼女は母国で革命が起こったと聞いて（　　　）帰国した。(12)

1　急激(きゅうげき)　　2　急遽(きゅうきょ)　　3　瞬間(しゅんかん)に　　4　瞬時(しゅんじ)に

7 この計画は（　　　）のところは問題ないが、具体的にはどう進めるつもりかね。(12)

1　大台　　2　大口　　3　大幅　　4　大筋

8 あの小説は自分でも（　　　）の出来だったと思う。(11)

1　核心　　2　真心　　3　会心　　4　気心

9 交渉が（　　　）進み、無事に契約することができた。(10)

1　しなやかに　　2　しとやかに　　3　円滑に　　4　急性に

10 （　　　）レストランでは全席禁煙です。(10)

1　実　　2　当　　3　主　　4　自

답 1① 2④ 3③ 4① 5④ 6② 7④ 8③ 9③ 10②

콕콕 기출 문제 08 문맥규정 /10

問題２　（　　　）に入れるのに最もよいものを、１・２・３・４から一つ選びなさい。

1 全国民が鈴木(すずき)さんの政治家としての業績(ぎょうせき)を（　　　）。(17)

1　うやまった　　2　あおいだ　　3　たたえた　　4　もてなした

2 山田(やまだ)さんは明るくて（　　　）だから、そんな細かいことは気にしないと思います。(15)

1　おおらか　　2　ささやか　　3　すみやか　　4　あざやか

3 君がそんなにいやなら（　　　）行けとは言わないよ。(15)

1　いかにも　　2　しいて　　3　いっそう　　4　よほど

4 この美しい映像はコンピューターの最新技術を（　　　）して作られたものだ。(14)

1　充当　　2　摂取　　3　駆使　　4　引用

5 内田(うちだ)さんはいつも手際よく（　　　）仕事を進めている。(14)

1　すくすくと　　2　てきぱきと　　3　さらさらと　　4　めきめきと

6 ホテル代は、後で払うので、とりあえず（　　　）おいてもらえませんか。(13)

1　積み立てて　　2　引き落として　　3　差し引いて　　4　立て替えて

7 その日韓辞典の改訂（　　　）には新しい言葉が数多く収録されている。(12)

1　刷　　2　刊　　3　誌　　4　版

8 その２つの表現は微妙に（　　　）が違う。(11)

1　センス　　2　キャラクター　　3　ニュアンス　　4　インスピレーション

9 書類に（　　　）があり、その再取得に時間がかかりそうだ。(11)

1　不順　　2　不備　　3　不当　　4　不穏

10 彼女は30ページにも及ぶ（　　　）報告書を書き上げた。(10)

1　綿密な　　2　零細な　　3　繊細な　　4　濃密な

답 1③ 2① 3② 4③ 5② 6④ 7④ 8③ 9② 10①

콕콕 기출 문제 09 문맥규정

/10

問題２　（　　　）に入れるのに最もよいものを、１・２・３・４から一つ選びなさい。

1 高橋(たかはし)さんを（　　　）すぐ私に電話してください。(16)

1　見合わせたら　　2　見過ごしたら　　3　見かけたら　　4　見違えたら

2 父がくれたこの時計には強い（　　　）を持っています。(16)

1　熱意　　2　愛着　　3　好感　　4　心情

3 この新しいルールは双方（　　　）のうえで作られた。(15)

1　合意　　2　帰結　　3　適用　　4　順応

4 きみはもうちょっと数学に（　　　）をおいたほうがいい。(14)

1　パワー　　2　メイン　　3　ウエイト　　4　トップ

5 景気の動向は（　　　）を許さない状況が続いている。(14)

1　見込み　　2　予断　　3　見通し　　4　予期

6 こんな大事な取り引きは、入社２年目の彼には（　　　）が重かったかもしれない。(13)

1　頭　　2　肩　　3　荷　　4　職

7 彼は「申請書は締め切までに絶対に提出した」と、まだ（　　　）いる。(12)

1　言い張って　　2　言い渡して　　3　言い放って　　4　言い残して

8 このままでは交渉がまとまらないので、互いに（　　　）せざるをえない。(12)

1　同調　　2　妥協　　3　和解　　4　融合

9 何の準備もなしにその山に登るなんて（　　　）だよ。(11)

1　無残　　2　無念　　3　無実　　4　無謀

10 すべての新聞が昨夜Ａ国で列車事故があったことを（　　　）。(10)

1　報じた　　2　配布した　　3　投じた　　4　配送した

답 1③ 2② 3① 4③ 5② 6③ 7① 8② 9④ 10①

2 문맥규정 기출 2009~1990년

2009~1990년까지 출제된 단어를 품사별로 나누어 정리하였습니다.

명사

□ 愛想(あいそう) *あいそ로도 읽음	붙임성	彼女はいつもにこにこしていて愛想(あいそう)がいい。 그녀는 항상 생글생글 웃고 붙임성이 좋다.
□ 合間(あいま)	틈, 짬	仕事の合間(あいま)にほかの用事をすませた。 일하는 틈틈이 다른 볼일을 마쳤다.
□ 圧倒(あっとう)	압도	小松(こまつ)さんの迫力(はくりょく)に圧倒(あっとう)された。 고마쓰 씨의 박력에 압도되었다.
□ 圧迫(あっぱく)	압박	家のローンの返済(へんさい)が家計を圧迫(あっぱく)している。 집의 대부 변제가 가계를 압박하고 있다.
□ 安静(あんせい)	안정	熱が下がるまでしばらく安静(あんせい)にしていてください。 열이 내릴 때까지 잠시 안정하고 있어 주세요.
□ 行(い)き違(ちが)い *ゆきちがい로도 읽음	오해, 착오	ちょっとしたことばの行(い)き違(ちが)いから、けんかになった。 사소한 말의 오해로 싸우게 되었다.
□ 一面(いちめん)	일면	おもしろい一面(いちめん)もある。 재미있는 일면도 있다.
□ 一連(いちれん)	일련	一連(いちれん)の少年犯罪。 일련의 소년 범죄.
□ 意図(いと)	의도	なぜそのような発言(はつげん)をしたのか、意図(いと)がわからない。 왜 그런 발언을 했는지 의도를 모르겠다.
□ 意欲(いよく)	의욕	社員の仕事に対する意欲(いよく)を高めるためには。 사원의 일에 대한 의욕을 높이기 위해서는.
□ 運用(うんよう)	운용	資金(しきん)を上手に運用(うんよう)する。 자금을 능숙하게 운용하다.
□ 閲覧室(えつらんしつ)	열람실	図書館の閲覧室(えつらんしつ)で本を読む。 도서관의 열람실에서 책을 읽다.
□ 応急(おうきゅう)	응급	その場ですぐ応急処置(おうきゅうしょち)をした。 그 자리에서 바로 응급처치를 했다.
□ おもむき	풍취, 멋	この古い寺の庭はおもむきがある。 이 오래된 절의 정원은 풍취가 있다.

□ 回収(かいしゅう)	회수	試験の後で問題用紙も回収(かいしゅう)します。 시험 후에 문제 용지도 회수합니다.
□ 改修(かいしゅう)	개수, 수리	現在屋根の改修(かいしゅう)工事が進められている。 현재 지붕의 개수 공사가 진행되고 있다.
□ 概説(がいせつ)	개설	これは日本文学について概説(がいせつ)した本です。 이것은 일본문학에 대해 개설한 책입니다.
□ 介入(かいにゅう)	개입	政府は経済活動に介入(かいにゅう)しすぎてはいけない。 정부는 경제활동에 지나치게 개입해서는 안 된다.
□ 概念(がいねん)	개념	「近代」という概念(がいねん)。 '근대'라는 개념.
□ 介抱(かいほう)	간호, 병구완	親切な人が介抱(かいほう)してくれた。 친절한 사람이 간호해 주었다.
□ 革新(かくしん)	혁신	これからの時代に対応すべく、経営を革新(かくしん)するべきだ。 앞으로 시대에 대응하기 위해 경영을 혁신해야 한다.
□ 確保(かくほ)	확보	まず人材(じんざい)を確保(かくほ)する必要がある。 먼저 인재를 확보할 필요가 있다.
□ 加減(かげん)	가감, 조절	このスープは塩の加減(かげん)がむずかしい。 이 수프는 소금 조절이 어렵다.
□ 過疎(かそ)	과소	過疎(かそ)の問題を抱える村が増えた。 과소 문제를 안은 마을이 늘었다.
□ かたわら	옆, 곁	道のかたわらに名もないきれいな花が咲いていた。 길가에 이름도 없는 예쁜 꽃이 피어 있었다.
□ 過密(かみつ)	과밀	周辺から人が集まりすぎて過密状態(かみつじょうたい)だ。 주변에서 사람이 너무 모여들어 과밀 상태이다.
□ 過労(かろう)	과로	最近仕事が忙しくて、社員は過労気味(かろうぎみ)だ。 최근 일이 바빠서 사원은 과로한 기색이다.
□ 危害(きがい)	위해	その動物は人間に危害(きがい)を加えることがある。 그 동물은 인간에게 위해를 가하는 일이 있다.
□ 規格(きかく)	규격	大きさや形状などの規格(きかく)が統一されている。 크기와 형상 등의 규격이 통일되어 있다.
□ きがね	어렵게 여김, 스스럼	きがねをせずに、何日でも泊まっていってください。 어려워 말고 며칠이든 묵고 가세요.
□ 棄権(きけん)	기권	かんたんに棄権(きけん)してはいけない。 간단하게 기권해서는 안된다.

□ 規制（きせい）	규제	車の排気ガス規制が強化された。 자동차의 배기가스 규제가 강화되었다.
□ 規範（きはん）	규범	規範的な立場から見ると。 규범적인 입장에서 보면.
□ 気品（きひん）	기품	彼はおだやかで気品のある話し方をする人だ。 그는 성품이 온화하고 기품 있게 말하는 사람이다.
□ 起伏（きふく）	기복	彼は感情の起伏がはげしい。 그는 감정의 기복이 심하다.
□ 休養（きゅうよう）	휴양	自宅で十分に休養を取ってください。 자택에서 충분히 휴양을 취해 주세요.
□ 教訓（きょうくん）	교훈	失敗から多くの教訓を学んだ。 실패에서 많은 교훈을 배웠다.
□ 強制（きょうせい）	강제	彼は強制されて契約書に署名した。 그는 강요받아서 계약서에 서명했다.
□ 緊急（きんきゅう）	긴급	大統領は緊急事態を宣言した。 대통령은 긴급 사태를 선언했다.
□ 形勢（けいせい）	형세	昨日のゲームは後半に形勢が一気に逆転した。 어제 게임은 후반에 형세가 단번에 역전되었다.
□ ～圏（けん）	~권	同じ英語圏の国。 같은 영어권 나라.
□ 権威（けんい）	권위	今いちばん権威がある日本語の辞書。 지금 가장 권위 있는 일본어 사전.
□ 抗議（こうぎ）	항의	さっそく放送局に抗議した。 즉시 방송국에 항의했다.
□ 交渉（こうしょう）	교섭	会社と交渉して決めることになっている。 회사와 교섭해서 정하기로 되어 있다.
□ 向上（こうじょう）	향상	教師の努力により生徒の学力が向上した。 교사의 노력에 의해 학생의 학력이 향상됐다.
□ 考慮（こうりょ）	고려	自然保護を考慮に入れた開発計画が大事だ。 자연보호를 고려한 개발 계획이 중요하다.
□ 心得（こころえ）	소양, 이해	あの人は生け花の心得がある。 저 사람은 꽃꽂이에 대한 소양이 있다.
□ 誇張（こちょう）	과장	彼女の話はおもしろいが、誇張がある。 그녀의 이야기는 재미있지만 과장이 있다.

□ こつ	요령	写真を上手に撮るには、ちょっとしたこつがある。 사진을 잘 찍는 데는 약간의 요령이 있다.
□ 孤立(こりつ)	고립	周囲から孤立(こりつ)してしまうだろう。 주위로부터 고립되고 말 것이다.
□ 再発(さいはつ)	재발	事故の再発(さいはつ)を防ぐために様々な努力がなされている。 사고 재발을 막기 위해서 여러 가지 노력이 이루어지고 있다.
□ 参照(さんしょう)	참조	詳細(しょうさい)は説明書をご参照(さんしょう)ください。 자세한 것은 설명서를 참조해 주세요.
□ 自覚(じかく)	자각	まず本人がそれを自覚(じかく)しないと直せない。 먼저 본인이 그것을 자각하지 않으면 바로잡을 수 없다.
□ しかけ	(특별한) 장치, 속임수	この時計にはしかけがある。 이 시계에는 특별한 장치가 있다.
□ 時期(じき)	시기	毎年この時期(じき)には桜(さくら)が咲く。 매년 이 시기에는 벚꽃이 핀다.
□ しくみ	구조	日本の流通(りゅうつう)のしくみは複雑だ。 일본의 유통 구조는 복잡하다.
□ 辞退(じたい)	사퇴	彼女はその賞を辞退(じたい)した。 그녀는 그 상을 사퇴했다.
□ 視野(しや)	시야	もっと視野(しや)を広げる。 시야를 더 넓히다.
□ 収容(しゅうよう)	수용	この会場は400人収容(しゅうよう)できる。 이 회장은 400명을 수용할 수 있다.
□ 主張(しゅちょう)	주장	自分の意見をはっきり主張(しゅちょう)する。 자기 의견을 분명하게 주장하다.
□ 主導権(しゅどうけん)	주도권	今国会では野党が主導権(しゅどうけん)を握った。 지금 국회에서는 야당이 주도권을 잡았다.
□ 処置(しょち)	처치, 조치	最初にきちんと処置(しょち)することが大切だ。 처음에 정확히 처치하는 것이 중요하다.
□ 進呈(しんてい)	진정, 드림	御来場(ごらいじょう)の皆様に記念品を進呈(しんてい)いたします。 이 자리에 오신 여러분에게 기념품을 드립니다.
□ 制限(せいげん)	제한	母は病気のため食べるものにいろいろ制限(せいげん)がある。 어머니는 병 때문에 음식에 여러 가지 제한이 있다.
□ 設立(せつりつ)	설립	去年設立(せつりつ)された新しい会社。 작년에 설립된 새 회사.

□ 対処(たいしょ) 대처
この問題にどう**対処**(たいしょ)するかが注目される。
이 문제에 어떻게 대처할지 주목된다.

□ 台無し(だいな) 엉망이 됨
彼のせいでせっかくのパーティーが**台無し**(だいな)だ。
그 때문에 모처럼의 파티가 엉망이다.

□ 打開(だかい) 타개
この困難な状況を**打開**(だかい)する。
이 곤란한 상황을 타개하다.

□ 断言(だんげん) 단언
自分は「安全運転だ」と**断言**(だんげん)する。
자신은 '안전운전이다'라고 단언하다.

□ 短縮(たんしゅく) 단축
労働時間を**短縮**(たんしゅく)しようという動きがある。
노동시간을 단축하자는 움직임이 있다.

□ 忠告(ちゅうこく) 충고
友人の**忠告**(ちゅうこく)に従ってよかった。
친구의 충고를 따라서 다행이었다.

□ 直感(ちょっかん) 직감
危険が近づいていることを**直感**(ちょっかん)した。
위험이 다가오고 있는 것을 직감했다.

□ 手遅れ(ておく) 때늦음, 시기를 놓침
彼は**手遅れ**(ておく)になっていたかもしれない。
그는 때가 늦었는지도 모른다.

□ てがかり 단서, 실마리
事件を解決するため、**てがかり**を探しているところだ。
사건을 해결하기 위해 단서를 찾고 있는 중이다.

□ 適応(てきおう) 적응
外国での生活に**適応**(てきおう)できないで、帰国(きこく)する人がいる。
외국 생활에 적응하지 못하고 귀국하는 사람이 있다.

□ てぎわ 솜씨, 수완
私の秘書(ひしょ)はとても**てぎわ**がいい。
내 비서는 수완이 무척 좋다.

□ 手順(てじゅん) 수순, 절차
説明書の**手順**(てじゅん)のとおりにやれば、だれでも簡単にできる。
설명서의 수순대로 하면 누구라도 간단히 할 수 있다.

□ 同意(どうい) 동의
親の**同意**(どうい)が必要だ。
부모의 동의가 필요하다.

□ 同感(どうかん) 동감
それについては**同感**(どうかん)できない。
그것에 관해서는 동감할 수 없다.

□ 統合(とうごう) 통합
わが社はそれらの部門(ぶもん)を一つに**統合**(とうごう)することになった。
우리 회사는 그 부문들을 하나로 통합하게 되었다.

□ 特技(とくぎ) 특기
私には履歴書(りれきしょ)に書けるような**特技**(とくぎ)は何もない。
나에게는 이력서에 쓸 수 있을 만한 특기는 아무것도 없다.

□ 突破(とっぱ) 돌파
今年は年間１千万人を**突破**(とっぱ)しそうだ。
올해는 연간 천만 명을 돌파할 것 같다.

☐ 取(と)り締(し)まり	단속	警察がスピード違反の**取(と)り締(し)まり**をしている。 경찰이 속도위반 단속을 하고 있다.
☐ 認識(にんしき)	인식	彼は仕事に対する**認識(にんしき)**があまい。 그는 일에 대한 인식이 무르다.
☐ ねばり	① 끈기 ② 찰기	この選手は**ねばり**が足りない。 이 선수는 끈기가 부족하다.
☐ 背景(はいけい)	배경	今回の事件の**背景(はいけい)**には、複雑な事情があるようだ。 이번 사건의 배경에는 복잡한 사정이 있는 것 같다.
☐ 配慮(はいりょ)	배려	人の気持ちを**配慮(はいりょ)**する。 남의 기분을 배려하다.
☐ 反応(はんのう)	반응	聞き手の**反応(はんのう)**がないと、スピーチをしていて話しづらい。 듣는 사람의 반응이 없으면 연설을 하기 어렵다.
☐ 一息(ひといき)	한숨 돌림	ここでちょっと**一息(ひといき)**入れましょうか。 여기에서 잠깐 한숨 돌릴까요?
☐ 付録(ふろく)	부록	このカレンダーは雑誌の**付録(ふろく)**です。 이 달력은 잡지의 부록입니다.
☐ 便宜(べんぎ)	편의	利用者の**便宜(べんぎ)**をはかるため、利用時間の延長(えんちょう)を決めた。 이용자의 편의를 도모하기 위해 이용 시간의 연장을 결정했다.
☐ 返却(へんきゃく)	반납	図書館から借りていた本を**返却(へんきゃく)**した。 도서관에서 빌린 책을 반납했다.
☐ 補充(ほじゅう)	보충	コピー用紙がなくなりそうだったので、**補充(ほじゅう)**しておいた。 복사용지가 떨어질 것 같아서 보충해 두었다.
☐ 募集(ぼしゅう)	모집	事務所ではアルバイトを２名**募集(ぼしゅう)**している。 사무실에서는 아르바이트생을 2명 모집하고 있다.
☐ 没収(ぼっしゅう)	몰수	そのフィルムは警官に**没収(ぼっしゅう)**された。 그 필름은 경찰관에게 몰수되었다.
☐ 発足(ほっそく)	발족	新しい協会(きょうかい)は３月に**発足(ほっそく)**する。 새 협회는 3월에 발족한다.
☐ 満場(まんじょう)	만장	その決議(けつぎ)は**満場(まんじょう)**一致(いっち)で採決(さいけつ)された。 그 결의는 만장일치로 채결되었다.
☐ 見込(みこ)み	전망, 예정	来年の10月に完了する**見込(みこ)み**だ。 내년 10월에 완료될 예정이다.
☐ 身(み)の回(まわ)り	일상사, 신변의 일	**身(み)の回(まわ)り**のことが自分でできるようになった。 신변의 일을 스스로 할 수 있게 되었다.

□ 未練(みれん)	미련	今の職場に未練(みれん)がある。 지금의 직장에 미련이 있다.
□ 無計画(むけいかく)	무계획	森林の木を無計画(むけいかく)に切ると、災害(さいがい)が起きやすくなる。 삼림의 나무를 무계획하게 자르면 재해가 일어나기 쉬워진다.
□ 無効(むこう)	무효	一度使った切符は無効(むこう)だ。 한 번 사용한 표는 무효이다.
□ 名誉(めいよ)	명예	このような賞をいただいたことを、名誉(めいよ)に思います。 이 같은 상을 받은 것을 명예로 생각합니다.
□ めど	목표, 전망	復旧(ふっきゅう)のめどはまだ立っていない。 복구 전망은 아직 서 있지 않다.
□ 面倒(めんどう)	돌봄, 보살핌	彼女は後輩(こうはい)の面倒(めんどう)をよく見てくれる。 그녀는 후배를 잘 돌봐 준다.
□ ～網(もう)	~망	この10年で情報網(じょうほうもう)がずいぶん発達した。 최근 10년 만에 정보망이 대단히 발달했다.
□ 模型(もけい)	모형	船の模型(もけい)が展示してある。 배의 모형이 전시되어 있다.
□ 目下(もっか)	목하, 현재	私の目下(もっか)の関心は教育問題にある。 나의 현재 관심은 교육문제에 있다.
□ 野心(やしん)	야심	彼はいつか大統領になるという野心(やしん)を抱(いだ)いている。 그는 언젠가 대통령이 되겠다는 야심을 품고 있다.
□ 誘惑(ゆうわく)	유혹	都会の誘惑(ゆうわく)に負けずにしっかり勉強する。 도시의 유혹에 지지 않고 견실하게 공부하다.
□ ゆとり	여유	とても人の手助(てだす)けをするゆとりなどない。 도저히 남을 거들 여유 따위 없다.
□ 養成(ようせい)	양성	お年寄りを介護(かいご)する人材(じんざい)の養成(ようせい)が間に合わない。 노인을 간호할 인재의 양성이 늦어지다.
□ 抑制(よくせい)	억제	病気の進行を抑制(よくせい)する効果がある。 병의 진행을 억제하는 효과가 있다.
□ 領域(りょういき)	영역	この専門領域(りょういき)は比較的新しい。 이 전문 영역은 비교적 새롭다.
□ 良識(りょうしき)	양식	そんなことをすると、良識(りょうしき)を疑(うたが)われますよ。 그런 짓을 하면 양식을 의심받아요.
□ 類推(るいすい)	유추	その部首を見て意味を類推(るいすい)できることがある。 그 부수를 보고 뜻을 유추할 수 있는 경우가 있다.

□ 連帯感(れんたいかん)	연대감	協力して仕事をしたら、連帯感(れんたいかん)が生まれた。 협력해서 일을 했더니 연대감이 생겼다.
□ 浪費(ろうひ)	낭비	大切な時間を内容のない会議で浪費(ろうひ)する。 소중한 시간을 내용이 없는 회의로 낭비하다.
□ 論理(ろんり)	논리	好き嫌いの問題を論理(ろんり)で説得(せっとく)しようとしても難しい。 호불호의 문제를 논리로 설득하려고 해도 어렵다.

동사

□ あかす	밝히다, 털어놓다	彼女は重大な秘密を私にあかした。 그녀는 중대한 비밀을 나에게 털어 놓았다.
□ 誤(あやま)る	실수하다, 잘못하다	この薬は使い方をあやまると危険だ。 이 약은 잘못 사용하면 위험하다.
□ 改(あらた)める	고치다	今度の活躍(かつやく)を見てその考えをあらためた。 이번 활약을 보고 그 생각을 고쳤다.
□ 生(い)かす	살리다	この経験を仕事に生(い)かしていきたいと思う。 이 경험을 업무에 살려 나가고 싶다.
□ いじる	만지작거리다	彼は髪の毛をいじるくせがある。 그는 머리카락을 만지작거리는 버릇이 있다.
□ 受(う)け入(い)れる	받아들이다	だんだん新しい考え方がうけいれにくくなる。 점점 새로운 사고방식을 받아들이기 어려워지다.
□ 受(う)ける	받다	外国のさまざまな文化の影響(えいきょう)を受(う)けてきた。 외국의 다양한 문화의 영향을 받아왔다.
□ うぬぼれる	자부하다	彼女は自分には才能があるとうぬぼれている。 그녀는 자기한테는 재능이 있다고 자부하고 있다.
□ 負(お)う	힘입다	この企画(きかく)の成功は大野(おおの)さんの働きに負(お)うところが大きい。 이 기획의 성공은 오노 씨의 활약에 힘입은 바가 크다.
□ 怠(おこた)る	소홀히 하다	あの人は常に努力をおこたらない。 저 사람은 항상 노력을 소홀히 하지 않는다.
□ おさまる	잠잠해지다	紛争(ふんそう)がおさまり、市民の生活に落ち着きがもどった。 분쟁이 잠잠해져 시민 생활에 안정이 돌아왔다.
□ かさばる	부피가 크다	これは重さの割(わり)にかさばる荷物だ。 이것은 무게에 비해 부피가 큰 짐이다.
□ きしむ	삐걱거리다	良好(りょうこう)であった両国の関係がきしみはじめた。 양호했던 양국 관계가 삐걱거리기 시작했다.

□ 興(きょう)じる	흥겨워하다, 즐기다	子どもたちが仲良く船遊(ふなあそ)びに興(きょう)じている。 아이들이 사이좋게 뱃놀이를 즐기고 있다.
□ くだす	내리다	実行するか、しないかの決断(けつだん)をくだす。 실행할지 말지의 결단을 내리다.
□ 覆(くつがえ)す	뒤엎다	森(もり)先生の本はこれまでの古代史(こだいし)の定説を覆(くつがえ)すものだった。 모리 선생님의 책을 지금까지의 고대사 정설을 뒤엎는 것이었다.
□ けなす	혹평하다	一生懸命作った作品をけなされる。 열심히 만든 작품이 혹평을 받다.
□ こころがける	명심하다, 주의하다	仕事はできるだけ早めに始めるようにこころがけている。 일은 가능한 한 일찍 시작하도록 명심하고 있다.
□ こじれる	뒤틀리다, 복잡해지다	こういう話は一度こじれるとまとまらなくなる。 이런 이야기는 한번 뒤틀리면 잘 정리되지 않게 된다.
□ こだわる	구애되다	細かいことにこだわっていては、進歩(しんぽ)はない。 작은 일에 구애되어서는 진보는 없다.
□ こみあげる	치밀어 오르다, 복받치다	優勝したとき、胸(むね)に熱いものがこみあげてきた。 우승했을 때 가슴에 뜨거운 것이 복받쳐 왔다.
□ こめる	넣다, 담다	心をこめて作った料理はおいしい。 마음을 담아 만든 요리는 맛있다.
□ さえる	(머리가) 맑아지다	昨日はぐっすり眠れたので、今日は頭がさえている。 어제는 푹 자서 오늘은 머리가 맑다.
□ 差(さ)し支(つか)える	지장이 있다	もし、さしつかえなければ。 만일 지장이 없으면.
□ 察(さっ)する	헤아리다	彼の現在の苦しい立場を察(さっ)していただきたい。 그의 현재 괴로운 처지를 헤아려주었으면 한다.
□ 仕(し)上(あ)げる	완성하다	博士論文を仕(し)上(あ)げるのに３年かかった。 박사논문을 완성하는 데 3년 걸렸다.
□ 備(そな)わる	갖추어지다	もともと体には、けがや病気と闘(たたか)う力が備(そな)わっている。 원래 몸에는 부상이나 병과 싸울 힘이 갖추어져 있다.
□ 保(たも)つ	유지하다	若さをたもつにはどうすればいいか、その人に聞いてみたい。 젊음을 유지하려면 어떻게 하면 되는지 그 사람에게 물어보고 싶다.
□ 使(つか)いこなす	잘 다루다, 구사하다	この機械を使(つか)いこなすには、かなりの技術が必要だ。 이 기계를 잘 다루기 위해서는 상당한 기술이 필요하다.
□ 貫(つらぬ)く	관철하다, 일관하다	田中(たなか)さんは一生信念(しんねん)をつらぬいた。 다나카 씨는 평생 신념을 관철했다.

□ 唱(とな)える	주창하다, 외치다	博士がそれまでの常識をくつがえす説を**となえた**。	박사가 그때까지의 상식을 뒤엎는 설을 주창했다.
□ とぼける	시치미를 떼다	私が聞いても「僕は何も知らない」と**とぼけて**、教えてくれない。	내가 물어도 '나는 아무것도 몰라'라며 시치미를 떼고 가르쳐주지 않는다.
□ 取(と)り締(し)まる	단속하다	商店街(しょうてんがい)での駐車違反を厳しく**取(と)り締(し)まる**ようになった。	상점가에서의 주차 위반을 엄격하게 단속하게 되었다.
□ 取(と)り次(つ)ぐ	(전화를) 연결하다	電話をほかの人に**取(と)り次(つ)ぐ**。	전화를 다른 사람에게 연결하다.
□ 練(ね)る	(구상을) 짜다, 가다듬다	計画がうまく行くように、みんなで作戦(さくせん)を**ねった**。	계획이 잘 진행되도록 모두 작전을 짰다.
□ はじく	튀겨 내다	これは水を**はじく**生地でできています。	이것은 물을 튀겨 내는 직물로 만들어져 있습니다.
□ 生(は)やす	기르다	ひげを**生(は)やして**いる人が多い。	수염을 기르고 있는 사람이 많다.
□ 深(ふか)まる	깊어지다	経験を通して人間性についての理解が**深(ふか)まった**。	경험을 통해 인간성에 대한 이해가 깊어졌다.
□ ぼやける	희미해지다, 흐려지다	彼の話は焦点(しょうてん)が**ぼやけて**いる。	그의 이야기는 초점이 흐려져 있다.
□ まく	뿌리다	畑に**まいた**小麦が芽(め)を出した。	밭에 뿌린 밀이 싹을 틔웠다.
□ まじわる	교차하다	平行な二つの直線は決して**まじわらない**。	평행한 두 직선은 결코 교차하지 않는다.
□ 免(まぬか)れる ＊まぬがれる로도 읽음	면하다, 피하다	台風の進路(しんろ)がそれたので、被害は**まぬかれた**。	태풍의 진로가 벗어났기 때문에 피해는 면했다.
□ 見合(みあ)わせる	보류하다	きょうは出発を**見合(みあ)わせる**ことにした。	오늘은 출발을 보류하기로 했다.
□ 見積(みつ)もる	어림잡다, 견적하다	引っ越しの費用を業者(ぎょうしゃ)に**見積(みつ)もって**もらった。	업자에게서 이사 비용의 견적을 받았다.
□ もてなす	환대하다, 대접하다	お世話になった恩人を心を込めて**もてなした**。	신세를 진 은인을 마음을 담아 환대했다.
□ 和(やわ)らげる	완화하다, 진정시키다	この薬は痛みを**やわらげる**効能(こうのう)がある。	이 약에는 통증을 완화하는 효능이 있다.
□ ゆるめる	늦추다, 완화하다	車のスピードを**ゆるめて**通り過ぎた。	자동차는 속도를 늦춰 지나갔다.

□ よみがえる	되살아나다	子どものころの思い出が**よみがえる**。 어릴 적 추억이 되살아나다.
□ 割り込む(わりこむ)	끼어들다	並んで順番(じゅんばん)を待っている人の列に**わりこむ**。 줄을 서 순서를 기다리고 있는 사람들 줄에 끼어들다.

い형용사

□ あくどい	악랄하다, 악착같다	彼はいつも**あくどい**商売をする。 그는 항상 악착같이 장사를 한다.
□ あっけない	어이없다	優勝戦(ゆうしょうせん)は、意外に**あっけなく**勝負が決まった。 결승전은 의외로 어이없이 승부가 결정되었다.
□ いやらしい	불쾌하다, 추잡하다	他人の失敗を利用するとは**いやらしい**やり方だ。 타인의 실패를 이용하다니 불쾌한 행동이다.
□ おびただしい	엄청나다, 매우 많다	**おびただしい**数の貝がらが、遺跡(いせき)から発掘(はっくつ)された。 엄청난 수의 조개 껍데기가 유적에서 발굴되었다.
□ けむたい	냅다	隣(となり)の人がタバコをすっていたので、**けむたかった**。 옆 사람이 담배를 피우고 있어서 내웠다.
□ 心強い(こころづよい)	마음 든든하다	一緒に来てくれれば**こころづよい**。 함께 와 준다면 마음 든든하다.
□ こころぼそい	불안하다	一人暮らしは**こころぼそく**なることがある。 독신 생활은 불안해지는 경우가 있다.
□ しぶとい	끈질기다, 고집이 세다	彼は、なかなか**しぶとい**ね。 그는 제법 끈질기네.
□ すがすがしい	상쾌하다	朝の**すがすがしい**空気を胸一杯に吸った。 아침의 상쾌한 공기를 가슴 가득 마셨다.
□ すばしこい	재빠르다	ねずみが**すばしこく**動き回る。 쥐가 재빠르게 돌아다니다.
□ せつない	애달프다	失恋した人の**せつない**気持ちは、私にもよくわかる。 실연한 사람의 애달픈 마음은 나도 잘 안다.
□ そっけない	매정하다, 쌀쌀맞다	せっかく「一緒に行こう」と言ったのに、**そっけなく**断られた。 모처럼 같이 가자고 했는데 매정하게 거절당했다.
□ たくましい	늠름하다	彼は**たくましい**から。 그는 늠름하니까.
□ だるい	나른하다	熱があるのだろうか、体が**だるい**。 열이 있는 것인지 몸이 나른하다.

□ とぼしい	부족하다	まだ経験が**とぼしい**ため、うまくいかないことが多い。 아직 경험이 부족하기 때문에 잘 안 될 경우가 많다.
□ なにげない	아무렇지도 않다, 무심하다	**なにげない**一言が相手を傷つけることもある。 무심코 한 말 한 마디가 상대를 상처 입히는 경우도 있다.
□ なれなれしい	친압하다, 허물(버릇) 없다	彼は初めて会った人にも**なれなれしく**接する。 그는 처음 만난 사람에게도 지나치게 친하게 응대한다.
□ のぞましい	바람직하다	日本語がある程度できることが**のぞましい**。 일본어를 어느 정도 할 수 있는 것이 바람직하다.
□ ばかばかしい	몹시 어리석다	よくそんな**ばかばかしい**ことばかり言えるねえ。 잘도 그런 어리석은 말만 말하네.
□ ふさわしい	어울리다	その場に**ふさわしい**服装が要求される。 그 자리에 어울리는 복장이 요구된다.
□ みぐるしい	보기 흉하다	山田(やまだ)夫妻が大声(おおごえ)でけんかをして**みぐるしかった**。 야마다 부부가 큰 소리로 싸움을 해서 보기 흉했다.
□ むなしい	공허하다, 덧없다	成果(せいか)があがらないので、**むなしく**なってきた。 성과가 오르지 않아서 공허해지기 시작했다.
□ めざましい	눈부시다	近年**めざましく**発展している。 최근 몇 년 눈부시게 발전하고 있다.
□ もろい	약하다, 여리다	精神的に**もろい**面がある。 정신적으로 여린 면이 있다.
□ ややこしい	까다롭다	このカメラは操作(そうさ)が**ややこしい**。 이 카메라는 조작이 까다롭다.
□ わずらわしい	귀찮다, 성가시다	年をとったせいか、何をするのも**わずらわしい**。 나이를 먹은 탓인지 무엇을 하는 것도 귀찮다.

な형용사

□ あやふやだ	애매하다	はっきり答えず、**あやふやな**ことばかり言っている。 확실히 대답하지 않고 애매한 소리만 한다.
□ 円満(えんまん)だ	원만하다	話し合いは**円満(えんまん)に**終わった。 대화는 원만하게 끝났다.
□ 大(おお)げさだ	과장되다, 요란스럽다	ずいぶん**大(おお)げさに**包帯をしている。 무척 요란스럽게 붕대를 감고 있다.
□ おおまかだ	대범하다, 대략적이다	時間がないので、**おおまかに**話してください。 시간이 없으므로 대략적으로 말해 주세요.

□ おろかだ	어리석다	自分の経験だけですべてを判断するのは**おろかな**ことだ。 자신의 경험만으로 모든 것을 판단하는 것은 어리석은 일이다.
□ おろそかだ	소홀하다	趣味に熱中するあまり、仕事が**おろそかに**なってしまった。 취미에 열중한 나머지 일이 소홀해져 버렸다.
□ 確実(かくじつ)だ	확실하다	彼が当選(とうせん)するのはほぼ**確実(かくじつ)だろう**。 그가 당선되는 것은 거의 확실할 것이다.
□ 画期的(かっきてき)だ	획기적이다	コンピューターの発明は**画期的(かっきてき)な**できごとだった。 컴퓨터의 발명은 획기적인 일이었다.
□ 頑固(がんこ)だ	완고하다	彼は、一度決めたら他人の意見を聞かない**頑固(がんこ)な**人だ。 그는 한번 정하면 타인의 의견을 듣지 않는 완고한 사람이다.
□ 肝心(かんじん)だ	중요하다, 요긴하다	みんなそろったのに**肝心(かんじん)な**人がまだ来ない。 모두 모였는데 중요한 사람이 아직 안 온다.
□ 健全(けんぜん)だ	건전하다	子どもに見せたい**健全(けんぜん)な**番組が少なくなった。 아이들에게 보여주고 싶은 건전한 방송 프로그램이 줄었다.
□ 厳密(げんみつ)だ	엄밀하다	裁判では法律の**厳密(げんみつ)な**適用がなされなければならない。 재판에서는 법률이 엄밀하게 적용되지 않으면 안 된다.
□ こまやかだ	자상하다, 세밀하다	田中(たなか)先生は神経が**こまやかだ**。 다나카 선생님은 신경이 세심하다.
□ 迅速(じんそく)だ	신속하다	非常時(ひじょうじ)には、**迅速(じんそく)な**行動が要求される。 비상시에는 신속한 행동이 요구된다.
□ 精力的(せいりょくてき)だ	정력적이다	世界平和のために**精力的(せいりょくてき)に**活動を続けてきた。 세계 평화를 위해 정력적으로 활동을 계속해 왔다.
□ 切実(せつじつ)だ	절실하다	エネルギーの確保は多くの国で**切実(せつじつ)な**問題になっている。 에너지 확보는 많은 나라에서 절실한 문제가 되었다.
□ ぞんざいだ	아무렇게나 하다, 대충대충 하다	**ぞんざいに**あいさつする。 아무렇게나 인사하다.
□ 大胆(だいたん)だ	대담하다	することが**大胆(だいたん)で**びっくりさせられる。 하는 짓이 대담해서 깜짝 놀란다.
□ なごやかだ	부드럽다, 온화하다	結婚パーティーは、とても**なごやかだった**。 결혼 파티는 무척 화기애애했다.
□ のどかだ	한가롭다, 화창하다	**のどかな**山村である。 한가로운 산촌이다.
□ 貧弱(ひんじゃく)だ	빈약하다	体つきが**貧弱(ひんじゃく)な**人が多かった。 체격이 빈약한 사람이 많았다.

□ 頻繁(ひんぱん)だ	빈번하다	最近セールスの電話が**頻繁(ひんぱん)に**かかってくる。 최근 세일즈 전화가 빈번히 걸려온다.
□ 無難(ぶなん)だ	무난하다	スーツを着て行くのが**無難(ぶなん)だろう**。 양복을 입고 가는 것이 무난할 것이다.
□ 密接(みっせつ)だ	밀접하다	両国は経済的に**密接(みっせつ)な**関係がある。 양국은 경제적으로 밀접한 관계가 있다.
□ 無茶(むちゃ)だ	터무니없다, 당치 않다	鈴木(すずき)さんはいつも**無茶(むちゃ)な**ことを言う。 스즈키 씨는 항상 터무니없는 소리를 한다.
□ 明白(めいはく)だ	명백하다	彼がうそをついていることは**明白(めいはく)に**なった。 그가 거짓말을 하고 있는 것은 명백해졌다.
□ 明朗(めいろう)だ	명랑하다	彼は**明朗(めいろう)な**性格でみんなに好かれている。 그는 명랑한 성격으로 모든 사람들이 좋아한다.
□ もうれつだ	맹렬하다	彼は**もうれつな**勢いで仕事を片付けていった。 그는 맹렬한 기세로 일을 정리해 갔다.
□ 有望(ゆうぼう)だ	유망하다	彼は将来**有望(ゆうぼう)な**小説家だ。 그는 장래 유망한 소설가이다.
□ 楽観的(らっかんてき)だ	낙관적이다	**楽観的(らっかんてき)な**見通(みとお)しを持つ人は少ない。 낙관적인 전망을 가진 사람은 적다.
□ 理性的(りせいてき)だ	이성적이다	感情的にならずに、**理性的(りせいてき)に**話し合いを進めよう。 감정적이 되지 말고 이성적으로 협상을 진행하자.

부사

□ あえて	감히, 굳이	負けるとはわかっているが、**あえて**彼に挑戦する。 질 줄은 알고 있지만, 감히 그에게 도전한다.
□ あっさり	간단히, 깨끗이	彼は私の頼みを**あっさり**断った。 그는 내 부탁을 깨끗이 거절했다.
□ あらかじめ	미리	**あらかじめ**配布(はいふ)した用紙にご記入の上。 미리 배포한 용지에 기입하신 후.
□ ありのままに	사실대로	テレビが洪水(こうずい)の状況を**ありのままに**映し出している。 텔레비전이 홍수 상황을 사실대로 방영하고 있다.
□ いかにも	정말, 매우	今日は**いかにも**秋らしい、いい天気だ。 오늘은 정말 가을다운 좋은 날씨이다.
□ 一概(いちがい)に	일률적으로, 한마디로	どっちがいいかは**一概(いちがい)に**言えない。 어느 쪽이 좋은지는 한마디로 말할 수 없다.

□ いっそ	차라리	いっそこの会社をやめてしまおう。 차라리 이 회사를 그만 두어야지.
□ うっかり	깜빡	うっかりして、家に財布を忘れてきてしまった。 깜빡하고 집에 지갑을 두고 와 버렸다.
□ おおかた	거의, 대부분	用意した金はおおかた使ってしまった。 준비한 돈은 거의 다 써 버렸다.
□ おどおど	주뼛주뼛, 머뭇머뭇	来たばかりのころは自信なさそうにおどおどしていた。 온 지 얼마 안 되었을 때는 자신 없는 듯이 주뼛주뼛 했었다.
□ かつ	동시에, 한편	日本語ができ、かつ週５日勤務できる方(かた)。 일본어를 할 수 있고, 동시에 주 5일 근무가 가능한 분.
□ かろうじて	겨우, 간신히	一点差で、かろうじて逃げ切った。 한 점 차로 간신히 승리했다.
□ きっちり	꼭	ビンのふたをきっちりしめた。 병 뚜껑을 꼭 닫았다.
□ きっぱり(と)	딱 잘라, 단호하게	依頼(いらい)されても無理なことならきっぱり断ったほうがいい。 의뢰받아도 무리한 일이라면 딱 잘라 거절하는 것이 좋다.
□ ぐっすり	푹	疲れていたせいか、ゆうべはぐっすり眠れた。 피곤했던 탓인지 어젯밤은 푹 잤다.
□ ことごとく	모조리, 죄다	数々(かずかず)の実験を行ったがことごとく失敗した。 수많은 실험을 했지만 모조리 실패했다.
□ ごろごろ(と)	데굴데굴	大きな岩が、がけの上からごろごろと転(ころ)がってきた。 커다란 바위가 절벽 위에서 데굴데굴 굴러왔다.
□ さも	정말	妻は、さもいやそうに「よっぱらい！」と言った。 아내는 정말 싫은 듯이 '술주정뱅이!'라고 말했다.
□ しいて	굳이, 억지로	しいて選ぶならネコだ。 굳이 고른다면 고양이다.
□ だぶだぶ	헐렁헐렁	スーツを息子に着せてみたが、だぶだぶだった。 양복을 아들에게 입혀 봤는데, 헐렁헐렁했다.
□ つくづく	정말, 아주	結論が出ないので、つくづくいやになった。 결론이 나지 않아서 정말 싫어졌다.
□ てっきり	틀림없이	てっきり、もう出かけたのだと思っていた。 틀림없이 이미 나갔다고 생각하고 있었다.
□ 到底(とうてい)	도저히	今年中にこの目標は到底(とうてい)達成(たっせい)できないだろう。 올해 중에 이 목표는 도저히 달성할 수 없을 것이다.
□ どうにか	그럭저럭, 겨우	どうにか課題のレポートを書き上げることができた。 그럭저럭 과제인 보고서를 다 썼다.

□ とりあえず	우선, 일단	お金がないので、**とりあえず**今これだけ払っておこう。 돈이 없으니 우선 지금은 이것만 지불해 두자.
□ 何(なに)とぞ	부디, 아무쪼록	今後とも、**何(なに)とぞ**よろしくお願い申し上げます。 앞으로도 아무쪼록 잘 부탁하겠습니다.
□ のきなみ	일제히, 다 함께	この地域の中小企業(ちゅうしょうきぎょう)は**のきなみ**倒産(とうさん)した。 이 지역의 중소기업은 일제히 도산했다.
□ はらはら	조마조마	私はいつも**はらはら**している。 나는 항상 조마조마하고 있다.
□ ひいては	(더) 나아가서는	**ひいては**大きな犯罪を減らすことにつながるのだ。 나아가서는 큰 범죄를 줄이는 것으로 이어지는 것이다.
□ ふらふら	휘청휘청	三日も徹夜(てつや)が続くと、さすがに**ふらふら**する。 3일이나 철야가 계속되니 역시 휘청거린다.
□ ぶらぶら	어슬렁어슬렁	暇だったので、公園を**ぶらぶら**してきた。 한가해서 공원을 어슬렁거리다 왔다.
□ もろに	정면으로, 직접	台風の影響(えいきょう)を**もろに**受けて、収穫(しゅうかく)が激減(げきげん)した。 태풍의 영향을 정면으로 받아서 수확이 격감했다.
□ ろくに	제대로, 변변히	病気が悪化(あっか)し、**ろくに**ものも食べられなくなった。 병이 악화되어 제대로 음식도 먹을 수 없게 되었다.
□ わざわざ	일부러	**わざわざ**遠くから来てくださいました。 일부러 먼 곳에서 와 주셨습니다.

외래어

□ エレガント ＊な형용사로도 출제	우아함	林(はやし)さんは、いつも**エレガント**な洋服を着ている。 하야시 씨는 항상 우아한 양복을 입고 있다.
□ ウイルス	바이러스	新しい**ウイルス**のために、家畜(かちく)が死んだ。 새로운 바이러스 때문에 가축이 죽었다.
□ オーバー	초과	50キロ**オーバー**して走り、スピード違反でつかまった。 50킬로미터 초과해 달려 속도위반으로 잡혔다.
□ ガレージ	차고	うちの**ガレージ**は、入り口が狭くて車を入れにくい。 우리 집 차고는 입구가 좁아 차를 넣기 힘들다.
□ カンニング	커닝	試験中に他人の答案を見ることを**カンニング**という。 시험 중에 다른 사람의 답안을 보는 것을 커닝이라고 한다.
□ キャリア	커리어, 경력	彼女は15年の**キャリア**を持つテニスの選手である。 그녀는 15년의 경력을 가진 테니스 선수이다.

□ コミュニケーション	커뮤니케이션	人と人とのコミュニケーション。 사람과 사람과의 커뮤니케이션.
□ サイズ	사이즈	サイズの大きい靴をさがすのに苦労する。 사이즈가 큰 신발을 찾는 데 고생하다.
□ シック ＊な형용사로도 출제	시크, 세련됨	彼女のファッションはいつもシックだ。 그녀의 패션은 항상 세련되다.
□ ジャンル	장르	どんなジャンルの音楽が好きですか。 어떤 장르의 음악을 좋아합니까?
□ スタイル	스타일	鈴木(すずき)さんはスタイルがいい。 스즈키 씨는 스타일이 좋다.
□ スペース	공간	この部屋には置くスペースがない。 이 방에는 둘 공간이 없다.
□ セレモニー	세레모니, 의식	創立(そうりつ)50周年を祝う記念のセレモニーが行われた。 창립 50주년을 축하하는 기념식이 열렸다.
□ デザイン	디자인	このいすはデザインはいいが、すわり心地(ごこち)が悪い。 이 의자는 디자인은 좋지만 착석감이 나쁘다.
□ デザート	디저트, 후식	食後のデザートに、いつもアイスクリームを食べる。 식후 디저트로 항상 아이스크림을 먹는다.
□ データ	데이터	このファイルに入っているデータは絶対秘密(ひみつ)だ。 이 파일에 들어 있는 데이터는 절대 비밀이다.
□ ナンセンス ＊な형용사로도 출제	난센스	この漫画(まんが)はナンセンスなところがおもしろい。 이 만화는 난센스한 것이 재밌다.
□ ファイト	투지	相手に向かっていくファイトがあるよい選手だ。 상대방과 맞서가는 투지가 있는 좋은 선수다.
□ フォーム	폼, 모양	あの選手は、走るフォームがとてもきれいだ。 저 선수는 달리는 폼이 매우 멋지다.
□ ムード	무드, 분위기	祭りのムードがいちだんと盛(も)り上(あ)がってきた。 축제 무드가 한층 고조되었다.
□ ユーモア	유머	彼は朗(ほが)らかな人で、ユーモアもある。 그는 명랑한 사람으로 유머도 있다.
□ リード	리드	キャプテンにうまくチームをリードしてほしい。 캡틴이 팀을 잘 리드해 주기 바란다.
□ ルーズ ＊な형용사로도 출제	칠칠치 못함, 단정치 못함	佐藤(さとう)さんはルーズだ。 사토 씨는 단정치 못하다.

□ レベル	레벨	この工場で働く人々の技術的レベルはたいへん高い。 이 공장에서 일하는 사람들의 기술적 레벨은 매우 높다.

기타

□ 頭打ち	한계(점에 이름)	一般道路でのシートベルト着用の伸びは頭打ちだ。 일반 도로에서의 안전벨트 착용 증가는 한계점이다.
□ うなぎのぼり	빠르게 올라감	在日外国人の数もうなぎのぼりに増えている。 재일 외국인 수도 빠르게 늘어나고 있다.
□ かおが広い	발이 넓다	堀さんはかおが広い。 호리 씨는 발이 넓다.
□ 口がかたい	입이 무겁다	あの人は口がかたいから、秘密をもらしたりしない。 그 사람은 입이 무겁기 때문에 비밀을 누설하거나 하지 않는다.
□ ことによると	어쩌면	ことによると優勝できるかもしれない。 어쩌면 우승할 수 있을지도 모른다.
□ これといった	이렇다 할	解決するためのこれといった妙案はない。 해결하기 위한 이렇다 할 묘안은 없다.
□ さじを投げる	가망이 없어 포기하다	医者もとうとうさじを投げた。 의사도 결국 포기했다.
□ 長い目で見る	긴 안목으로 보다	企業の業績については長い目で見る必要がある。 기업의 업적에 관해서는 긴 안목으로 볼 필요가 있다.
□ 波に乗る	시류에 편승하다	余暇時間増加の波に乗って。 여가시간 증가의 시류에 편승하여.
□ 鼻をつく	코를 찌르다	タイヤを燃やしたようなにおいが鼻をついた。 타이어를 태운 듯한 냄새가 코를 찔렀다.
□ 焼け石に水	임시방편, 언 발에 오줌 누기	いくらか駐車場が増えたぐらいでは焼け石に水だ。 다소 주차장이 늘어난 정도로는 임시방편밖에 못 된다.

콕콕 기출 문제 10 문맥규정 /10

問題２　（　　　）に入れるのに最もよいものを、１・２・３・４から一つ選びなさい。

1 この橋は２０年間（　　　）されていません。(09)

1 改定　2 改正　3 改修　4 改革

2 本校(ほんこう)屋上にて例年通り（　　　）が開催された。(06)

1 セレモニー　2 チェンジ　3 メッセージ　4 オープン

3 とてもいい条件なのに、（　　　）断ってしまった。(00)

1 うんざり　2 あっさり　3 げっそり　4 じっくり

4 決断を（　　　）ことは思ったよりむずかしかった。(90)

1 くだす　2 まとめる　3 やる　4 おろす

5 結果に（　　　）、がんばることが大切だ。(95)

1 こじれないで　2 こだわらないで　3 ことならないで　4 こぼれないで

6 女性に対してそんな（　　　）言葉を使ってはいけません。(06)

1 みすぼらしい　2 いやらしい　3 すがすがしい　4 いちじるしい

7 彼らは４０年間夫婦として（　　　）暮らした。(97)

1 健全に　2 寛容に　3 円満に　4 精巧に

8 負けると知っていたが、（　　　）彼に挑戦した。(08·02)

1 以って　2 あえて　3 まして　4 せめて

9 この機械にはもはや性能（　　　）の余地はほとんどない。(08)

1 偏向　2 向上　3 進化　4 推進

10 案内書は当社より無料（　　　）いたします。(07)

1 交付　2 進呈　3 寄付　4 配給

답 1③ 2① 3② 4① 5② 6② 7③ 8② 9② 10②

콕콕 기출 문제 11 문맥규정

/10

問題 2 （　　　）に入れるのに最もよいものを、１・２・３・４から一つ選びなさい。

1 その知らせを聞いたとき、悲しみが胸に（　　　）きた。(91)

1 こぼれて　2 そそいで　3 ながれて　4 こみあげて

2 彼は政治家になりたいという（　　　）をいだいている。(06)

1 内心　2 一心　3 関心　4 野心

3 実際に現場で見てきたことを（　　　）に話してみてください。(00)

1 ありかた　2 ありさま　3 ありのまま　4 ありよう

4 どのグループも作業を通しての（　　　）感が生まれたようだ。(03)

1 共存　2 依存　3 連続　4 連帯

5 昔の記憶が徐々に（　　　）きた。(02・96)

1 よみがえって　2 こぼれて　3 さかのぼって　4 かえりみて

6 夏休みは（　　　）終わった。(99)

1 あっけなく　2 たやすく　3 そっけなく　4 ものたりなく

7 彼女はなんでも（　　　）に言うきらいがある。(02)

1 つぶら　2 大げさ　3 長々　4 緩やか

8 この工場を見学するために（　　　）予約しておいた。(09·91)

1 あらかじめ　2 あしからず　3 あいかわらず　4 あいにく

9 彼の行方に関する唯一の（　　　）は手紙の消印(けしいん)だった。(98)

1 めど　2 きざし　3 てがかり　4 しかけ

10 一時は医者も（　　　）を投げたが、病人(びょうにん)は奇跡的に回復した。(93)

1 はり　2 さら　3 はし　4 さじ

답 1④ 2④ 3③ 4④ 5① 6① 7② 8① 9③ 10④

콕콕 기출 문제 12 문맥규정 /10

問題２　（　　　）に入れるのに最もよいものを、１・２・３・４から一つ選びなさい。

1 借りた図書は必ず期限を守って（　　　）してください。(05)

1 返還　2 返却　3 返済　4 返品

2 うちの（　　　）は、入り口が広くて車を入れやすい。(98)

1 シート　2 スクリーン　3 ガレージ　4 フロント

3 彼は試験問題を（　　　）簡単そうにすらすら解いた。(98)

1 つとめて　2 とかく　3 いかにも　4 まるで

4 あまり遊んでばかりいると、あしたの勉強に（　　　）ますよ。(91)

1 さしかえ　2 さしひかえ　3 さしつかえ　4 さしおさえ

5 この短編小説を（　　　）のにもう１日はかかる。(95)

1 仕切る　2 仕入れる　3 仕掛ける　4 仕上げる

6 日本は天然資源がきわめて（　　　）。(95)

1 たくましい　2 いやしい　3 あさましい　4 とぼしい

7 （　　　）言って、要点はこれとこれだ。(96)

1 おおまかに　2 ぞんざいに　3 にわかに　4 おろそかに

8 交通渋滞の可能性を（　　　）して１時間早く家を出た。(91)

1 思考　2 想像　3 考慮　4 促進

9 若い男性が女性に親切だとは、（　　　）言えない。(95)

1 一概に　2 一挙に　3 一気に　4 一斉に

10 彼はストーブに燃料を（　　　）しておいた。(06)

1 補足　2 補助　3 補充　4 補償

답 1② 2③ 3③ 4③ 5④ 6④ 7① 8③ 9① 10③

콕콕 기출 문제 13 문맥규정 /10

問題２　（　　　）に入れるのに最もよいものを、１・２・３・４から一つ選びなさい。

1 その人たちに対する（　　　）を改める必要がある。(91)

1 常識　2 知識　3 見識　4 認識

2 彼女には生まれつき品位(ひんい)が（　　　）いる。(01)

1 すえつけて　2 すえて　3 備えつけて　4 備わって

3 彼は私の申し出を（　　　）断った。(04)

1 ばかばかしく　2 すまなく　3 いやしく　4 そっけなく

4 不正行為で手に入れた土地を（　　　）された。(96)

1 収集　2 収容　3 没収　4 徴収

5 彼は（　　　）が足りないので、いつも最後に負けてしまう。(98)

1 ねばり　2 はげみ　3 はずみ　4 むすび

6 私には目立って言えるような（　　　）が何もない。(04)

1 特技　2 特権　3 特産　4 特集

7 仕事に熱中するあまり、家事が（　　　）になってしまった。(06)

1 おろそか　2 おごそか　3 なだらか　4 なめらか

8 人を裏切るくらいなら（　　　）貧乏でいたほうがよい。(94)

1 いっこうに　2 いっそ　3 いっしんに　4 いったい

9 山田(やまだ)氏は（　　　）一致(いっち)で会長に選ばれた。(92)

1 満足　2 満員　3 満場　4 満身

10 中身がこぼれないように、ビンの栓を（　　　）しめてください。(03)

1 くっきり　2 きっかり　3 じっくり　4 きっちり

답 1④ 2④ 3④ 4③ 5① 6① 7① 8② 9③ 10④

콕콕 기출 문제 14 문맥규정 　/10

問題２　（　　　）に入れるのに最もよいものを、１・２・３・４から一つ選びなさい。

1 この仕事に関しては兄は10年の（　　　）を持っている。(92)

1　キャリア　　2　ベテラン　　3　ポジション　　4　トレーニング

2 この機械は買ったばかりなので（　　　）までには時間がかかりそうだ。(91)

1　使いこなす　　2　使いおわる　　3　使いはたす　　4　使いすてる

3 寝すぎて頭は痛く、体も（　　　）。(03)

1　かすかだ　　2　うつろだ　　3　だるい　　4　なさけない

4 どんなに反対されても私は自分の意志を（　　　）つもりだ。(00)

1　はたす　　2　つらぬく　　3　やりとげる　　4　うちこむ

5 委員会は彼に対して断固(だんこ)たる（　　　）をとることを決定した。(07)

1　加工　　2　適用　　3　処置　　4　操作

6 妻の（　　　）心づかいが身にしみる。(97)

1　さわやかな　　2　こまやかな　　3　しなやかな　　4　きよらかな

7 山田(やまだ)夫人は物事を（　　　）する傾向があります。(08)

1　広大　　2　膨張　　3　拡散　　4　誇張

8 がんも（　　　）にさえならなければ治るものだ。(09)

1　手遅れ　　2　手当て　　3　手違い　　4　手直し

9 彼は卓越(たくえつ)したピアニストであり、（　　　）すぐれた作曲家でもある。(09)

1　それでも　　2　ゆえに　　3　かつ　　4　しかしながら

10 トラックに（　　　）どろをかけられた。(05)

1　やけに　　2　もろに　　3　かりに　　4　いやに

답 1① 2① 3③ 4② 5③ 6② 7④ 8① 9③ 10②

콕콕 기출 문제 15 문맥규정 /10

問題２　（　　　）に入れるのに最もよいものを、１・２・３・４から一つ選びなさい。

1 ひげを（　　　）と人相(にんそう)が変わる。(02)

1 ほどこす　2 もうける　3 生やす　4 丸める

2 そのホテルは８００人まで（　　　）できる。(01)

1 許容　2 収容　3 収集　4 占領

3 周囲の期待をもって決勝に進んだが、（　　　）やぶれてしまった。(96)

1 とうとく　2 ひさしく　3 しつこく　4 むなしく

4 彼はきちょうめんで信頼できるが（　　　）頑固で困るときもある。(97)

1 一面　2 一目　3 一見　4 一部

5 本田(ほんだ)さんはなにごとに対しても（　　　）だ。(93)

1 間接的　2 平均的　3 楽観的　4 伝統的

6 きのう、（　　　）して家のカギをかけるのを忘れた。(90)

1 しっかり　2 うっかり　3 すっきり　4 すっかり

7 期日までにその仕事を仕上げるのは（　　　）不可能だ。(07)

1 到底　2 大層　3 相当　4 格別

8 今度の失敗は彼にはいい（　　　）だ。(04)

1 教科　2 教材　3 教訓　4 教習

9 批評家たちはみな彼の作品を（　　　）。(06)

1 おいこんだ　2 いじめた　3 おびやかした　4 けなした

10 彼と長い間話し合ったが、（　　　）収穫(しゅうかく)はなかった。(90)

1 これみよがしの　2 これといった　3 これしかない　4 こればかりの

답 1③　2②　3④　4①　5③　6②　7①　8③　9④　10②

콕콕 기출 문제 16 문맥규정 /10

問題２　（　　　）に入れるのに最もよいものを、１・２・３・４から一つ選びなさい。

1 この問いの答えとして（　　　）ものはどれですか。(96)

1　みぐるしい　2　めざましい　3　たくましい　4　ふさわしい

2 病人は１週間絶対（　　　）にしておいてください。(07·90)

1　穏やか　2　平静　3　健やか　4　安静

3 そのときの記憶はすっかり（　　　）いる。(09·92)

1　ぼやけて　2　ほどけて　3　とぼけて　4　ぼやいて

4 日本には２月４日ごろ豆を（　　　）習慣がある。(96)

1　ます　2　まつ　3　まげる　4　まく

5 首相はいくつかの政府機関を一つに（　　　）するつもりだ。(06)

1　連合　2　統合　3　集合　4　結合

6 午後は（　　　）町を歩きまわっていた。(09)

1　ずるずる　2　くるくる　3　ぶらぶら　4　ちらちら

7 家の前にずいぶん派手な（　　　）の車が止まった。(99)

1　モデル　2　ジャンル　3　デッサン　4　デザイン

8 森(もり)さんは疲れていたので、（　　　）眠ってしまった。(92)

1　げっそり　2　ぐったり　3　こっそり　4　ぐっすり

9 彼は勉強に対する（　　　）に燃えている。(08)

1　意地　2　意義　3　意図　4　意欲

10 彼はその質問に対しては（　　　）ことばかり言っている。(04)

1　あべこべな　2　だぶだぶな　3　あやふやな　4　ふわふわな

답 1④ 2④ 3① 4④ 5② 6③ 7④ 8④ 9④ 10③

콕콕 기출 문제 17 문맥규정 /10

問題２　（　　　）に入れるのに最もよいものを、１・２・３・４から一つ選びなさい。

1 見知らぬ土地を１人でドライブするのは（　　　）ものです。(98)

1　こころぼそい　　2　うっとうしい　　3　とぼしい　　4　なさけない

2 バスを待っている人たちの列の間に一人の男が（　　　）きた。(00)

1　おしこんで　　2　わりこんで　　3　のりこんで　　4　ふみこんで

3 彼らはトランプ遊びに（　　　）いた。(06)

1　興じて　　2　演じて　　3　報じて　　4　案じて

4 彼は（　　　）にもまたギャンブルに手を出した。(05)

1　はるか　　2　おろか　　3　のどか　　4　かすか

5 選挙は（　　　）しないようにしよう。(99)

1　棄権　　2　欠席　　3　廃棄　　4　放置

6 材木を自動車の上から（　　　）と転がして落とす。(09)

1　ぞろぞろ　　2　ごろごろ　　3　どろどろ　　4　ぼろぼろ

7 そのことについては、（　　　）おことわりします。(08·98)

1　じっくり　　2　げっそり　　3　きっぱり　　4　くっきり

8 自衛隊(じえいたい)派遣の中止を求める（　　　）集会があった。(98)

1　協議　　2　決議　　3　物議　　4　抗議

9 この子は、そのうち、きっと成績がのびるよ。（　　　）目で見てあげよう。(90)

1　大きい　　2　長い　　3　強い　　4　遠い

10 彼の演説は教育のいろいろな（　　　）に渡っていた。(95)

1　領土　　2　領事　　3　領地　　4　領域

답 1① 2② 3① 4② 5① 6② 7③ 8④ 8② 10④

콕콕 기출 문제 18 문맥규정 /10

問題 2 （　　　）に入れるのに最もよいものを、１・２・３・４から一つ選びなさい。

1 はっきりとは言えないが、（　　　）だめだろうと思っていたよ。(95)

1 きわめて　2 なかなか　3 おおかた　4 まして

2 彼女は国会図書館で最新の（　　　）を集めている。(01)

1 オンライン　2 チャンネル　3 データ　4 マスコミ

3 そんなに学校がいやなら（　　　）行けとは言わないよ。(00)

1 たとえ　2 まさに　3 しいて　4 ひいては

4 結核の定期検診(けんしん)を受けることが（　　　）。(00)

1 てあらい　2 めざましい　3 のぞましい　4 まちどおしい

5 仲間の中にスパイがいたので、計画を（　　　）。(93)

1 見はからった　2 見ならった　3 見あわせた　4 見のがした

6 彼女はセールスの（　　　）を覚えるのにかなり時間がかかった。(01)

1 うで　2 かん　3 のう　4 こつ

7 彼女はいつも一人ぼっちで（　　　）している。(02)

1 孤立　2 孤独　3 独立　4 自立

8 中村(なかむら)氏が委員長に選ばれたが、彼女は健康上の理由から（　　　）した。(01)

1 謝絶　2 否定　3 避難　4 辞退

9 工事費用を建築業者に（　　　）もらった。(01)

1 見積もって　2 見計らって　3 見込んで　4 見通して

10 山田投手(やまだとうしゅ)は好調の（　　　）完投(かんとう)した。(90)

1 峠を越えて　2 風に吹かれて　3 波に乗って　4 流れに逆らって

답 1③ 2③ 3③ 4③ 5③ 6④ 7① 8④ 9① 10③

콕콕 기출 문제 19 문맥규정

/10

問題２　（　　　）に入れるのに最もよいものを、１・２・３・４から一つ選びなさい。

1 息子を（　　　）よろしくお願いします。(05)

1　何だか　　2　何でも　　3　何より　　4　何とぞ

2 その機械はどういう（　　　）なんですか。(93)

1　しあげ　　2　しくみ　　3　したて　　4　しつけ

3 痛みを（　　　）薬はありませんか。(91)

1　なだめる　　2　やわらげる　　3　とどめる　　4　せばめる

4 外国に留学したおかげで彼女の（　　　）は大いに広がった。(00)

1　見地　　2　視点　　3　観点　　4　視野

5 送別会は（　　　）雰囲気のうちに行われた。(94)

1　ゆるやかな　　2　つぶらな　　3　なごやかな　　4　しなやかな

6 花の咲く（　　　）になると、おおぜいの人が遊びに来ます。(91)

1　時期　　2　時間　　3　期限　　4　期間

7 このところ、犬が人間に（　　　）を加える事故が多発(たはつ)している。(04)

1　障害　　2　災害　　3　迫害　　4　危害

8 彼女は素晴らしい（　　　）で青い海を泳いだ。(00)

1　ポジション　　2　ポーズ　　3　コントロール　　4　フォーム

9 当社の年間売り上げ高(だか)は４億円に達する（　　　）だ。(99)

1　見合い　　2　見積もり　　3　見込み　　4　見晴らし

10 彼女に会いたいような（　　　）ではなかった。(96)

1　ムード　　2　キープ　　3　ブーム　　4　リード

답 1④ 2② 3② 4④ 5③ 6① 7④ 8④ 9③ 10①

콕콕 기출 문제20 문맥규정 /10

問題２　（　　　）に入れるのに最もよいものを、１・２・３・４から一つ選びなさい。

1 いつも（　　　）のある話に事欠かない。(91)

1　ニュアンス　2　チャンス　3　タイミング　4　ユーモア

2 色も（　　　）もいろいろそろえております。(02)

1　構え　2　体格　3　サイズ　4　様式

3 町へ入ったら自動車は少しスピードを（　　　）ならない。(97)

1　へらさなければ　2　よわめなければ　3　なくさなければ　4　ゆるめなければ

4 ぷんとイワシのにおいが、彼女の鼻を（　　　）。(95)

1　おりた　2　かんだ　3　まげた　4　ついた

5 あの受験生、（　　　）落ちるかもしれない。(07)

1　とりわけ　2　ことによると　3　なにとぞ　4　あんのじょう

6 新しい帽子を（　　　）汚くしてかぶる学生がいる。(94)

1　わざわざ　2　つくづく　3　じっくり　4　たっぷり

7 髪を切っていらっしゃい、長くて（　　　）から。(01)

1　みすぼらしい　2　みぐるしい　3　てあつい　4　はかない

8 この車は安全性について細かい（　　　）がなされている。(93)

1　配慮　2　配置　3　気配　4　分配

9 車内はこみあっておりますので、（　　　）品にご注意ください。(01)

1　身近　2　身の上　3　身分　4　身の回り

10 町を美しくする会が（　　　）した。(92)

1　発生　2　発足　3　発作　4　発進

답 1④ 2③ 3④ 4④ 5② 6① 7② 8① 9④ 10②

콕콕 기출 문제 21 문맥규정 /10

問題２　（　　　）に入れるのに最もよいものを、１・２・３・４から一つ選びなさい。

1 インターネットの普及は営業戦略に一大（　　　）をもたらした。(08)

1 改革　2 革新　3 改修　4 改訂

2 それはまったくの（　　　）な発言である。(03)

1 ニュアンス　2 アナウンス　3 バランス　4 ナンセンス

3 絹の国内需要は（　　　）。(90)

1 頭打ちだ　2 思わしい　3 悩んでいる　4 とどまらない

4 車を組み立てる（　　　）は次のとおりだ。(08)

1 手順　2 手数　3 手芸　4 手配

5 近ごろは物価が（　　　）だ。(90)

1 さかあがり　2 とびあがり　3 うなぎのぼり　4 こいのぼり

6 彼は（　　　）が広いから、アルバイトの仕事を紹介してもらおう。(94)

1 くち　2 まゆ　3 みみ　4 かお

7 忙しい仕事が終わって、（　　　）気持ちで１日を過ごす。(92)

1 なめらかな　2 すこやかな　3 すみやかな　4 のどかな

8 大学に研究所を設置するために寄付金を（　　　）した。(00)

1 案内　2 応募　3 捜索　4 募集

9 ビニールハウスの中では、一定の温度を（　　　）野菜を栽培している。(93)

1 たもって　2 ためて　3 たやして　4 たよって

10 彼女は口が（　　　）から秘密(ひみつ)を言ってもだいじょうぶです。(98)

1 つよい　2 かたい　3 きつい　4 おもい

답 1② 2④ 3① 4① 5③ 6④ 7④ 8④ 9① 10②

問題 ③

유의표현

1. 유의표현 기출 2017~2010년

1 유의표현 기출 2017~2010년

問題3 유의표현은 2010년부터 신설된 문제 형태로, 밑줄 친 단어나 표현과 의미적으로 가까운 것을 고르는 문제입니다. 출제 빈도가 가장 높은 품사는 부사이며, 그 외 비슷한 의미를 가진 동사나 형용사, 또는 형용사나 동사가 그 문장 속에서 어떠한 의미로 사용되고 있는지 등을 묻습니다. 문자·어휘 25문제 중 6문제가 출제됩니다.

2017

□ うすうす 희미하게, 어렴풋이	≒	なんとなく 왠지, 모르게, 어렴풋이
□ かたくなだ 완고하다	≒	頑固(がんこ)だ 완고하다
□ 若干(じゃっかん) 약간, 어느 정도, 얼마간	≒	わずかに 간신히, 겨우
□ 照会(しょうかい)する 조회하다	≒	問(と)い合(あ)わせる 문의하다, 조회하다
□ 撤回(てっかい)する 철회하다	≒	取(と)り消(け)す 취소하다
□ 難点(なんてん) 어려운 점, 난점	≒	不安(ふあん)なところ 불안한 점
□ 入念(にゅうねん)に 정성들여, 꼼꼼하게	≒	細(こま)かく丁寧(ていねい)に 섬세하고 신중하게
□ 粘(ねば)り強(づよ)く 끈기 있게	≒	あきらめずに 단념하지 않고
□ 張(は)り合(あ)う 겨루다, 경쟁하다	≒	競(きそ)い合(あ)う 경쟁하다
□ 抱負(ほうふ) 포부	≒	決意(けつい) 결의
□ むっとしたようだった 화가 치민 듯했다	≒	怒(おこ)ったような顔(かお)をした 화난 것 같은 얼굴을 했다
□ ゆとり 여유	≒	余裕(よゆう) 여유

2016

□ 安堵(あんど)した 안도했다	≒	ほっとした 안심했다
□ 意気込(いきご)み 기세, 패기	≒	意欲(いよく) 의욕
□ おびえて 무서워서	≒	怖(こわ)がって 무서워서
□ お詫(わ)びした 사죄했다	≒	あやまった 사과했다

□ かねがね 전부터, 미리 ≒ 以前(いぜん)から 전부터

□ かろうじて 겨우, 간신히 ≒ なんとか 그럭저럭, 간신히

□ 故意(こい)に 고의로 ≒ わざと 일부러

□ ささいな 사소한 ≒ 小(ち い)さな 작은

□ 自尊心(じそんしん) 자존심 ≒ プライド 프라이드, 자존심

□ 端的(たんてき)に 단적으로 ≒ 明白(めいはく)に 명백하게

□ とまどって 당황해서 ≒ 困(こま)って 곤란해서, 난처해서

□ わずらわしい 번거로운, 귀찮은 ≒ めんどうな 귀찮은

2015

□ ありふれた 어디에나 있는, 흔한 ≒ 平凡(へいぼん)な 평범한

□ 糸口(いとぐち) 실마리, 단서 ≒ ヒント 힌트

□ うろたえずに 당황하지 않고 ≒ 慌(あわ)てずに 허둥대지 않고

□ クレーム 클레임, 불만 ≒ 苦情(くじょう) 불평, 불만

□ 互角(ごかく)だ 막상막하다 ≒ 大体同(だいたいおな)じだ 대체적으로 같다

□ 誇張(こちょう)して 과장하여 ≒ 大(おお)げさに 과장되게

□ 錯覚(さっかく)する 착각하다 ≒ 勘違(かんちが)いする 착각하다

□ 殺到(さっとう)した 쇄도했다 ≒ 一度(いちど)に大勢(おおぜい)来(き)た 한번에 많이 왔다

□ 仕上(しあ)げる 완성하다 ≒ 完成(かんせい)する 완성하다

□ 助言(じょげん) 조언 ≒ アドバイス 어드바이스, 충고

□ ふいに 느닷없이 ≒ 突然(とつぜん) 갑자기

□ 弁解(べんかい)して 변명하고 ≒ 言(い)い訳(わけ)して 변명하고

2014

□ 案の定(あんじょう) 아니나 다를까	≒	やはり 역시
□ いたって 지극히, 대단히	≒	非常(ひじょう)に 매우
□ 打(う)ち込(こ)んでいる 몰두하고 있다	≒	熱心(ねっしん)に取(と)り組(く)んでいる 열심히 몰두하고 있다
□ お手上(てあ)げだ 두 손 두 발 다 들었다, 속수무책이다	≒	どうしようもない 어쩔 도리가 없다
□ 回想(かいそう)する 회상하다	≒	思(おも)いかえす (지난 일, 결정한 일) 다시 생각하다
□ 格段(かくだん)に 현격히	≒	大幅(おおはば)に 큰 폭으로
□ 気掛(きが)かり 걱정	≒	心配(しんぱい) 걱정
□ ストレートに 단도직입적으로	≒	率直(そっちょく)に 솔직하게
□ 手分(てわ)け 분담	≒	分担(ぶんたん) 분담
□ 不用意(ふようい) 조심성이 없음	≒	不注意(ふちゅうい) 부주의함
□ 無償(むしょう)で 무상으로	≒	ただで 무료로
□ 厄介(やっかい)な 귀찮은, 번거로운	≒	面倒(めんどう)な 귀찮은

2013

□ あらかじめ 미리	≒	事前(じぜん)に 사전에, 미리
□ 裏付(うらづ)け 뒷받침	≒	証拠(しょうこ) 증거
□ おおむね 대체로, 대강	≒	だいたい 대개
□ 仰天(ぎょうてん)した 깜짝 놀랐다	≒	とても驚(おどろ)いた 아주 놀랐다
□ ことごとく 모두, 모조리	≒	すべて 전부
□ 雑踏(ざっとう) 붐빔, 혼잡	≒	人込(ひとご)み 붐빔
□ 従来(じゅうらい) 종래	≒	これまで 지금까지
□ すべがない 방법이 없다	≒	方法(ほうほう)がない 방법이 없다
□ せかす 재촉하다	≒	急(いそ)がせる 재촉하다(=急(いそ)がす)

- □ バックアップ 지원 ≒ 支援(しえん) 지원
- □ 抜群(ばつぐん)だった 뛰어났다 ≒ ほかと比(くら)べてとくによかった 다른 것과 비교해서 특히 좋았다
- □ メカニズム 메커니즘 ≒ 仕組(しく)み 구조

2012

- □ おっくうだ 귀찮다, 번거롭다 ≒ 面倒(めんどう)だ 귀찮다
- □ 自(おの)ずと 자연스레 ≒ 自然(しぜん)に 자연스럽게
- □ 簡素(かんそ)な 간소한 ≒ シンプルな 단순한
- □ けなされる 비방의 말을 듣다 ≒ 悪(わる)く言(い)われる 나쁜 말을 듣다
- □ しきりに 자주, 몇 번씩이나 ≒ 何度(なんど)も 몇 번이고
- □ 触発(しょくはつ)される 촉발되다, 자극받다 ≒ 刺激(しげき)をうける 자극을 받다
- □ すがすがしい 상쾌한, 시원한 ≒ さわやかな 상쾌한
- □ スケール 스케일, 규모 ≒ 規模(きぼ) 규모
- □ 先方(せんぽう) 상대편 ≒ 相手(あいて) 상대
- □ 断念(だんねん)する 단념하다 ≒ あきらめる 포기하다
- □ 当面(とうめん)ない 당분간 없다 ≒ しばらくない 당분간 없다
- □ ひそかに 살짝, 몰래 ≒ こっそり 몰래

2011

- □ あっけない 어이없다, 싱겁다 ≒ 意外(いがい)につまらない 의외로 재미없다
- □ ありきたりの 흔한 ≒ 平凡(へいぼん)な 평범한
- □ 画期的(かっきてき)な 획기적인 ≒ 今(いま)までになく新(あたら)しい 지금까지 없이 새로운

□ 極力(きょくりょく)	최대한	≒	できる限(かぎ)り	가능한 한
□ コントラスト	대비	≒	対比(たいひ)	대비
□ シビアだ	엄격하다	≒	厳(きび)しい	엄격하다
□ 重宝(ちょうほう)している	(편리하여) 애용하고 있다	≒	便利(べんり)で役(やく)に立(た)っている	편리해서 도움이 된다
□ 手(て)がかり	단서	≒	ヒント	힌트
□ にわかには	갑자기는	≒	すぐには	바로는
□ もくろむ	계획하다	≒	計画(けいかく)する	계획하다
□ 落胆(らくたん)する	낙담하다	≒	がっかりする	실망하다
□ 歴然(れきぜん)としている	확실하다	≒	はっきりしている	분명하다

2010

□ 嫌味(いやみ)	불쾌감을 주는 말이나 행동	≒	皮肉(ひにく)	비꼼, 야유
□ 丹念(たんねん)に	정성들여	≒	じっくりと	꼼꼼히
□ どんよりした天気(てんき)だ	날씨가 잔뜩 흐리다	≒	曇(くも)っていて暗(くら)い	흐려서 어둡다
□ なじむ	친숙해지다	≒	慣(な)れる	익숙해지다
□ はかどっている	순조롭게 진행되고 있다	≒	順調(じゅんちょう)に進(すす)んでいる	순조롭게 진행되고 있다
□ 張(は)りあう	경쟁하다	≒	競争(きょうそう)する	경쟁하다
□ まばらだ	드문드문하다	≒	少(すく)ない	적다
□ 見合(みあ)わせる	실행을 미루다, 보류하다	≒	中止(ちゅうし)する	중지하다
□ やむを得(え)ず	어쩔 수 없이	≒	しかたなく	어쩔 수 없이
□ ルーズだ	루즈하다, 허술하다	≒	だらしない	칠칠치 못하다
□ 朗報(ろうほう)	낭보, 기쁜 소식	≒	うれしい知(し)らせ	기쁜 소식

콕콕 기출 문제 01 유의표현

/10

問題 3 ＿＿＿の言葉に意味が最も近いものを、1・2・3・4から一つ選びなさい。

1 今年の抱負は何ですか。(17)

1 見解　2 感謝　3 決意　4 反省

2 スペインにはかねがね行きたいと思っていました。(16)

1 以前から　2 早く　3 ぜひ　4 直接

3 彼はどんな状況でも、うろたえずに対処した。(15)

1 嫌(いや)がらずに　2 慌(あわ)てずに　3 怒(おこ)らずに　4 あきらめずに

4 若い研究者から助言を求められる機会が多い。(15)

1 トレーニング　2 プレゼント　3 インタビュー　4 アドバイス

5 両親はいたって元気です。(14)

1 わりに　2 非常に　3 たしかに　4 意外に

6 彼は著書で、従来の経営戦略(せんりゃく)について意見を述べている。(13)

1 これからの　2 長期的な　3 これまでの　4 短期的な

7 実際はテレビの報道番組で放映(ほうえい)されたものとはスケールが違う。(12)

1 規模　2 方針　3 目的　4 意義

8 その結果を聞いて落胆した。(11)

1 動揺した　2 疑問を持った　3 びっくりした　4 がっかりした

9 その缶切(かんき)りは重宝している。(11)

1 便利で役に立っている　2 評価が高まっている
3 形が気に入っている　4 以前より値上がりしている

10 その道は通行止めになっておりやむをえず引き返した。(10)

1 限りなく　2 思いがけなく　3 まもなく　4 しかたなく

답 1③ 2① 3② 4④ 5② 6③ 7① 8④ 9① 10④

問題3 ＿＿＿の言葉に意味が最も近いものを、1・2・3・4から一つ選びなさい。

1 車を買ってもらいたくて親と粘り強く交渉(こうしょう)した。(17)
1 覚悟(かくご)して　2 油断(ゆだん)せずに　3 思い切って　4 あきらめずに

2 故意に彼女を悲しませたのではない。(16)
1 わざと　2 うっかり　3 いやいや　4 さっさと

3 その事件はまだ解決の糸口さえ見つかっていない。(15)
1 ヒント　2 ストップ　3 マイナス　4 アピール

4 赤い色を見ると暖かいように錯覚する。(15)
1 焦る　2 油断する　3 疑う　4 勘違いする

5 その仕事は手分けしてやろう。(14)
1 分別　2 分解　3 分配　4 分担

6 私の提案はことごとく拒否された。(13)
1 わずかに　2 残念ながら　3 すべて　4 思ったとおり

7 彼は授業中しきりに彼女の方を見ていた。(12)
1 時々　2 大きく　3 何度も　4 小さく

8 彼女の誕生日パーティーの準備を、友人数人とひそかに進めている。(12)
1 急いで　2 のんびり　3 張り切って　4 こっそり

9 その映画の結末はあっけないものだった。(11)
1 意外につまらない　2 意外におもしろい
3 予想通りつまらない　4 予想通りおもしろい

10 彼はお金に関してルーズなところがある。(10)
1 ずうずうしい　2 だらしない　3 うるさい　4 よわい

답 1④ 2① 3① 4④ 5④ 6③ 7③ 8④ 9① 10②

콕콕 기출 문제 03 유의표현

/10

問題３ ＿＿＿の言葉に意味が最も近いものを、１・２・３・４から一つ選びなさい。

1 ご注文品は入念に調製(ちょうせい)いたします。(17)

1 厳しく公平に　2 細かく丁寧に　3 興味を持って　4 責任を持って

2 遅れたことを彼女におわびした。(16)

1 断った　2 謝った　3 文句を言った　4 お礼を言った

3 昨夜、友達がふいに訪ねてきた。(15)

1 再び　2 わざわざ　3 突然　4 久しぶりに

4 保証期間内では返送(へんそう)によるサービスが無償で受けられます。(14)

1 ただで　2 優先的に　3 いつでも　4 予約しなくても

5 雑踏をかき分けて彼女を追った。(13)

1 渋滞　2 混乱し　3 人込み　4 暗やみ

6 彼女は高校時代、英語の成績が抜群だった。(13)

1 ほかと比べて特に上がった　2 ほかと比べて特に良かった
3 ほかと比べて特に下がった　4 ほかと比べて特に悪かった

7 先方に確認した上で、企画書の内容を決定した。(12)

1 専門家　2 全員　3 上司　4 相手

8 大谷(おおたに)選手は、今年の大会への参加を断念した。(12)

1 あきらめた　2 きめた　3 ことわった　4 のぞんだ

9 そのセーターとスカートのコントラストがいい。(11)

1 繊細さ　2 豊富さ　3 対比　4 効果

10 新しい環境になじんできた。(10)

1 飽きて　2 慣れて　3 逆らって　4 恵まれて

답 1② 2② 3③ 4① 5③ 6② 7④ 8① 9③ 10②

콕콕 기출 문제 04 유의표현 　/10

問題３　＿＿＿の言葉に意味が最も近いものを、１・２・３・４から一つ選びなさい。

1 彼女がうそをついているとうすうす気づいていた。(17)

1 おそらく　2 なんとなく　3 さすがに　4 とっくに

2 委員長は辞意(じい)を撤回した。(17)

1 とりけした　2 訂正した　3 くりかえした　4 省略した

3 彼はその事件を誇張して報告した。(15)

1 大げさに　2 大ざっぱに　3 自慢して　4 積極的に

4 社交不安障害の発生と維持のメカニズムについて説明した。(13)

1 可能性　2 きっかけ　3 危険性　4 しくみ

5 彼はＣ社のバックアップを受けて、新しい事業を始めた。(13)

1 依頼　2 指示　3 支援　4 影響

6 こんなにけなされるとは思ってもみなかった。(12)

1 喜ばれる　2 反対される　3 高く評価される　4 悪く言われる

7 真実は時がたてばおのずと明らかになる。(12)

1 絶対に　2 はっきり　3 自然に　4 だんだん

8 その発明は語学教育の分野で画期的なものだ。(11)

1 広く知られている　2 最近ではめずらしい
3 非常に時間がかかる　4 今までになく新しい

9 昨日は一日じゅうどんよりした天気だった。(10)

1 晴れていて明るかった　2 曇っていて暗かった
3 風が吹いて涼しかった　4 雨が降って蒸し暑かった

10 彼女はすべてにおいて妹と張り合っている。(10)

1 競争して　2 応援して　3 無視して　4 尊重して

답 1② 2① 3① 4④ 5③ 6④ 7③ 8④ 9② 10①

콕콕 기출 문제 05 유의표현 /10

問題３ ＿＿＿の言葉に意味が最も近いものを、１・２・３・４から一つ選びなさい。

1 実は、この方法には、<u>難点</u>がある。(17)

1 汚いところ　2 不安なところ　3 無駄なところ　4 惜しいところ

2 やっと壁画(へきが)が<u>仕上がった</u>。(15)

1 届いた　2 完成した　3 売れた　4 受賞した

3 <u>案の定</u>、彼女は来なかった。(14)

1 やはり　2 たしか　3 あいにく　4 なぜか

4 多くの女性は<u>ストレートに</u>言ってもらいたいものだ。(14)

1 真剣に　2 慎重に　3 冷静に　4 率直に

5 彼の話は彼女のアリバイの<u>裏づけ</u>となった。(13)

1 支持　2 基準　3 確信　4 証拠

6 毎日日記をつけるのは<u>おっくうだ</u>。(12)

1 平気だ　2 愉快だ　3 退屈だ　4 面倒だ

7 今日の会議で出た意見は、<u>ありきたりの</u>ものが多かった。(11)

1 的確な　2 平凡な　3 積極的な　4 否定的な

8 彼らが何を<u>もくろんで</u>いるのか知らない。(11)

1 果たして　2 あきらめて　3 計画して　4 開始して

9 父は毎朝、<u>丹念に</u>新聞に目を通す。(10)

1 じっくりと　2 ぼうっと　3 ざっと　4 ちらっと

10 今か、今かと待っていた<u>朗報</u>が届いた。(10)

1 意外な知らせ　2 めずらしい知らせ　3 大切な知らせ　4 うれしい知らせ

답 1② 2② 3① 4④ 5④ 6④ 7② 8③ 9① 10④

콕콕 기출 문제 06 유의표현

/10

問題 3 ＿＿＿の言葉に意味が最も近いものを、1・2・3・4から一つ選びなさい。

1 その知らせを聞いて安堵した。(16)

1 すっとした　2 はっとした　3 ほっとした　4 ぼうっとした

2 太郎(たろう)は英語の学力では花子(はなこ)と互角だ。(15)

1 徐々に離れている　2 徐々に近づいている
3 大体同じだ　4 全然違う

3 公の場で不用意な発言はしないでほしい。(14)

1 無意味な　2 不注意な　3 不利な　4 無駄な

4 こんな道で真っ暗になったらお手上げだ。(14)

1 大歓迎だ　2 ぜひ働きたい　3 驚きだ　4 どうしようもない

5 もう彼女に本当のことを伝えるすべがない。(13)

1 方法　2 理由　3 時間　4 必要

6 この絵はおおむね完成した。(13)

1 やっと　2 すこし　3 だいたい　4 すぐに

7 その事件に触発されて各地で暴動が起こった。(12)

1 刺激を受けて　2 指導を受けて　3 援助を受けて　4 評価を受けて

8 問題解決の手がかりはない。(11)

1 ヒント　2 チャンス　3 サポート　4 イメージ

9 最近、仕事がはかどっている。(10)

1 予想外に遅れている　2 急激に増えている
3 徐々に減っている　4 順調に進んでいる

10 さっき、部長にいやみを言われた。(10)

1 不平　2 冗談　3 皮肉　4 愚痴

답 1③ 2③ 3② 4④ 5① 6③ 7① 8① 9④ 10③

콕콕 기출 문제 07 유의표현

/10

問題3 ＿＿＿の言葉に意味が最も近いものを、1・2・3・4から一つ選びなさい。

1 彼はそのきつい言葉にむっとしたようだった。(17)

1 怒ったような顔をした　　2 驚いたような顔をした
3 疲れたような顔をした　　4 飽きたような顔をした

2 あの店ではありふれたものしか売っていない。(15)

1 複雑な　　2 平凡な　　3 特殊な　　4 幼稚な

3 お客様からのクレームに対応するのが彼女の仕事だ。(15)

1 注文　　2 返品　　3 苦情　　4 質問

4 厄介な仕事を引き受けてしまった。(14)

1 面倒な　　2 深刻な　　3 重要な　　4 特殊な

5 コンピューターの性能はここ数年で格段に進歩した。(14)

1 わずかに　　2 大幅に　　3 着実に　　4 ゆるやかに

6 せかしてしまってすみません。(13)

1 困らせて　　2 驚かせて　　3 待たせて　　4 急がせて

7 久しぶりに運動をしてすがすがしい気分になった。(12)

1 ほっとした　　2 さわやかな　　3 興奮した　　4 真剣な

8 無駄な経費は極力減らそう。(11)

1 少しずつ　　2 ろくに　　3 真っ先に　　4 できる限り

9 彼の質問ににわかには答えられなかった。(11)

1 簡単には　　2 すなおには　　3 完全には　　4 すぐには

10 検討の結果、この計画は見合わせることになりました。(10)

1 中止する　　2 変更する　　3 実施する　　4 承諾する

답 1① 2② 3③ 4① 5② 6④ 7② 8④ 9④ 10①

콕콕 기출 문제 08 유의표현

/10

問題３ ＿＿＿の言葉に意味が最も近いものを、１・２・３・４から一つ選びなさい。

1 今、我が家には新車を買うゆとりなどありません。(17)

1 目標　2 活気　3 余裕　4 知恵

2 彼女はストーカーにおびえている。(16)

1 怖がって　2 悔やんで　3 焦って　4 悩んで

3 彼は必死に弁解していた。(15)

1 謝って　2 考えて　3 反論して　4 言い訳して

4 老人はいすに座り昔のことを回想している。(14)

1 後悔して　2 反省して　3 思い返して　4 考え直して

5 あらかじめ災害に備えておくことが必要だ。(13)

1 早急に　2 まとめて　3 改めて　4 事前に

6 彼女の服装を見て皆仰天した。(13)

1 深く感動した　2 深く同情した　3 とても驚いた　4 とても喜んだ

7 家族だけの簡素な結婚式を挙げるつもりです。(12)

1 クールな　2 モダンな　3 シンプルな　4 ユニークな

8 彼は仕事に対していつもシビアだ。(11)

1 弱気だ　2 厳しい　3 柔軟だ　4 注意深い

9 両チームの実力の差は歴然としている。(11)

1 ほとんどない　2 はっきりしている
3 以前と変わらない　4 以前より大きくなっている

10 その会合の出席者はまばらだった。(10)

1 少なかった　2 多かった　3 まじめだった　4 ふまじめだった

답 1③ 2① 3④ 4③ 5④ 6③ 7③ 8② 9② 10①

問題 ❹

용법

1. 용법 기출 2017~2010년
2. 용법 기출 2009~2000년

1 용법 기출 2017~2010년

問題4 용법은 주어진 어휘의 올바른 사용법을 묻는 문제로, 단어의 정확한 의미 파악이 관건입니다. 문자·어휘 25문제 중 6문제가 출제됩니다.

2017

□ うなだれる 고개를 숙이다	□ 拠点(きょてん) 거점	□ 緊密だ(きんみつ) 긴밀하다
□ 重複(じゅうふく) 중복	□ 昇進(しょうしん) 승진	□ 提起(ていき) 제기
□ 遂げる(と) 이루다, 얻다	□ 配布(はいふ) 배포	□ 発足(ほっそく) (단체의) 발족
□ 滅びる(ほろ) 멸망하다	□ 真っ先(まさき) 맨 앞, 맨 먼저	□ 見落とす(みお) 못보고 빠뜨리다

2016

□ 内訳(うちわけ) 내역, 명세	□ 過密だ(かみつ) 과밀하다, 빽빽하다	□ 還元(かんげん) 환원
□ 閑静だ(かんせい) 조용하다, 고요하다	□ 規制(きせい) 규제	□ 食い違う(くちが) 어긋나다, 엇갈리다
□ 経緯(けいい) 경위	□ 察する(さっ) 헤아리다, 살피다	□ 退く(しりぞ) 물러나다, 후퇴하다, 은퇴하다
□ 素早い(すばや) 재빠르다	□ たやすい 쉽다, 용이하다	□ 入手(にゅうしゅ) 입수

2015

□ 安静(あんせい) (심신) 안정	□ 今更(いまさら) 이제와서	□ 帯びる(お) (어떤 성질·성분·경향) 띠다
□ 思い詰める(おもつ) 골똘히 생각하다	□ 軌道(きどう) 궤도	□ くまなく 구석구석까지, 분명히
□ 辞任(じにん) 사임	□ 統合(とうごう) 통합	□ はなはだしい (정도가) 심하다
□ 人手(ひとで) 일손	□ 没頭(ぼっとう) 몰두	□ もはや 이제는, 벌써

2014

- □ 一律(いちりつ) 일률
- □ 裏腹(うらはら)だ 정반대다, 모순되다
- □ 抱(かか)え込(こ)む ① (양팔로) 껴안다 ② (많은 것을) 떠맡다
- □ 工面(くめん) 변통, 주머니 사정
- □ 心構(こころがま)え 마음가짐, 각오
- □ しがみつく 매달리다
- □ 損(そこ)なう ① 망가뜨리다 ② (기분·성질) 상하게 하다
- □ 耐(た)えがたい (괴로움, 외부의 자극) 견디기 힘들다
- □ 携(たずさ)わる (어떤 일) 관계하다, 종사하다
- □ はがす 벗기다, 떼다
- □ 人一倍(ひといちばい) 두 배, 갑절
- □ 復旧(ふっきゅう) 복구

2013

- □ 当(あ)てはめる 꼭 들어 맞추다, 적용시키다
- □ 円滑(えんかつ)だ 원활하다
- □ 合致(がっち) 합치, 일치
- □ かばう (남의 죄, 잘못) 감싸다
- □ 加味(かみ) (맛, 다른 요소) 더함, 가미
- □ 口出(くちだ)し 말참견
- □ 気配(けはい) 낌새, 기색
- □ 処置(しょち) 처치, 조치
- □ 打開(だかい) 타개
- □ 煩雑(はんざつ)だ 번잡하다
- □ 拍子(ひょうし) ① 박자 ② (~하는) 순간, 바람
- □ 優位(ゆうい) 우위(다른 것보다 유리한 입장)

2012

- □ 怠(おこた)る ① 게으름을 피우다 ② 방심하다
- □ 広大(こうだい)だ 광대하다
- □ 仕業(しわざ) 소행, 짓
- □ 総(そう)じて 대체로, 일반적으로
- □ 発散(はっさん) 발산
- □ 秘(ひ)める ① 숨기다 ② 내포하다
- □ ブランク 여백, 공백 기간
- □ 見込(みこ)み ① 예상 ② 장래성
- □ 満(み)たない (기준이나, 한도에 차지 않아) 부족하다
- □ 無造作(むぞうさ)だ 되는 대로 하다, 대수롭지 않다
- □ 免除(めんじょ) 면제
- □ 有数(ゆうすう) 유수, 손꼽힘

2011

□ かなう 희망대로 되다, 이루어지다	□ 質素(しっそ)だ 검소하다	□ とっくに 훨씬 전에, 벌써
□ 配布(はいふ) 배포	□ 赴任(ふにん) 부임	□ 不服(ふふく) 불복, 납득이 가지 않음
□ ほどける (저절로) 풀어지다	□ まちまち 각기 다름, 가지각색	□ 見失(みうしな)う 보던 것을 놓치다
□ 目覚(めざ)ましい 눈부시다, 놀랍다	□ ゆとり (공간, 시간, 정신, 체력적) 여유	□ 連携(れんけい) 제휴

2010

□ 潔(いさぎよ)い 미련없이 깨끗하다	□ 意地(いじ) 고집	□ 細心(さいしん)だ 세심하다
□ 調達(ちょうたつ) 조달	□ にぎわう 활기차다, 붐비다	□ ひとまず 일단, 하여튼
□ 発足(ほっそく) (단체의) 발족	□ 満喫(まんきつ) 만끽	□ 見落(みお)とす 못보고 빠뜨리다
□ 密集(みっしゅう) 밀집	□ めきめき 눈에 띄게 (성장하는 모양), 부쩍부쩍	
□ 目先(めさき) ① 눈앞 ② 당장, 현재		

콕콕 기출 문제 01 용법 /5

問題4 次の言葉の使い方として最もよいものを、1・2・3・4から一つ選びなさい。

1 昇進 (17)

1 彼は出席日数が足りなくて昇進できなかった。
2 働く上で自分の昇進を図っていくことは大切だ。
3 そのチームは2部リーグから1部リーグへ昇進した。
4 係長(かかりちょう)は最近、課長に昇進したばかりです。

2 閑静 (16)

1 中村(なかむら)さんの演説は閑静すぎて私には理解できなかった。
2 私はいつも他人の忠告には閑静に耳を傾けようと思っている。
3 「先約がある」と言って高橋(たかはし)さんの招待を閑静に断った。
4 その美術館は林の中に閑静なたたずまいを見せている。

3 しがみつく (14)

1 子どもは泣きながら母親の足にしがみついて離れようとしなかった。
2 テレビの画面でも試合の緊迫感が肌にしがみついてきた。
3 ふたが瓶にしがみついていて、いくら力を入れても開かない。
4 家を出ようとしたところを母にしがみついた。

4 広大 (12)

1 彼の影響力はIT産業に広大に及んでいる。
2 緑が多い広大なキャンパスは、この大学の魅力の一つだ。
3 A社は再開発地区に広大なビルの建設を予定している。
4 旅行で撮(と)った写真を広大した。

5 不服 (11)

1 パーティーでの君の態度は、不服を買っていた。
2 この部署で、お客様からの不服を受け付けている。
3 この決定に不服がある場合は再審理(さいしんり)を請求することができる。
4 彼女は不服を晴らしによくカラオケへ行く。

답 1④ 2④ 3① 4② 5③

콕콕 기출 문제 02 용법 /5

問題４　次の言葉の使い方として最もよいものを、１・２・３・４から一つ選びなさい。

1 過密 (16)

1　２日間で４つの工場見学と展示会、過密なスケジュールだった。

2　その人にあんなことを言ったのは実に過密だった。

3　両国の首脳は過密に連絡を取り合っている。

4　科学はしばしば人間を自信過密にさせる。

2 はなはだしい (15)

1　体力が回復するまで、はなはだしい運動は避けるように医者から言われた。

2　経営環境のはなはだしい変化についていけない企業が増えている。

3　日本選手のはなはだしい活躍が新聞紙上をにぎわせた。

4　こんなことも知らないとは非常識もはなはだしい。

3 損なう (14)

1　司法試験に３回失敗して、彼はすっかり自信を損なってしまった。

2　待ち合わせに遅れて、彼女の機嫌を損なってしまった。

3　山では天候が損なわれることがあるので、注意が必要だ。

4　増税(ぞうぜい)によって景気が損なわれることを心配する人が多い。

4 秘める (12)

1　姉はその小学校で２年生のクラスを秘めている。

2　お金がなかったのでその本を買うのを秘めた。

3　彼は世界の舞台で活躍できる可能性を秘めている。

4　彼の密書はそのとき様々な仕事を秘めていた。

5 かなう (11)

1　自分の店を持ちたいという彼の夢がやっとかなった。

2　あの占い師はよくかなうという評判だ。

3　とりあえずイベントが無事かなったのでほっとしている。

4　苦労がかなって、今度のプロジェクトは失敗に終わった。

답 1① 2④ 3② 4③ 5①

問題４　次の言葉の使い方として最もよいものを、１・２・３・４から一つ選びなさい。

1 配布 (17)

1　賃上げ分は従業員の業務評価に応じて配布された。
2　その手紙は今朝事務所に配布された。
3　試験管は学生たちに試験問題を配布した。
4　今の時期でも枝に薬剤(やくざい)を配布した方が良い。

2 工面 (14)

1　サービス向上のために、利用者からアイディアを工面した。
2　何とか資金を工面して、ついに自分の店を持つことができた。
3　３人枠の選挙区なら、だいたい３名の候補者を工面する。
4　制度の改正を求めて、街頭で署名を工面する活動を続けた。

3 仕業(しわざ) (12)

1　彼女はトラックの運転手の仕業(しわざ)をしている。
2　その子のかわいらしい仕業(しわざ)にみんなほほえんだ。
3　爆発はあのテロリスト集団の仕業(しわざ)と判断した。
4　私は妻に安定した仕業(しわざ)に就けと責められている。

4 見失う (11)

1　それはとても難しい仕事だったが、彼は最後まで見失わなかった。
2　彼は名残惜しそうに何度も見失いながら走って行った。
3　その通りの曲がり角で友達を見失ってしまった。
4　家事のすきを見失わずに、試験勉強に励んだ。

5 目覚ましい (11)

1　きょうの試合で彼は目覚ましい活躍を見せた。
2　雪崩は目覚ましい勢いで斜面を下った。
3　母は赤や黄色などの目覚ましい色を好んだ。
4　ひと眠りしたので気分が目覚ましくなった。

답 1③ 2② 3③ 4③ 5①

콕콕 기출 문제 04 용법 /5

問題 4　次の言葉の使い方として最もよいものを、1・2・3・4から一つ選びなさい。

1　たやすい (16)

1　すみません、この辺の地理にはたやすいんです。
2　彼女が戻って来るだろうとまだたやすい希望を抱いている。
3　鈴木(すずき)さんにとってこの難解(なんかい)な問題を解くのはたやすい。
4　上原(うえはら)さんは野党のたやすい抵抗に手を焼いた。

2　処置 (13)

1　彼の机の上はいつもきちんと処置されている。
2　消防団員は救急用具の使い方について処置した。
3　教師は規則を破った生徒に厳しい処置を取った。
4　来月引っ越すので、使わない家具を処置しようと思う。

3　免除 (12)

1　このチケットは半券(はんけん)を切り離すと、免除になる。
2　入学試験の成績優秀者は、入学金が免除になる。
3　交通事故を免除するには、交通法規に従うことが一番だ。
4　そのギタリストはバンドから免除するといううわさだ。

4　無造作(むぞうさ) (12)

1　彼の無造作(むぞうさ)な生活ぶりには全くあきれるよ。
2　両首脳の会談は無造作(むぞうさ)な雰囲気の中で行われた。
3　そんな無造作(むぞうさ)な返事ではなく明確に答えてください。
4　花子(はなこ)は無造作(むぞうさ)に髪を後ろで束ねている。

5　ほどける (11)

1　彼のシャツの一番上のボタンがほどけている。
2　靴のひもがほどけないようにしっかりと結んだ。
3　今年は例年になく寒いから湖の氷がほどけるのは遅くなりそうだ。
4　扉のねじがほどけているから、締めておいてくれる？

답 1③ 2③ 3② 4④ 5②

콕콕 기출 문제05 용법 /5

問題４　次の言葉の使い方として最もよいものを、１・２・３・４から一つ選びなさい。

1 今更 (15)

1　彼女をあんなに怒らせてしまって今更仲直りをすることもできないよ。

2　発生から１０年以上経つが、その事件は今更解決されていない。

3　彼女は今更泣きださんばかりの表情で私を見つめた。

4　今更働く母親も珍しくないが、私が子どものころはごく少なかった。

2 拍子（ひょうし） (13)

1　晩ご飯を作った拍子（ひょうし）に、翌日のお弁当も作った。

2　雨がやんだ拍子（ひょうし）に出かけたので、ぬれずに済んだ。

3　彼はその箱を持ち上げた拍子（ひょうし）に腰を痛めた。

4　午後８時過ぎに、着替えて布団に入った拍子（ひょうし）に眠ってしまった。

3 総じて (12)

1　彼女の声は騒音の中で総じて聞き取れなかった。

2　その商品の輸入はここ５年間総じて増加傾向にある。

3　彼女はアメリカに住むことを前から総じて夢見ている。

4　彼は部長に昇進して収入が総じてアップした。

4 赴任 (11)

1　すみませんが、これからすぐ名古屋（なごや）に赴任してください。

2　山田（やまだ）さんは夏休みの間私の家に赴任した。

3　多く応募してきた場合は事務局に選定を赴任してもらう。

4　所有者が海外に赴任するので、税金の支払いは別の人が行う。

5 調達 (10)

1　校内外でのルールやマナーについて、高校生の意識を調達してみた。

2　目的に必要な資格を調達することで、できることもさらに広がる。

3　インターネットで列車の時刻を調達しておいたよ。

4　村人が私たちのために食料を調達してくれた。

답 1① 2③ 3② 4④ 5④

問題4　次の言葉の使い方として最もよいものを、１・２・３・４から一つ選びなさい。

1 くまなく (15)

1　旧型（きゅうがた）コンピューターがくまなく値下げされている。

2　店内の商品を泥棒にくまなく盗まれてしまった。

3　小学校時代の友達の名前がくまなく思い出せない。

4　部屋の中をくまなく探したが、鍵は出てこなかった。

2 口出し (13)

1　希望の会社に就職できたのは、先生が口出ししてくれたからだ。

2　わからないことがあったらすぐに口出ししてください。

3　彼が肝心な時に余計な口出しをしたので話がだめになった。

4　今の意見に反論のある人は、遠慮せず自由に口出ししてください。

3 発散 (12)

1　内田（うちだ）さんは山登りをしてストレスを発散した。

2　除草剤（じょそうざい）は発散するだけで雑草（ざっそう）を駆除（くじょ）してくれる。

3　山道に缶や瓶などいろんなごみが発散していた。

4　市は市民活動に役立つ情報を発散することができる。

4 ブランク (12)

1　大切なデータをブランクしてしまった。

2　試験場は緊張した顔つきの受験生でブランクだった。

3　木村（きむら）さんの運転歴には５年のブランクがある。

4　ちょっとロビーでブランクしてるから、何かあったら呼んでください。

5 細心 (10)

1　彼女は自分の子どもたちに細心の思いをさせたくなかった。

2　その機械の取り扱いには細心の注意が必要だ。

3　警察はその殺人事件を細心にわたって調査した。

4　さらに細心を知りたい方は以下のアドレスで当社にメールを送ってください。

답 1④ 2③ 3① 4③ 5②

콕콕 기출 문제07 용법 /5

問題４　次の言葉の使い方として最もよいものを、１・２・３・４から一つ選びなさい。

1 滅びる (17)

1　電池が滅びたから、新しいのと取り替えてください。
2　冷蔵庫(れいぞうこ)の奥から滅びたネギが出てきた。
3　せっかくの週末も仕事で滅びてしまった。
4　その文明は大災害によって滅びたという説がある。

2 安静 (15)

1　その都市は洪水があっても安静だと思われていた。
2　この辺り緑が多く、安静で周辺環境は非常にいい。
3　彼はそのテロ組織の動向について安静な情報を握っている。
4　熱が高いときは、無理をしないで安静にしていてください。

3 煩雑 (13)

1　本題を忘れて、つい煩雑な話に夢中になってしまった。
2　家族が透析(とうせき)を受けているが、最初の手続きが煩雑だった。
3　商品が大ヒットするには様々な要素が煩雑に絡み合う。
4　入学前は、本人はもとより親も期待と不安で煩雑な気持ちだった。

4 有数 (12)

1　ゆうべ有数の友人たちとコンサートへ行った。
2　クウェートは世界有数の産油国(さんゆこく)の一つだ。
3　我々はその２つの犯罪に有数の類似点を発見した。
4　数に有数がありますから、お一人２個までにお願いします。

5 意地 (10)

1　あんなつまらないことで意地を張るんじゃなかったよ。
2　彼女は決勝戦に進むことを意地にしていた。
3　場合によってはご意地に添えないこともございます。
4　彼は初めからだます意地でお年寄りに近づいた。

답 1④ 2④ 3② 4② 5①

問題４　次の言葉の使い方として最もよいものを、１・２・３・４から一つ選びなさい。

1 入手 (16)

1　ダイヤは太陽の光を入手してキラキラと輝いた。
2　われわれは地震直後の村の映像を独店入手した。
3　あの女優は賞を入手してから人気が急上昇した。
4　山下(やました)さんはコンテストで１等賞を入手した。

2 統合 (15)

1　来年度から関連部門を統合して、運営体制を再編することになった。
2　死者と行方不明者の統合は現時点で５０００人を超えている。
3　旅行にかかった費用を統合してみたところ、予算よりも大幅に安かった。
4　部屋全体をブラウン系の色に統合して、落ち着いた配色(はいしょく)にした。

3 当てはめる (13)

1　この問題にその法規を当てはめてみるとどうなるだろうか。
2　客の予算に当てはめて料理を作ってくれる居酒屋などもある。
3　息子に対してきちんとその日の気温に当てはめて服を着させている。
4　書く分量を一人一人の能力に当てはめて変えることなどを考慮した。

4 見込み (12)

1　我々がその店で会ったのは全くの見込みだった。
2　カメレオンは周囲の見込みに合わせて素早く体の色を変える。
3　台風は今夜、九州地方に上陸する見込みだ。
4　ちょうど新しい電子レンジを買おうと思っていた見込みだ。

5 めきめき (10)

1　私は彼女の親切をめきめきありがたく思った。
2　彼は年上の人にもめきめき言いたいことを言う。
3　夫は父親になってから人がめきめき変わったように働き出した。
4　中村(なかむら)さんのテニスは、めきめき上達している。

답 1② 2① 3① 4③ 5④

콕콕 기출 문제 09 용법

/5

問題4　次の言葉の使い方として最もよいものを、１・２・３・４から一つ選びなさい。

1 素早い (16)

1　素早い仕事でニューヨークに行かなくてはいけない。
2　私たちはきのうの夜遅く、というよりけさ素早く家に着いた。
3　素早い円高で輸出産業は苦境に立たされた。
4　顧客への素早い対応が会社への信頼につながる。

2 抱え込む (14)

1　問題が生じたら、１人で抱え込まず、上司や同僚に相談するといい。
2　先生は私の手を抱え込んでその字の書き方を教えてくれた。
3　弟はこの春、A大学の入試を抱え込んだが、落ちてしまった。
4　この薬は子どもの手の届かないところに抱え込んでください。

3 裏腹 (14)

1　２人は姉妹であっても全く裏腹の性格をしているそうだ。
2　我々の期待とは裏腹に、彼は1回戦で負けた。
3　みんなが私を見るので変だと思ったら、セーターを裏腹に着ていた。
4　彼は表向きは警備員だが、裏腹では産業スパイをやっていた。

4 怠る (12)

1　きのう学校を怠ってロックコンサートに行ってきた。
2　料理する手間を怠るので、インスタント食品は便利だ。
3　日ごろ用意を怠らなかった彼は地震が来ても慌てなかった。
4　彼は雨にぬれるのも怠らずにテントの片づけを手伝った。

5 目先 (10)

1　ホールに着いた時にはつい目先にコンサートが始まっていた。
2　結婚式を目先に控えて私たちは何かとあわただしい。
3　あのモデルのファッションは、流行の目先を行っている。
4　目先の利益を追うのではなく、会社の将来を考えるべきだ。

답 1④ 2① 3② 4③ 5④

콕콕 기출 문제 10 용법　　/5

問題 4 次の言葉の使い方として最もよいものを、１・２・３・４から一つ選びなさい。

1 発足 (17)

1 我々は子供たちを暴力(ぼうりょく)から守るためのパトロール隊を発足させた。
2 来週までにはどうしてもこの仕事を発足させなければならない。
3 １１月３０日まで横浜美術館(よこはまびじゅつかん)でセザンヌ展が発足されている。
4 自我の発足は生後だいたい１５か月から１８か月で起きる。

2 経緯 (16)

1 まず事件の経緯について簡単にご説明いたします。
2 健康的でぜいたくな一日の経緯をご紹介します。
3 京都(きょうと)を見てまわるならこの経緯がお勧めです。
4 プロジェクト予算を獲得するためにはどんな経緯が必要ですか。

3 打開 (13)

1 会社は年功序列(ねんこうじょれつ)の古い習慣を打開して、大胆に若い人を抜擢(ばってき)した。
2 米倉(よねくら)刑事は綿密な捜査を怠らず、数々の事件を打開してきた。
3 祖父が交通事故で打開してからもう２０年にもなります。
4 今の危機的状況を打開するには、専門家の力を結集するしかない。

4 満たない (12)

1 ギターの腕前にかけてはだれも彼女に満たない。
2 彼女は収入に満たない生活をしている。
3 その講演の出席者は２０人にも満たなかった。
4 その会社は人手が満たなくて、新たに１０人雇った。

5 見落とす (10)

1 先生は、気づいていたようだが、今回の過ちを見落としてくれた。
2 メールが多すぎて、重要な連絡を見落としていた。
3 飛行機に乗っている間、窓からずっと海を見落としていた。
4 彼がそんなに困っていると聞いた以上は、見落とすわけにはいかない。

답 1① 2① 3④ 4③ 5②

問題4 次の言葉の使い方として最もよいものを、1・2・3・4から一つ選びなさい。

1 退く(しりぞく) (16)

1 天気が悪くなりそうなので、洗濯するのを退いた。
2 彼女はシェークスピアの一節(いっせつ)を引用してスピーチを退いた。
3 結婚や出産などで一時的に職場を退いた方は多くいる。
4 いくつかの経営の危機を退いて、存続してきた。

2 携わる (14)

1 立ち退きに反対して今も携わっている農家が1軒ある。
2 本日携わる予定だったロケット打ち上げ実験は中止となった。
3 彼は次に何をするだろうかと、世界中の人が興味に携わって見守っている。
4 私は先端技術開発に携わっており、日々の研究に追われている。

3 円滑 (13)

1 山田(やまだ)さんは緊急入院し、その後体力は円滑に回復している。
2 その少年はヨーヨーを円滑に操ることができるそうだ。
3 手順を改善したら、業務が円滑に進むようになった。
4 瓶(びん)のふたが固くて開かなかったが、温めたら円滑に開いた。

4 とっくに (11)

1 とっくにこのあたりには大きな木があった。
2 昼食の時間はとっくに過ぎている。
3 とっくに発言を取り消してもむだだ。
4 目覚まし時計がとっくに鳴って飛び起きた。

5 密集 (10)

1 私の家の周りは民家が密集している。
2 図書館新設のため、寄付金を密集している。
3 勝つことではなく密集することに意義がある。
4 私は趣味で外国のコインを密集している。

답 1③ 2④ 3③ 4② 5①

콕콕 기출 문제 12 용법

/5

問題4　次の言葉の使い方として最もよいものを、１・２・３・４から一つ選びなさい。

1 還元 (16)

1　試合が雨で流れ、入場料は還元された。
2　企業は利益の一部を社会に還元する努力が必要だ。
3　今回の健康診断では、中性脂肪の還元が著しかった。
4　彼の病気はなかなか還元のきざしが見えない。

2 復旧 (14)

1　交通事故で怪我をして、仕事になかなか復旧できないことで困っている。
2　現在は対立中の２人だが、きっとお互いの気持ちを確認して復旧するのだろう。
3　昨夜から停電が続いていたが、先ほど12時間ぶりにようやく復旧した。
4　雨のため一時中断していたが、雨が止んだので試合が復旧することとなった。

3 優位 (13)

1　ハイテク分野ではその国は他の国の優位に立っている。
2　このレースの優位３人までが、次のレースに参加できる。
3　彼の意見をもっと優位にしていたらこんなことは起きなかった。
4　このカードの会員が優位にそのサービスを受けられる。

4 まちまち (11)

1　父は私の着るものにまちまちけちをつける。
2　ここに越(こ)してきてまちまち２年になる。
3　私は空を飛(と)びたらいいのにとまちまち思う。
4　箱の大きさは小さいのから大きいのまでまちまちだ。

5 潔い (10)

1　大臣は潔く国の責任を認め、被害者に謝罪した。
2　彼の声は潔く彼女の耳元をくすぐった。
3　犬は人間の百万倍も潔い嗅覚(きゅうかく)を持っている。
4　彼は施設を訪問する時、身なりをわざと潔くする。

답 1② 2③ 3① 4④ 5①

콕콕 기출 문제 13 용법 /5

問題４　次の言葉の使い方として最もよいものを、１・２・３・４から一つ選びなさい。

1 辞任 (15)

1 社長は欠陥製品の責任を問われ、辞任に追いこまれた。
2 学生たちは教授に軽蔑的(けいべつてき)発言を辞任するよう迫った。
3 鈴木(すずき)選手は今季(こんき)限りで現役(げんえき)を辞任し、今後は監督に専念するそうだ。
4 態度が悪いという理由で、彼は辞任を命じられた。

2 人一倍 (14)

1 彼が自分の会社を持てたのは、これまで人一倍努力してきたからだ。
2 その番組の視聴率は最終回が近づくにつれて人一倍だった。
3 今度のマラソンで日本選手がどこまで人一倍食い込めるかが注目されている。
4 ８０年代の半ばは日本経済が人一倍活気を呈(てい)していた時期であった。

3 かばう (13)

1 そんな薄いコートでは寒さから身をかばうことができないだろう。
2 多様な価値観と少数者の人権をかばう会社をつくる。
3 常にトップの座をかばうには、大変な努力が必要だ。
4 彼女は彼が何も悪いことをしていないと言ってかばった。

4 ゆとり (11)

1 レポート提出まで、あと１日だけゆとりをください。
2 我々には子どもを大学に通わせる経済的なゆとりはない。
3 すでにかなり譲歩したので、これ以上交渉のゆとりはない。
4 ゴールまでゆとり２キリのところで、走者は突然失速(しっそく)した。

5 発足 (10)

1 テレビの発足は我々の生活を大きく変えた。
2 新しい製品が10月に発足される予定だ。
3 その国では先月末に新政権が発足した。
4 この交差点で先週３件の交通事故が発足した。

답 1① 2① 3④ 4② 5③

콕콕 기출 문제 14 용법

/5

問題 4 次の言葉の使い方として最もよいものを、1・2・3・4から一つ選びなさい。

1 帯びる (15)

1 山田(やまだ)教授のノーベル賞受賞が現実味を帯びてきた。
2 彼女はノートパソコンを小わきに帯びてやってきた。
3 彼が個人で始めた商店は、現在500人の社員を帯びる企業に成長した。
4 様々な機能を帯びる携帯電話をもっと多くの人に知ってほしい。

2 一律に (14)

1 おばは家に来るときは一律に何か持ってきてくれる。
2 私が出かけようとすると、一律に電話が来る。
3 訪問販売のセールスマンに口説かれても一律に断ることにしている。
4 同様の業種に対しては、同じ義務を一律に課す必要がある。

3 加味 (13)

1 光ファイバー通信システムを加味する家庭が増えている。
2 本日の申込者も加味すると会員総数は40人になった。
3 成績は期末試験のほかに平常点も加味してつける。
4 句読点を加味して400字以内で、この評論を要約しなさい。

4 質素 (11)

1 営業の経験が質素でも、しっかりとサポートしますのでご安心ください。
2 無駄なものは買わずに、質素な生活を送っている。
3 もう少し値段の質素な部屋はあいていませんか。
4 各話は質素で、ちょっとした空き時間に読むことができる。

5 にぎわう (10)

1 あすの晩にぎわってそのことについて話し合おう。
2 商店街は買い物客でにぎわっていた。
3 彼女はテーブルを白い布でにぎわった。
4 父の書斎の本棚には法律関係の本がずらっとにぎわっていた。

답 1① 2④ 3③ 4② 5②

콕콕 기출 문제 15 용법 /5

問題４　次の言葉の使い方として最もよいものを、１・２・３・４から一つ選びなさい。

1 うなだれる (17)

1　そのホテルは眼下（がんか）に海岸をうなだれるように立っている。
2　全員が彼女に賛成してうなだれた。
3　敗れたチームの選手たちはうなだれて野球場を後にした。
4　彼女はもう少しでうなだれて死ぬところだった。

2 軌道 (15)

1　われわれは衛星の向きを調整し再び軌道に乗せることに成功した。
2　Ａ側は、約束違反だとして政府の軌道に激しく反発している。
3　これまではそこに行くにはバスを利用するしか軌道がなかった。
4　黄色の帽子をかぶった小学生たちが軌道登校している。

3 気配 (13)

1　恋人たちが気配あふれる星空の浜辺で語り合っていた。
2　会議の開始時間を過ぎているのに、だれも来る気配がない。
3　父親の働いている気配を見たことがない子どもは少なくない。
4　４月になり私たちは気配も新たに新学年のスタートを切った。

4 配布 (11)

1　放送終了後すぐに配布される作品もある。
2　ちょうど今、君のメールを配布したところだ。
3　市内であれば商品の配布は無料だ。
4　あの店では今、化粧品の無料サンプルを配布している。

5 ひとまず (10)

1　彼女はアナウンサーだが、ひとまず女優としても活躍した。
2　花嫁姿（はなよめすがた）の彼女はひとまず美しく見えた。
3　弟はひとまず泣き始めるとお菓子をもらうまで泣きやまない。
4　最悪の事態はひとまず回避された。

답 1③　2①　3②　4④　5④

콕콕 기출 문제 16 용법 /5

問題４ 次の言葉の使い方として最もよいものを、１・２・３・４から一つ選びなさい。

1 提起 (17)

1 プロジェクト無事成功の打ち上げをしようと同僚に提起した。
2 市政への若い人たちからの提起が市の活性化につながる。
3 今日のジャーナリストのあり方について問題を提起した。
4 コンピューターのウイルスについて注意を提起したい。

2 心構え (14)

1 子どもに迷惑をかけないよう老後の心構えはちゃんとしてある。
2 一郎(いちろう)さんはどういう心構えであの花束をくれたんだろうか。
3 あの会社からの提携申し入れには自社の販路拡大の心構えが絡んでいるらしい。
4 真剣な訓練や日頃の心構えが大切だと再認識した防災訓練だった。

3 合致 (13)

1 開会の行進でだれか歩調(ほちょう)が合致しない人がいた。
2 オリンピック大会はその本来の精神と合致しなくなっている。
3 このスカーフ、花子(はなこ)さんのスーツにきっとよく合致するよ。
4 自分に合致する仕事なんて、そう簡単には見つからない。

4 連携 (11)

1 多文化主義は避けられないとする筆者と見方を連携する。
2 この寮では台所を連携して使っている。
3 我が社では営業成績が給与に連携している。
4 青少年非行防止には学校と地域の連携が必要だ。

5 満喫 (10)

1 『ニューズウィーク』の最新号は日本の記事を満喫している。
2 自分の現状に満喫して向上心のない若者が増えている。
3 私たちは海外旅行に行って、フランス料理を満喫した。
4 国民のあいだに政府への不満が満喫している。

답 1③ 2④ 3② 4④ 5③

② 용법 기출 2009~2000년

2009~2000년까지 출제된 단어를 품사별로 정리했습니다.

명사

□ 一括(いっかつ)	일괄	業務(ぎょうむ)を一括(いっかつ)して処理する。 업무를 일괄해서 처리하다.
□ 禁物(きんもつ)	금물	自信があっても油断は禁物(きんもつ)だ。 자신이 있어도 방심은 금물이다.
□ 欠如(けつじょ)	결여	親としての自覚(じかく)が欠如(けつじょ)している。 부모로서의 자각이 결여되다.
□ 交付(こうふ)	교부	各大学に補助金(ほじょきん)が交付(こうふ)される。 각 대학에 보조금이 교부되다.
□ 指図(さしず)	지시, 지휘	あれこれと指図(さしず)している人が社長だ。 이래라저래라 지시하고 있는 사람이 사장이다.
□ 終日(しゅうじつ)	종일	この駅は終日(しゅうじつ)禁煙だ。 이 역은 종일 금연이다.
□ 執着(しゅうちゃく)	집착	彼は勝負に執着(しゅうちゃく)するタイプだ。 그는 승부에 집착하는 타입이다.
□ 照合(しょうごう)	조합, 대조	写真と受験者を照合(しょうごう)する。 사진과 수험자를 대조하다.
□ 昇進(しょうしん)	승진	山川(やまがわ)さんは先月課長に昇進(しょうしん)した。 야마가와 씨는 지난달 과장으로 승진했다.
□ 相応(そうおう)	상응, 어울림	それ相応(そうおう)の効果をあげる。 그에 상응하는 효과를 올리다.
□ 単一(たんいつ)	단일	欧州連合(おうしゅうれんごう)では単一(たんいつ)の通貨が使われている。 유럽 연합에서는 단일 통화가 사용되고 있다.
□ 中毒(ちゅうどく)	중독	彼はガス中毒(ちゅうどく)で入院した。 그는 가스중독으로 입원했다.
□ 手際(てぎわ)	솜씨	彼女は何をするにも手際(てぎわ)がよい。 그녀는 무엇을 하든지 간에 솜씨가 좋다.
□ 不満(ふまん)	불만	今度の人事異動には不満(ふまん)がある。 이번 인사이동에는 불만이 있다.

□ 両立(りょうりつ)	양립, 병행	勉強と仕事を**両立**(りょうりつ)する。 공부와 일을 병행하다.

동사

□ おごる	한턱내다	今日は私が**おごる**から。 오늘은 내가 한턱낼 테니까.
□ そらす	돌리다	彼は都合が悪くなると、いつも話題を**そらす**。 그는 사정이 나빠지면 항상 화제를 돌린다.
□ つぶやく	중얼거리다	訳のわからないことを**つぶやく**。 영문도 모르는 소리를 중얼거리다.
□ とぐ	갈다	うちの包丁は**といで**ある。 우리 부엌칼은 갈아져 있다.
□ にじむ	번지다	水にぬれて字が**にじむ**。 물에 젖어 글자가 번지다.
□ ののしる	욕설을 하다	大声(おおごえ)で**ののしられる**。 큰소리로 욕을 듣다.
□ へりくだる	자기를 낮추다	だれに対しても**へりくだった**話し方をする。 누구를 대해도 자기를 낮추는 말투를 쓴다.

な형용사

□ あざやかだ	선명하다	**あざやかな**色が好きだ。 선명한 색을 좋아하다.
□ かんぺきだ	완벽하다	俳優の**かんぺきな**演技(えんぎ)。 배우의 완벽한 연기.
□ きざだ	아니꼽다	いつも**きざな**ことを言う。 항상 아니꼬운 말을 한다.
□ 極端(きょくたん)だ	극단적이다	**極端**(きょくたん)**な**ダイエットは体に悪い。 극단적인 다이어트는 몸에 나쁘다.
□ 軽率(けいそつ)だ	경솔하다	人を**軽率**(けいそつ)**に**批判する。 사람을 경솔하게 비판하다.

□ 高尚(こうしょう)だ	고상하다	バイオリンとは高尚(こうしょう)な趣味ですね。 바이올린이라니 고상한 취미네요.
□ しなやかだ	부드럽다	あの選手の動きはしなやかだ。 저 선수의 움직임은 부드럽다.
□ 忠実(ちゅうじつ)だ	충실하다, 정확하다	これは事実を忠実(ちゅうじつ)に再現したドラマだ。 이것은 사실을 정확히 재현한 드라마다.
□ 不順(ふじゅん)だ	불순하다	今年は天候が不順(ふじゅん)で野菜が高い。 올해는 기후가 불순해서 채소가 비싸다.
□ 露骨(ろこつ)だ	노골적이다	露骨(ろこつ)にいやな顔をする。 노골적으로 싫은 얼굴을 하다.

부사

□ 案(あん)の定(じょう)	예상대로	案(あん)の定(じょう)雨が降り出した。 예상대로 비가 내리기 시작했다.
□ 一見(いっけん)	언뜻 보기에	彼女は一見(いっけん)おとなしそうだが。 그녀는 언뜻 보기에 얌전해 보이지만.
□ いやに	이상하게, 묘하게	最近いやに元気がないね。 최근 이상하게 기운이 없네.
□ 仮(かり)に	가령	仮に１ドルを１２０円にして。 가령 1달러를 120엔으로 치고.
□ ずらっと	잇달아 늘어선 모양, 죽	店の前にずらっと人が並んでいる。 가게 앞에 사람이 죽 줄을 서 있다.
□ どうやら	아무래도, 아마	どうやらあすも雨らしい。 아마 내일도 비가 올 것 같다.
□ とっさに	순간적으로	とっさに隣の人の腕をつかんだ。 순간적으로 옆 사람의 팔을 붙잡았다.
□ 突如(とつじょ)	갑자기, 돌연	突如(とつじょ)素晴らしいアイデアがひらめいた。 갑자기 훌륭한 아이디어가 번쩍 떠올랐다.
□ なんとか	어떻게든, 간신히	なんとか合格することができた。 간신히 합격할 수 있었다.
□ ぶかぶか	헐렁헐렁	この靴はぶかぶかだ。 이 구두는 헐렁헐렁하다.

□ ぺこぺこ	굽실굽실	駅員がぺこぺこあやまっている。 역원이 굽실굽실 사과하고 있다.
□ ぼつぼつ	슬슬, 조금씩	ぼつぼつ始めましょう。 슬슬 시작합시다.
□ まるまる	전부	アイデアをまるまる人に使われる。 아이디어를 전부 다른 사람이 사용하다.
□ よほど	훨씬, 상당히	このほうがよほどいい。 이쪽이 훨씬 좋다.
□ わざわざ	일부러	わざわざ買うことはない。 일부러 살 것까진 없다.

기타

□ おろか	물론	歩くことはおろか立つことも難しい。 걷는 것은 물론 서는 것도 힘들다.
□ ショック	쇼크, 충격	この時計はショックに強い。 이 시계는 충격에 강하다.
□ ボイコット	보이콧	授業をボイコットする。 수업을 보이콧하다.

콕콕 기출 문제 17 용법 /5

問題4 次の言葉の使い方として最もよいものを、1・2・3・4から一つ選びなさい。

1 どうやら (02)

1 何がどうやらさっぱりわからない。
2 どうやらしてあの大学に合格した。
3 子どもはどうやら外で遊んだほうがいい。
4 あの二人はどうやら結婚するらしい。

2 きざ (09)

1 あの男の紳士(しんし)ぶったきざなふるまいは、みんなに嫌われている。
2 牛乳を入れてもきちんと紅茶のきざな味がしておいしい。
3 野菜畑にきざな花が咲いているのを見つけて近づいてみた。
4 彼女はすらりと長い、きざな足をしている。

3 とぐ (00)

1 風呂(ふろ)から上がって彼は体をタオルでよくといだ。
2 毎日運動をして、からだをとぐ。
3 いかりをといで話し合う気になった。
4 ナイフをといだらよく切れるようになった。

4 両立 (03)

1 昨日は勉強とアルバイトを両立した。
2 何とかして両親の希望(きぼう)も自分の希望も両立した。
3 女性が仕事と育児を両立させるのはむずかしい。
4 駅の北口と南口に二つのデパートが両立している。

5 とっさに (08)

1 とっさに用事ができてしまい、落札(らくさつ)したチケットが不要になってしまった。
2 空が暗くなり、とっさに雨が降り出した。
3 荷物を抱えた彼女が、転びそうになったので、とっさに支えてやった。
4 昨日は友人と会う約束があったので、仕事が終わるととっさに帰った。

답 1④ 2① 3④ 4③ 5③

콕콕 기출 문제 18 용법 　/5

問題４　次の言葉の使い方として最もよいものを、１・２・３・４から一つ選びなさい。

1 忠実 (08)

1 今後はきちんとその計画に沿って<u>忠実</u>していかなければならない。
2 日本犬の主人に<u>忠実</u>の姿は、今の日本人が忘れてしまった。
3 私が作る料理は料理本を見て<u>忠実</u>に再現したものが多い。
4 <u>忠実</u>と説明してくれて、今後の流れや費用(ひよう)などもわかりやすかった。

2 中毒 (02)

1 あの人は、お酒に<u>中毒</u>だ。
2 犬の銅像(どうぞう)が雨の<u>中毒</u>で溶けてきた。
3 彼女は、日本語の勉強に<u>中毒</u>して熱を出してしまった。
4 ふぐによる<u>中毒</u>症状を起こした。

3 おごる (05)

1 ぼくが<u>おごる</u>から、何でも食べていいよ。
2 このスカーフは私が母に<u>おごった</u>ものです。
3 昨日は手作りの料理を<u>おごって</u>いただきましてありがとうございます。
4 格好(かっこう)いい新婦(しんぷ)の父親に心ばかりのお祝いを<u>おごった</u>。

4 禁物 (07)

1 乗客が地下鉄に持ち込もうとして押収(おうしゅう)した<u>禁物</u>を公開・展示した。
2 過剰(かじょう)な反応は必要ないが、油断(ゆだん)は<u>禁物</u>だ。
3 政治家個人への巨額(きょがく)な献金(けんきん)は<u>禁物</u>されている。
4 船内における火災は、生命・財産に対し最も<u>禁物</u>なものの一つだ。

5 一見 (02)

1 このゲームは<u>一見</u>やさしそうだが、やってみるとむずかしい。
2 この問題が試験に出るのは<u>一見</u>だ。
3 必要なものは全部買ったかどうか<u>一見</u>してください。
4 <u>一見</u>、彼女は日本人だとわかる。

답 1③ 2④ 3① 4② 5①

콕콕 기출 문제 19 용법 /5

問題４　次の言葉の使い方として最もよいものを、１・２・３・４から一つ選びなさい。

1 ぶかぶか (03)

1　子どもは田舎で、ぶかぶかと育てたい。

2　この靴は、私には大きすぎてぶかぶかだ。

3　相手の態度がぶかぶかしないのでこまる。

4　熱があるので、頭がぶかぶかする。

2 不順 (07)

1　今年の夏は天候が不順で大雨による被害も広がっている。

2　子どもたちはちゃんと来た不順に並んでいた。

3　不順に練習しても全然ゴルフがうまくならない。

4　このところ、主人の会社の業績が不順で心配している。

3 手際 (09)

1　彼は犯人を捕まえてみせるという手際をあげた。

2　吉田さんはトラブルを手際よく処理した。

3　これは年末調整時に必要とする大事な資料なので、手際に保管してください。

4　これは主婦の手際を省く便利な器具だ。

4 わざわざ (00)

1　雨が降っているので、わざわざと旅行するのをやめた。

2　階段でわざわざ足を踏みはずして落ちた。

3　わざわざ行かなくても、電話で用事は済む。

4　お帰りにはわざわざ私のうちへ寄ってください。

5 ボイコット (04)

1　高校生が授業をボイコットする事件が起きた。

2　明日は忙しいので、昼食はボイコットすることにした。

3　風邪を引いて学校をボイコットした。

4　天気がよかったので、午後からの会議をボイコットした。

답 1② 2① 3② 4③ 5①

콕콕 기출 문제 20 용법 /5

問題４　次の言葉の使い方として最もよいものを、１・２・３・４から一つ選びなさい。

1 へりくだる (08)

1　子猫が木からへりくだれなくて困っている。
2　彼は彼女に対してへりくだった態度をとった。
3　川沿いをへりくだる道を歩いて行くと、小さな滝(たき)のような流れがある。
4　私はすぐにぺこぺこ頭をへりくだって謝った。

2 執着 (07)

1　商品が家に執着したらすぐに内容をご確認ください。
2　これまでほとんど着なかったスーツを毎日執着しています。
3　このような浅い場所の岩にも貝がたくさん執着していた。
4　子どもたちが勝利(しょうり)に執着するのは正しいと思います。

3 高尚 (06)

1　ミュージカル鑑賞(かんしょう)とは高尚な趣味ですね。
2　彼は高尚な数学の計算も得意だ。
3　今日は今年でいちばん高尚な気温を記録した。
4　この辞書は最も高尚な収録語数を誇っている。

4 単一 (03)

1　私の単一の趣味はゴルフです。
2　普段庭の手入れは単一に父の仕事なのだ。
3　ヨーロッパはユーロという単一の通貨を持っている。
4　おもしろい写真が撮れる機能は、単一で飽きるかもしれない。

5 よほど (01)

1　寝坊(ねぼう)をして学校によほど遅刻した。
2　この問題ができた学生はよほどいなかった。
3　運転をしていたら、突然人が道に飛び出してきたので、よほどびっくりした。
4　数学はぼくより弟のほうがよほどよくできる。

답 1② 2④ 3① 4③ 5④

콕콕 기출 문제21 용법 /5

問題4　次の言葉の使い方として最もよいものを、１・２・３・４から一つ選びなさい。

1 軽率 (05)

1 肥満(ひまん)は、軽率を引き起こす原因となります。
2 考えないで軽率しては、よく後悔しています。
3 山田(ほんだ)さんの軽率の行動で、会社にものすごく迷惑(めいわく)をかけている。
4 彼女の聞いているところでその話をするなんて彼も軽率だった。

2 そらす (07)

1 昨日の強風(きょうふう)で痛んだ看板(かんばん)をそらしてもらったので取り付けに行く。
2 彼女は結婚の話題が出ると、いつも話題をそらす。
3 今日は忙しくて昼ご飯をそらしたので、おなかがすいた。
4 カウンターのお客さんたちに、ちょっとずつそらしてもらった。

3 いやに (04)

1 いい冷蔵庫(れいぞうこ)だけど、高いからいやに買いたくない。
2 今日はいやに親切だが、何か下心でもあるのかな。
3 毎日運動したので、いやに健康になってうれしい。
4 いやにだんだん暖かくなってきて過ごしやすくはなったのだ。

4 照合 (09)

1 毛深い人はまゆげの幅(はば)もすごいので、幅も照合したほうがいいです。
2 最近ではエアコンに空気清浄機能が照合されているのが一般的だ。
3 どうしても気になったので再度サポートセンターに照合した。
4 順次(じゅんじ)住民票と戸籍(こせき)を照合して文字を一致させる作業を進めていく。

5 ぺこぺこ (01)

1 彼はぺこぺこ頭を下げて今の地位を手に入れた。
2 風邪をひいたらしい。頭がぺこぺこする。
3 彼女はぺこぺこして何も言えずに立っていた。
4 幕(まく)のかげで彼女はぺこぺこしながら娘の演技を見ていた。

답 1④ 2② 3② 4④ 5①

콕콕 기출 문제22 용법　/5

問題4 次の言葉の使い方として最もよいものを、１・２・３・４から一つ選びなさい。

1 ショック (01)

1 新聞には世界のいろいろなショックが載っている。
2 死んだと思っていた兄が外国から帰ってきたので、ショックした。
3 体にショックのある人は医者へ行ってください。
4 展覧会で山田君の作品にショックを受けた。

2 露骨 (05)

1 この本は描写があまりに露骨で不快だ。
2 市場は当分露骨だろう。
3 彼は学校の行事に露骨に活躍している。
4 会社をやめて、田舎で露骨に暮らすつもりだ。

3 指図 (08)

1 父にホワイトボードを使って字を指図して教えてもらった。
2 どのようにグラフを書くかを例題の一部を指図して説明します。
3 大人になるとだれも間違いを指図してくれなくなる。
4 彼女は子どもたちに静かに座っているように指図した。

4 案の定 (06)

1 彼は拒否するだろうと思っていたら、案の定拒否した。
2 今回の結論は森さんの案の定だ。
3 小さいころから目指していた夢が案の定になってうれしい。
4 日本代表チームの案の定な優勝に、日本中が沸いた。

5 不満 (02)

1 うちの子どもは、先生に不満ばかりしている。
2 店長の態度に不満して、二度と行かないと思っていた。
3 そのときの林さんの表情はいかにも不満だった。
4 彼がたびたび海外出張するのが妻の不満の種だった。

답 1④ 2① 3④ 4① 5④

問題４　次の言葉の使い方として最もよいものを、１・２・３・４から一つ選びなさい。

1 かんぺき (04)

1 刑事になった彼女は、任務をかんぺきした。
2 現金などの貴金属(ききんぞく)の取りあつかいにはかんぺき注意すること。
3 これで表情が自然になれば演技はかんぺきだ。
4 人間、本質的に悪い人もいなければ、逆にかんぺき的でどこにも欠点がない人もいない。

2 ぼつぼつ (00)

1 彼女は一日中ぼつぼつと絵を描いている。
2 ぼつぼつ授業が始まった。
3 ぼつぼつ試験の準備(じゅんび)をしよう。
4 私の家から地下鉄の駅まで、ぼつぼつ歩いて７分です。

3 ののしる (04)

1 その議員(ぎいん)は国会での証言をかたくなにののしった。
2 林の中に入ろうとしている人たちをそっとののしった。
3 先生に頼(たの)まれて英語の翻訳(ほんやく)をののしってさしあげた。
4 上司でない年上の男性に大声でののしられた。

4 昇進 (08)

1 外来受付はエスカレーターを昇進した２階にあります。
2 風のない丘で、ゆっくりと煙(けむり)が空に昇進していく。
3 私が出た高校は進学校で、大学に昇進する人も多かったのです。
4 木村(きむら)さんは長年の苦労の末、部長に昇進した。

5 まるまる (05)

1 参加している人たちまるまるにプレゼントを用意してあります。
2 本屋でまるまる一冊立ち読みしてしまった。
3 自分の発表はなかなか好評でまるまるだったので、かなりうれしい。
4 ネコは道のわきで毛布(もうふ)を頭までかぶってまるまる寝ていた。

답 1③ 2③ 3④ 4④ 5②

콕콕 기출 문제 24 용법 /5

問題４ 次の言葉の使い方として最もよいものを、１・２・３・４から一つ選びなさい。

1 一括 (04)

1 同窓会(どうそうかい)は一括して５０人くらい集まったらしい。

2 彼はその収集品を一括して売りたがっている。

3 家内と一括して買い物に行くのが、また楽しくなった。

4 夕食の前に、ビールを一括して飲んだのです。

2 仮に (01)

1 仮にかわいそうな物語を読んだら、涙が止まらなかった。

2 仮に自分が首になったことを一度は考えるべきだ。

3 仮によろしければお食事などいかがでしょう。

4 仮に君が僕の立場(たちば)だったとして、何ができるかね。

3 しなやか (03)

1 彼女の手はしなやかしていて少し汗(あせ)ばんでいた。

2 車がぶつかったがしなやかにへこんだだけでけが人はいない。

3 タイルがよく磨いてあってしなやかで気持ちがよい。

4 あの選手は、動きはしなやかで優雅(ゆうが)であるが、メリハリには欠ける。

4 つぶやく (09)

1 ぶつぶつつぶやいていないで、はっきりと意見を言ってください。

2 公園では児童(じどう)らがつぶやきながら元気に遊んでいた。

3 知らない人を見るとつぶやく犬は、よくできた番犬(ばんけん)だと言えるだろう。

4 よく聞こえなかったから、もう一度大声でつぶやいてください。

5 相応 (06)

1 月が物体を引く力は地球の６分の１に相応する。

2 能力のある方には相応の待遇をいたします。

3 この条件に相応する人はやはり少ないと考えられます。

4 砂糖(さとう)と相応の塩(しお)を入れてください。

답 1② 2④ 3④ 4① 5②

問題4 次の言葉の使い方として最もよいものを、1・2・3・4から一つ選びなさい。

1 突如 (09)

1 パソコンのシステムが突如して動かなくなった。
2 彼が突如大声で叫んだのでびっくりした。
3 突如な地震(じしん)でカリフォルニア州全域に多くの被害があった。
4 昨日までは普通だったのに、突如にパソコンの動作が遅くなった。

2 おろか (02)

1 田中(たなか)教授は研究業績(ぎょうせき)はおろか政治手腕(しゅわん)のほうもなかなかのものだ。
2 わからない単語があったら、辞書を引くもおろか質問しなさい。
3 重い病気にかかり、歩くことはおろか起き上がることすらできない。
4 病気の親に対する献身(けんしん)は、実の娘はおろか周囲の者を感動させた。

3 極端(きょくたん) (00)

1 あの人は極端的で友だちができなかった。
2 彼女は流行の極端を行く。
3 あいつの極端ぶった態度(たいど)が気に入らない。
4 極端な言い方をすればあいつは人間のくずだ。

4 なんとか (00)

1 今日はなんとかいやな予感(よかん)がする。
2 なんとかいいことがありそうな気がする。
3 寝坊(ねぼう)してしまったけれど、なんとかいつもの電車に間に合った。
4 なんとか最近体の調子がよくない。

5 欠如 (06)

1 手持ちのお金が欠如してきたので、銀行へ行った。
2 いつの間にか本が欠如していると思ったら、息子が読んでいた。
3 風邪(かぜ)で1名欠如したので、8名での参戦(さんせん)だった。
4 彼は社会人として責任感が欠如している。

답 1② 2③ 3④ 4③ 5④

問題４　次の言葉の使い方として最もよいものを、１・２・３・４から一つ選びなさい。

1 ずらっと (07)

1　朝から、資料として紹介された本にずらっと目を通した。
2　週間天気予報で今週はずらっと晴れるって言っていたよ。
3　その通りの片側(かたがわ)には店がずらっと並んでいる。
4　私の夫の友人のオランダ男性もずらっと背が高かったです。

2 終日 (03)

1　１２月は３１日が終日です。
2　日曜日・祝日は終日営業を中止いたします。
3　明日は後期統一(こうきとういつ)レポート提出の終日です。
4　昨日の終日は本を読んだり音楽を聴いたりした。

3 交付 (05)

1　その所得の金額に応じて、国に税金(ぜいきん)を交付する義務がある。
2　冬のボーナスが交付されたら、父へ１か月分プレゼントするつもりだ。
3　政府は私立学校にもっと助成金(じょせいきん)を交付すべきだ。
4　先週、朝子(あさこ)ちゃんに旅行のおみやげを交付した。

4 にじむ (06)

1　風邪を引いて鼻がにじんでいる。
2　今日は大きな声で話しすぎて、のどがにじんでいた。
3　このブラウスは洗濯すると初めの２、３回は色がにじむ。
4　野菜は細かく刻(きざ)んだほうが味がにじんでおいしい。

5 あざやか (01)

1　あざやかなカレーのおいしいにおいがする。
2　彼女はあざやかな赤いコートを着ていた。
3　あざやかに用意ができたから、いつでも出かけられる。
4　最近のがんの研究は進歩(しんぽ)があざやかだ。

답 1③ 2② 3③ 4③ 5②

Part Ⅱ

문자 · 어휘
예상편

출제 예상 문자·어휘

1. 명사
2. 동사
3. 복합동사
4. い형용사
5. な형용사
6. 부사
7. 외래어
8. 파생어
9. 유의어
10. 기타

1 출제 예상 명사

[1] 한자 1자로 된 명사

な형용사로 활용 가능한 단어도 포함되어 있으며, 「潤(うるお)い(습기), 進(すす)め(권장)」 등과 같이 동사에서 파생한 명사도 정리하였습니다.

□ 垢(あか) 때	□ 証(あかし) 증거, 증명	□ 顎(あご) 턱
□ 麻(あさ) 삼, 삼베	□ 脚(あし) (사람의) 다리	□ 焦(あせ)り 초조함
□ 値(あたい) 값어치, 가치, ~할 만함	□ 当(あ)て 목표, 기대, 전망	□ 網(あみ) 그물, 망
□ 歩(あゆ)み 걸음, 보조, 진행, 경과, 흐름	□ 嵐(あらし) 폭풍	□ 意(い) 뜻, 마음
□ 異(い) 다름, 틀림	□ 怒(いか)り 분노, 노여움	□ 憤(いきどお)り 분노 N1읽기
□ 憩(いこ)い 휴식 N1읽기	□ 稲(いね) 벼	□ 渦(うず) 소용돌이
□ 器(うつわ) 그릇	□ 腕(うで) 팔	□ 潤(うるお)い 습기, 보탬, 혜택
□ 噂(うわさ) 소문	□ 柄(え) 자루, 손잡이	□ 尾(お) 꼬리
□ 公(おおやけ) 공, 공공, 공정함	□ 雄(おす) 동물의 수컷	□ 恐(おそ)れ 두려움
□ 乙(おつ) 을	□ 脅(おど)し 위협, 협박	□ お宮(みや) 신사
□ 趣(おもむき) 정취, 멋	□ 核(かく) 핵	□ 頭(かしら) 머리, 두목, 우두머리
□ 傍(かたわ)ら ~하는 한편	□ 糧(かて) 양식	□ 角(かど) 모서리, 모퉁이
□ 要(かなめ) 요점, 주축	□ 壁(かべ) 벽	□ 雷(かみなり) 천둥, 벼락
□ 殻(から) 껍질	□ 狩(か)り 사냥	□ 官(かん) 관, 관리, 관직
□ 癌(がん) 암	□ 兆(きざ)し 조짐, 징조 N1읽기	□ 絆(きずな) 정, 인연, 유대, 고삐
□ 茎(くき) 줄기	□ 管(くだ) 관, 대롱	□ 靴(くつ) 구두
□ 熊(くま) 곰	□ 蔵(くら) 곳간, 창고	□ 企(くわだ)て 기획, 계획
□ 刑(けい) 형	□ 芸(げい) 연예, 재주	□ 汚(けが)れ 더러움(よごれ로도 읽음)
□ 獣(けもの) 짐승	□ 甲(こう) 갑	□ 志(こころざし) 뜻, 마음
□ 拘(こだわ)り 구애됨	□ 杯(さかずき) 술잔	□ 柵(さく) 울타리

□ 策(さく) 책략, 계략
□ 酸(さん) 산
□ 種(しゅ) 종, 종류, 종자
□ 芯(しん) 심, 심지
□ 膳(ぜん) 밥상, 음식상
□ 僧(そう) 승려
□ 丈(たけ) 키, 기장, 길이
□ 宙(ちゅう) 공중
□ 筒(つつ) 통, 속이 비고 긴 관
□ 翼(つばさ) 날개
□ 棟(とう) 동
□ 共(とも) 함께함, 동일, 동시
□ 謎(なぞ) 수수께끼
□ 並(なみ) 보통, 중간
□ 主(ぬし) 주인, 가장
□ 狙い(ねら) 겨냥, 목표
□ 刃(は) (칼 따위의) 날
□ 鉢(はち) 화분, 사발 N1읽기
□ 浜(はま) 호숫가, 바닷가
□ 非(ひ) 잘못 N1문규
□ 暇(ひま) 틈, 짬
□ 房(ふさ) (여러 가닥의 실로 만든) 술
□ 札(ふだ) 표찰, 표
□ 頬(ほお) 볼
□ 膜(まく) 막
□ 股(また) 가랑이

□ 様(さま) 모양, 상태, 모습
□ 潮(しお) 조수, 밀물, 썰물, 바닷물
□ 衆(しゅう) 많은 사람
□ 末(すえ) 말, 사물의 끝
□ 禅(ぜん) 선
□ 隊(たい) 부대
□ 盾(たて) 방패
□ 腸(ちょう) 창자
□ 集い(つど) 모임, 회합
□ 露(つゆ) 이슬
□ 胴(どう) 몸통, 몸의 중앙부
□ 苗(なえ) 모종 N1읽기
□ 鍋(なべ) 냄비
□ 賑わい(にぎ) 흥청거림, 번화함
□ 沼(ぬま) 늪
□ 念(ねん) 생각, 마음, 주의함
□ 肺(はい) 폐
□ 罰(ばつ) 벌
□ 班(はん) 반, 조
□ 碑(ひ) 비, 비석, 비문
□ 票(ひょう) 표, 명찰, 쪽지
□ 節(ふし) 마디, 관절
□ 縁(ふち) 가장자리, 테두리
□ 蛍(ほたる) 개똥벌레, 반디
□ 枕(まくら) 베개
□ 眉(まゆ) 눈썹

□ 侍(さむらい) 무사
□ 軸(じく) 축, 굴대
□ 印(しるし) 표, 표시, 표지
□ 勧め(すす) 권장, 장려
□ 相(そう) 상, 모습
□ 類(たぐい) 같은 부류, 종류
□ 魂(たましい) 영혼
□ 対(つい) 쌍
□ 角(つの) 뿔
□ 強み(つよ) 강점, 장점 N1문규
□ 扉(とびら) 문
□ 情け(なさ) 정, 인정
□ 鉛(なまり) 납
□ 尿(にょう) 오줌, 소변
□ 音(ね) 소리
□ 延(のべ) 연, 총계
□ 恥(はじ) 부끄러움, 수치, 치욕, 창피
□ 果て(は) 끝, 말로
□ 判(はん) 도장
□ 膝(ひざ) 무릎
□ 封(ふう) 봉함
□ 蓋(ふた) 뚜껑
□ 穂(ほ) 이삭
□ 掘り(ほ) 도랑
□ 誠(まこと) 진실, 사실, 진심
□ 幹(みき) 나무의 줄기

□ 溝(みぞ) 개천, 둑, 장벽	□ 源(みなもと) 수원, 기원, 근원 N1읽기	□ 峰(みね) 봉우리
□ 脈(みゃく) 맥, 맥박	□ 婿(むこ) 사위	□ 群れ(む) 떼, 무리
□ 雌(めす) 동물의 암컷	□ 喪(も) 상, 상중	□ 専ら(もっぱ) 오로지, 한결같이 N1문규
□ 矢(や) 화살	□ 館(やかた) 귀인의 저택, 숙소	□ 闇(やみ) 어둠
□ 優(ゆう) 남보다 뛰어남, (성적) 우	□ 弓(ゆみ) 활	□ 欲(よく) 욕심
□ 脇(わき) 겨드랑이	□ 枠(わく) 틀 N1읽기	□ 技(わざ) 기술 N1읽기

[2] 한자 2자로 된 명사

「格別(かくべつ)(각별)·過剰(かじょう)(과잉)」등과 같이 명사로도, な형용사로도 쓰이는 것도 있으므로 주의하세요.

あ

□ 哀歓(あいかん) 애환	□ 愛嬌(あいきょう) 애교	□ 愛顧(あいこ) 애고(아끼고 돌보아 줌)
□ 挨拶(あいさつ) 인사	□ 愛惜(あいせき) 애석, 소중히 하고 아낌	□ 合席(あいせき) 합석, 동석
□ 愛想(あいそう) 붙임성, 정나미(あいそ라고도 읽음) N1문규		□ 間柄(あいだがら) 관계, 사이
□ 相手(あいて) 상대 N1교체	□ 合間(あいま) 틈, 짬	□ 悪事(あくじ) 나쁜 짓, 악행
□ 握手(あくしゅ) 악수	□ 悪癖(あくへき) 나쁜 버릇 N1읽기	□ 悪化(あっか) 악화
□ 斡旋(あっせん) 알선, 주선	□ 圧倒(あっとう) 압도 N1문규	□ 圧迫(あっぱく) 압박 N1문규
□ 跡地(あとち) 철거지, 부지 N1읽기	□ 油絵(あぶらえ) 유화	□ 雨具(あまぐ) 우비, 우장
□ 有様(ありさま) 꼴, 모양, 상태	□ 行脚(あんぎゃ) (도보) 여행	□ 暗殺(あんさつ) 암살
□ 暗算(あんざん) 암산	□ 暗示(あんじ) 암시	□ 安静(あんせい) 안정 N1문규·용법
□ 暗黙(あんもく) 암묵	□ 家柄(いえがら) 집안, 가문	□ 家路(いえじ) (집으로의) 귀로, 귀가
□ 家出(いえで) 가출	□ 威嚇(いかく) 위협	□ 遺憾(いかん) 유감
□ 意義(いぎ) 의의	□ 異議(いぎ) 이의	□ 依拠(いきょ) 의거
□ 育成(いくせい) 육성	□ 幾多(いくた) 많음, 다수	□ 異見(いけん) 이견
□ 威厳(いげん) 위엄	□ 意向(いこう) 의향	□ 異彩(いさい) 이채

□ 意思(いし) 의지, 의사	□ 意志(いし) 의지, 의사	□ 維持(いじ) 유지
□ 意地(いじ) 고집 N1용법	□ 移住(いじゅう) 이주	□ 萎縮(いしゅく) 위축
□ 意匠(いしょう) 궁리, 디자인	□ 衣装(いしょう) 의상	□ 異色(いしょく) 이색 N1문규
□ 移植(いしょく) 이식	□ 椅子(いす) 의자	□ 遺跡(いせき) 유적 N1읽기
□ 依存(いそん) 의존(いぞん으로도 읽음)	□ 委託(いたく) 위탁	□ 異端(いたん) 이단
□ 一任(いちにん) 일임 N1문규	□ 一目(いちもく) 한번 봄, 슬쩍 봄	□ 一躍(いちやく) 일약
□ 一様(いちよう) 똑같음, 한결같음	□ 一律(いちりつ) 일률 N1용법	□ 一連(いちれん) 일련 N1문규
□ 一括(いっかつ) 일괄	□ 一環(いっかん) 일환 N1문규	□ 一気(いっき) 한 번의 호흡, 단숨
□ 一挙(いっきょ) 일거, 한 번의 행동	□ 一顧(いっこ) 일고	□ 逸材(いつざい) (뛰어난) 인재 N1문규
□ 一切(いっさい) 일체, 모두, 전부	□ 一蹴(いっしゅう) 일축	□ 一色(いっしょく) 일색, ~뿐임
□ 一帯(いったい) 일대	□ 逸脱(いつだつ) 일탈	□ 一途(いっと) 한 가지 길, 일로
□ 逸品(いっぴん) 일품, 걸작품	□ 一服(いっぷく) 잠깐 쉼	□ 一変(いっぺん) 일변, 완전히 바뀜
□ 意図(いと) 의도	□ 糸口(いとぐち) 실마리, 단서 N1유의	□ 稲光(いなびかり) 번개(= 稲妻(いなずま))
□ 遺物(いぶつ) 유물	□ 依頼(いらい) 의뢰	□ 医療(いりょう) 의료
□ 威力(いりょく) 위력	□ 衣類(いるい) 의류	□ 因果(いんが) 인과
□ 印鑑(いんかん) 인감	□ 隠居(いんきょ) 은거	□ 咽喉(いんこう) 인후, 목, 목구멍
□ 隠匿(いんとく) 은닉	□ 因縁(いんねん) 인연	□ 隠蔽(いんぺい) 은폐
□ 陰謀(いんぼう) 음모	□ 引用(いんよう) 인용	□ 内訳(うちわけ) 내역
□ 腕前(うでまえ) 솜씨, 기량 N1문규	□ 裏腹(うらはら) 정반대 N1용법	□ 浮気(うわき) 바람기
□ 運営(うんえい) 운영	□ 運行(うんこう) 운행	□ 運賃(うんちん) 운임
□ 云々(うんぬん) 운운	□ 運搬(うんぱん) 운반	□ 運輸(うんゆ) 운수
□ 営為(えいい) 영위	□ 影響(えいきょう) 영향	□ 衛星(えいせい) 위성
□ 英雄(えいゆう) 영웅	□ 会釈(えしゃく) 가볍게 인사함	□ 閲覧(えつらん) 열람 N1읽기
□ 会得(えとく) 터득	□ 獲物(えもの) 사냥감	□ 遠隔(えんかく) 원격
□ 縁側(えんがわ) 툇마루	□ 沿岸(えんがん) 연안	□ 延期(えんき) 연기
□ 縁起(えんぎ) 재수, 운수	□ 援助(えんじょ) 원조	□ 遠征(えんせい) 원정

□ 沿線(えんせん) 연선
□ 縁談(えんだん) 혼담
□ 遠慮(えんりょ) 사양
□ 応援(おうえん) 응원
□ 横行(おうこう) 횡행, 활개침
□ 黄金(おうごん) 황금
□ 往診(おうしん) 왕진
□ 往復(おうふく) 왕복
□ 応募(おうぼ) 응모
□ 往来(おうらい) 왕래, 도로
□ 大口(おおぐち) 큰 입, 큰소리, 거액
□ 大筋(おおすじ) 대강, 요점 N1문규
□ 大損(おおぞん) 큰 손해
□ 大台(おおだい) 대, 선
□ 汚職(おしょく) 독직, 공직자의 비리
□ 汚辱(おじょく) 오욕, 수치
□ 汚染(おせん) 오염
□ 面影(おもかげ) 모습, 면모
□ 恩恵(おんけい) 은혜
□ 温床(おんしょう) 온상

か

□ 改悪(かいあく) 개악(고쳐서 도리어 나빠지게 함)
□ 海運(かいうん) 해운
□ 外貨(がいか) 외화
□ 改革(かいかく) 개혁 N1읽기
□ 貝殻(かいがら) 조개껍데기 N1읽기
□ 外観(がいかん) 외관
□ 回帰(かいき) 회귀
□ 階級(かいきゅう) 계급
□ 海峡(かいきょう) 해협 N1읽기
□ 回顧(かいこ) 회고
□ 介護(かいご) 간호 N1읽기
□ 悔恨(かいこん) 회한, 뉘우침
□ 介在(かいざい) 개재
□ 開始(かいし) 개시
□ 改修(かいしゅう) 개수 N1문규
□ 怪獣(かいじゅう) 괴수 N1읽기
□ 解除(かいじょ) 해제
□ 会心(かいしん) 회심 N1문규
□ 概説(がいせつ) 개설 N1문규
□ 階層(かいそう) 계층
□ 回想(かいそう) 회상 N1교체
□ 開拓(かいたく) 개척 N1읽기
□ 階段(かいだん) 계단
□ 慨嘆(がいたん) 개탄
□ 改築(かいちく) 개축
□ 海中(かいちゅう) 바다 속
□ 懐中(かいちゅう) 회중, 주머니 속
□ 回虫(かいちゅう) 회충
□ 害虫(がいちゅう) 해충
□ 改訂(かいてい) 개정
□ 該当(がいとう) 해당 N1문규
□ 介入(かいにゅう) 개입 N1문규
□ 概念(がいねん) 개념 N1문규
□ 外泊(がいはく) 외박
□ 海抜(かいばつ) 해발
□ 回避(かいひ) 회피
□ 回復(かいふく) 회복
□ 解剖(かいぼう) 해부
□ 開幕(かいまく) 개막
□ 皆無(かいむ) 전무
□ 概要(がいよう) 개요
□ 外来(がいらい) 외래
□ 回覧(かいらん) 회람
□ 概略(がいりゃく) 개략 N1읽기
□ 海流(かいりゅう) 해류
□ 課外(かがい) 과외
□ 瓦解(がかい) 와해
□ 画一(かくいつ) 획일
□ 架空(かくう) 가공
□ 学芸(がくげい) 학예
□ 格差(かくさ) 격차 N1읽기

□ 拡散(かくさん) 확산	□ 学識(がくしき) 학식	□ 確執(かくしつ) 불화
□ 覚者(かくしゃ) 부처, 깨달은 이	□ 各種(かくしゅ) 각종 N1읽기	□ 隔週(かくしゅう) 격주
□ 核心(かくしん) 핵심 N1읽기	□ 革新(かくしん) 혁신 N1문규	□ 確信(かくしん) 확신
□ 覚醒(かくせい) 각성	□ 学説(がくせつ) 학설	□ 格段(かくだん) 현격함 N1교체
□ 拡張(かくちょう) 확장	□ 確定(かくてい) 확정	□ 獲得(かくとく) 획득
□ 楽譜(がくふ) 악보	□ 格別(かくべつ) 각별함	□ 確保(かくほ) 확보 N1문규
□ 革命(かくめい) 혁명	□ 神楽(かぐら) 신에게 바치는 무악	□ 隔離(かくり) 격리
□ 確立(かくりつ) 확립	□ 家計(かけい) 가계	□ 可決(かけつ) 가결 N1문규
□ 加護(かご) 가호	□ 加工(かこう) 가공 N1문규	□ 過言(かごん) 과언
□ 加算(かさん) 가산	□ 過剰(かじょう) 과잉	□ 仮説(かせつ) 가설
□ 化繊(かせん) 화학섬유	□ 過疎(かそ) 과소, 지나치게 성김 N1문규	□ 家族(かぞく) 가족
□ 課題(かだい) 과제	□ 片言(かたこと) 한마디의 말, 서투른 말씨	□ 花壇(かだん) 화단, 꽃밭 N1읽기
□ 画壇(がだん) 화단	□ 家畜(かちく) 가축	□ 割愛(かつあい) 할애, 생략
□ 喝采(かっさい) 갈채	□ 合唱(がっしょう) 합창	□ 合奏(がっそう) 합주
□ 合致(がっち) 합치, 일치 N1용법	□ 合点(がってん) 납득, 수긍	□ 葛藤(かっとう) 갈등
□ 合併(がっぺい) 합병 N1읽기	□ 活躍(かつやく) 활약	□ 過程(かてい) 과정
□ 過度(かど) 과도	□ 稼働(かどう) 가동(稼動으로도 씀) N1문규	□ 株価(かぶか) 주가
□ 株式(かぶしき) 주식	□ 花粉(かふん) 꽃가루	□ 貨幣(かへい) 화폐
□ 我慢(がまん) 참음, 자제	□ 加味(かみ) 맛을 더함, 덧붙임 N1용법	□ 過密(かみつ) 과밀 N1문규·용법
□ 蚊帳(かや) 모기장	□ 過労(かろう) 과로 N1문규	□ 勘案(かんあん) 감안
□ 眼科(がんか) 안과	□ 感慨(かんがい) 감개	□ 喚起(かんき) 환기
□ 眼球(がんきゅう) 안구, 눈알	□ 環境(かんきょう) 환경	□ 完結(かんけつ) 완결 N1문규
□ 換言(かんげん) 환언	□ 還元(かんげん) 환원 N1용법	□ 看護(かんご) 간호
□ 刊行(かんこう) 간행	□ 慣行(かんこう) 관행	□ 勧告(かんこく) 권고
□ 監獄(かんごく) 감옥	□ 監査(かんさ) 감사	□ 換算(かんさん) 환산
□ 監視(かんし) 감시	□ 患者(かんじゃ) 환자	□ 甘受(かんじゅ) 감수

☐ 慣習(かんしゅう) 관습	☐ 観衆(かんしゅう) 관중	☐ 完熟(かんじゅく) 완숙
☐ 願書(がんしょ) 원서	☐ 干渉(かんしょう) 간섭 N1읽기	☐ 感傷(かんしょう) 감상
☐ 勧奨(かんしょう) 권장	☐ 鑑賞(かんしょう) 감상	☐ 勘定(かんじょう) 계산
☐ 感触(かんしょく) 감촉	☐ 歓心(かんしん) 환심	☐ 完成(かんせい) 완성
☐ 歓声(かんせい) 환성	☐ 関税(かんぜい) 관세	☐ 岩石(がんせき) 암석
☐ 感染(かんせん) 감염	☐ 含蓄(がんちく) 함축	☐ 鑑定(かんてい) 감정 N1읽기
☐ 貫徹(かんてつ) 관철	☐ 観点(かんてん) 관점	☐ 感度(かんど) 감도
☐ 感動(かんどう) 감동	☐ 勘当(かんどう) 의절	☐ 監督(かんとく) 감독
☐ 元年(がんねん) 원년	☐ 看破(かんぱ) 간파	☐ 完備(かんび) 완비
☐ 幹部(かんぶ) 간부	☐ 勘弁(かんべん) 용서함	☐ 感銘(かんめい) 감명(肝銘(かんめい)라고도 씀)
☐ 関与(かんよ) 관여 N1문규	☐ 慣用(かんよう) 관용(습관적으로 자주 씀)	☐ 寛容(かんよう) 관용, 너그러움
☐ 観覧(かんらん) 관람	☐ 官僚(かんりょう) 관료	☐ 感涙(かんるい) 감격의 눈물
☐ 慣例(かんれい) 관례	☐ 還暦(かんれき) 환갑	☐ 緩和(かんわ) 완화 N1읽기
☐ 議案(ぎあん) 의안	☐ 起因(きいん) 기인	☐ 帰依(きえ) 귀의
☐ 機縁(きえん) 인연, 계기	☐ 機会(きかい) 기회	☐ 気概(きがい) 기개
☐ 危害(きがい) 위해 N1문규	☐ 規格(きかく) 규격 N1문규	☐ 企画(きかく) 기획
☐ 季刊(きかん) 계간	☐ 器官(きかん) (호흡·소화 등의) 기관	☐ 帰京(ききょう) 귀경
☐ 企業(きぎょう) 기업	☐ 戯曲(ぎきょく) 희곡(=ドラマ) N1읽기	☐ 基金(ききん) 기금
☐ 喜劇(きげき) 희극	☐ 帰結(きけつ) 귀결	☐ 議決(ぎけつ) 의결
☐ 棄権(きけん) 기권 N1문규	☐ 起源(きげん) 기원	☐ 機嫌(きげん) 기분
☐ 危惧(きぐ) 위구, 두려워함	☐ 機構(きこう) (조직의) 기구	☐ 気心(きごころ) 본래의 성질이나 생각
☐ 既婚(きこん) 기혼 N1읽기	☐ 記載(きさい) 기재(적어 넣음)	☐ 機材(きざい) 기재(기계와 자재)
☐ 器材(きざい) 기재(기구와 재료)	☐ 疑似(ぎじ) 의사, 유사	☐ 気質(きしつ) 기질, 성향
☐ 期日(きじつ) 기일	☐ 記述(きじゅつ) 기술	☐ 基準(きじゅん) 기준
☐ 気象(きしょう) 기상	☐ 偽証(ぎしょう) 위증	☐ 傷跡(きずあと) 상처 자국
☐ 既成(きせい) 기성	☐ 規制(きせい) 규제 N1용법	☐ 帰省(きせい) 귀성

- □ 犠牲 ぎせい 희생
- □ 奇跡 きせき 기적
- □ 軌跡 きせき 행적
- □ 基礎 きそ 기초
- □ 寄贈 きぞう 기증(きそう로도 읽음)
- □ 偽造 ぎぞう 위조 N1읽기
- □ 貴族 きぞく 귀족
- □ 帰属 きぞく 귀속
- □ 既存 きぞん 기존
- □ 期待 きたい 기대
- □ 議題 ぎだい 의제
- □ 既知 きち 기지, 이미 알고 있음
- □ 喫煙 きつえん 흡연
- □ 詰問 きつもん 힐문, 따져 물음
- □ 規定 きてい 규정
- □ 基底 きてい 기저, 밑바닥
- □ 起点 きてん 기점
- □ 起動 きどう 기동
- □ 軌道 きどう 궤도 N1용법
- □ 危篤 きとく 위독, 중태
- □ 祈念 きねん 기원
- □ 技能 ぎのう 기능(기술적인 재능)
- □ 気迫 きはく 기백
- □ 規範 きはん 규범 N1문규
- □ 基盤 きばん 기반
- □ 忌避 きひ 기피
- □ 気品 きひん 기품 N1문규
- □ 機微 きび 기미, 미묘한 사정
- □ 気風 きふう 기풍
- □ 起伏 きふく 기복 N1문규
- □ 規模 きぼ 규모 N1유의
- □ 期末 きまつ 기말
- □ 疑問 ぎもん 의문
- □ 規約 きやく 규약
- □ 脚色 きゃくしょく 각색
- □ 逆接 ぎゃくせつ 역접
- □ 虐待 ぎゃくたい 학대
- □ 逆転 ぎゃくてん 역전
- □ 逆流 ぎゃくりゅう 역류
- □ 客観 きゃっかん 객관
- □ 逆境 ぎゃっきょう 역경
- □ 脚光 きゃっこう 각광
- □ 救援 きゅうえん 구원 N1읽기
- □ 究極 きゅうきょく 궁극
- □ 球根 きゅうこん 구근, 알뿌리
- □ 救済 きゅうさい 구제
- □ 給仕 きゅうじ 급사, 사환
- □ 給食 きゅうしょく 급식
- □ 急性 きゅうせい 급성
- □ 休戦 きゅうせん 휴전
- □ 糾弾 きゅうだん 규탄
- □ 宮殿 きゅうでん 궁전
- □ 旧弊 きゅうへい 구습에서 오는 폐단, 생각이 고루함
- □ 急変 きゅうへん 급변
- □ 窮乏 きゅうぼう 궁핍
- □ 急務 きゅうむ 급선무, 급한 일
- □ 究明 きゅうめい 구명 N1문규
- □ 丘陵 きゅうりょう 구릉
- □ 寄与 きよ 기여 N1문규
- □ 脅威 きょうい 위협
- □ 驚異 きょうい 경이
- □ 教科 きょうか 교과
- □ 境界 きょうかい 경계
- □ 協会 きょうかい 협회
- □ 協議 きょうぎ 협의
- □ 境遇 きょうぐう 경우
- □ 教訓 きょうくん 교훈 N1문규
- □ 凝固 ぎょうこ 응고
- □ 強行 きょうこう 강행
- □ 競合 きょうごう 경합
- □ 凶作 きょうさく 흉작, 흉년
- □ 凝視 ぎょうし 응시
- □ 業者 ぎょうしゃ 업자
- □ 享受 きょうじゅ 향수, 누림
- □ 業種 ぎょうしゅ 업종
- □ 教習 きょうしゅう 교습
- □ 郷愁 きょうしゅう 향수(고향을 그리는 마음)
- □ 恐縮 きょうしゅく 죄송스럽게 여김

□ 凝縮(ぎょうしゅく) 응축, 압축, 응결 N1읽기	□ 供述(きょうじゅつ) 공술	□ 教職(きょうしょく) 교직
□ 強制(きょうせい) 강제 N1문규	□ 矯正(きょうせい) 교정	□ 行政(ぎょうせい) 행정
□ 競争(きょうそう) 경쟁 N1유의	□ 形相(ぎょうそう) 안색, 표정	□ 共存(きょうそん) 공존(きょうぞん으로도 읽음)
□ 驚嘆(きょうたん) 경탄	□ 境地(きょうち) 경지	□ 協調(きょうちょう) 협조
□ 共通(きょうつう) 공통	□ 協定(きょうてい) 협정	□ 仰天(ぎょうてん) 몹시 놀람 N1유의
□ 郷土(きょうど) 향토	□ 脅迫(きょうはく) 협박	□ 業務(ぎょうむ) 업무
□ 共鳴(きょうめい) 공명, 공감함 N1읽기	□ 共有(きょうゆう) 공유	□ 供与(きょうよ) 공여, 제공
□ 教養(きょうよう) 교양	□ 虚偽(きょぎ) 허위	□ 局限(きょくげん) 국한
□ 極限(きょくげん) 극한	□ 曲折(きょくせつ) 곡절	□ 挙行(きょこう) 거행
□ 虚構(きょこう) 허구	□ 挙式(きょしき) 거식, 결혼식을 올림	□ 居住(きょじゅう) 거주
□ 巨匠(きょしょう) 거장	□ 拒絶(きょぜつ) 거절	□ 漁船(ぎょせん) 어선
□ 漁村(ぎょそん) 어촌	□ 拠点(きょてん) 거점	□ 拒否(きょひ) 거부 N1읽기
□ 許容(きょよう) 허용	□ 巨利(きょり) 큰 이익	□ 義理(ぎり) 의리
□ 気流(きりゅう) 기류	□ 器量(きりょう) 기량	□ 疑惑(ぎわく) 의혹
□ 近眼(きんがん) 근시	□ 近郊(きんこう) 근교	□ 均衡(きんこう) 균형
□ 筋骨(きんこつ) 근골, 체격	□ 僅差(きんさ) 근소한 차이	□ 緊縮(きんしゅく) 긴축
□ 近接(きんせつ) 근접	□ 緊張(きんちょう) 긴장	□ 近年(きんねん) 근년, 근래
□ 緊迫(きんぱく) 긴박	□ 勤勉(きんべん) 근면	□ 吟味(ぎんみ) 음미 N1읽기
□ 禁物(きんもつ) 금물 N1용법	□ 勤労(きんろう) 근로	□ 偶然(ぐうぜん) 우연
□ 偶像(ぐうぞう) 우상	□ 空腹(くうふく) 공복	□ 苦境(くきょう) 괴로운 처지 N1문규
□ 草花(くさばな) 화초 N1읽기	□ 駆使(くし) 구사 N1문규	□ 苦渋(くじゅう) 고뇌, 괴로움
□ 駆除(くじょ) 구제	□ 苦情(くじょう) 불평, 불만 N1교체	□ 苦戦(くせん) 고전
□ 愚痴(ぐち) 푸념, 게정	□ 駆逐(くちく) 구축	□ 口癖(くちぐせ) 입버릇
□ 屈辱(くつじょく) 굴욕	□ 屈折(くっせつ) 굴절	□ 功徳(くどく) 공덕
□ 苦悩(くのう) 고뇌	□ 苦杯(くはい) 고배, 쓴 잔, 쓰라린 경험	□ 工面(くめん) 변통, 주머니 사정 N1용법
□ 暗闇(くらやみ) 어둠, 어두운 곳	□ 玄人(くろうと) 숙련자	□ 軍艦(ぐんかん) 군함

- □ 群衆(ぐんしゅう) 군중 N1읽기
- □ 群集(ぐんしゅう) 군집
- □ 軍縮(ぐんしゅく) 군축, 군비 축소
- □ 訓練(くんれん) 훈련
- □ 君臨(くんりん) 군림
- □ 経緯(けいい) 경위 N1용법
- □ 経営(けいえい) 경영
- □ 経過(けいか) 경과
- □ 警戒(けいかい) 경계
- □ 計画(けいかく) 계획 N1유의
- □ 契機(けいき) 계기 N1읽기
- □ 軽減(けいげん) 경감
- □ 警護(けいご) 경호
- □ 傾向(けいこう) 경향
- □ 携行(けいこう) 휴대
- □ 迎合(げいごう) 영합
- □ 警告(けいこく) 경고
- □ 軽視(けいし) 경시
- □ 啓示(けいじ) 계시
- □ 傾斜(けいしゃ) 경사 N1읽기
- □ 形象(けいしょう) 형상
- □ 継承(けいしょう) 계승
- □ 警鐘(けいしょう) 경종
- □ 形成(けいせい) 형성
- □ 形勢(けいせい) 형세 N1문규
- □ 形跡(けいせき) 흔적, 자취
- □ 軽装(けいそう) 경장, 간편한 옷차림
- □ 形態(けいたい) 형태
- □ 携帯(けいたい) 휴대
- □ 境内(けいだい) (신사·절의) 경내
- □ 傾倒(けいとう) 심취함, 힘을 기울임
- □ 啓発(けいはつ) 계발
- □ 刑罰(けいばつ) 형벌
- □ 系譜(けいふ) 계보
- □ 警部(けいぶ) 경부(우리 나라의 경장에 상당)
- □ 契約(けいやく) 계약 N1읽기
- □ 計略(けいりゃく) 계략
- □ 経歴(けいれき) 경력
- □ 激減(げきげん) 격감, 급감
- □ 劇団(げきだん) 극단
- □ 撃墜(げきつい) 격추
- □ 激怒(げきど) 격노
- □ 決意(けつい) 결의
- □ 結果(けっか) 결과
- □ 結核(けっかく) 결핵
- □ 欠陥(けっかん) 결함
- □ 血管(けっかん) 혈관
- □ 決議(けつぎ) 결의
- □ 欠勤(けっきん) 결근
- □ 結合(けつごう) 결합
- □ 決行(けっこう) 결행
- □ 傑作(けっさく) 걸작
- □ 月謝(げっしゃ) 월사(금), 사례금
- □ 欠如(けつじょ) 결여 N1용법
- □ 決勝(けっしょう) 결승
- □ 結晶(けっしょう) (눈이나 땀의) 결정
- □ 結成(けっせい) 결성
- □ 結束(けっそく) 결속 N1문규
- □ 決断(けつだん) 결단
- □ 月賦(げっぷ) 월부
- □ 結末(けつまつ) 결말
- □ 懸念(けねん) 불안, 걱정
- □ 気配(けはい) 낌새 N1용법
- □ 家来(けらい) 가신, 하인, 부하
- □ 下痢(げり) 설사
- □ 険悪(けんあく) 험악
- □ 権威(けんい) 권위 N1문규
- □ 嫌悪(けんお) 혐오
- □ 限界(げんかい) 한계
- □ 懸隔(けんかく) 동떨어져 있음
- □ 言及(げんきゅう) 언급
- □ 検挙(けんきょ) 검거
- □ 兼業(けんぎょう) 겸업
- □ 厳禁(げんきん) 엄금
- □ 権限(けんげん) 권한
- □ 顕現(けんげん) 명백하게 나타남
- □ 現行(げんこう) 현행
- □ 健在(けんざい) 건재

□ 検索(けんさく) 검색	□ 原作(げんさく) 원작	□ 検察(けんさつ) 검찰
□ 検事(けんじ) 검사	□ 見識(けんしき) 견식	□ 厳守(げんしゅ) 엄수
□ 元首(げんしゅ) 원수, 국가 원수	□ 検証(けんしょう) 검증	□ 健勝(けんしょう) 건승
□ 懸賞(けんしょう) 현상(상금이나 상품을 내걸음)	□ 謙譲(けんじょう) 겸양	□ 厳選(げんせん) 엄선
□ 源泉(げんせん) 원천	□ 現前(げんぜん) 눈앞, 목전	□ 元素(げんそ) 원소
□ 幻想(げんそう) 환상	□ 現像(げんぞう) (필름 등) 현상	□ 減速(げんそく) 감속
□ 原則(げんそく) 원칙	□ 見地(けんち) 견지	□ 検定(けんてい) 검정
□ 減点(げんてん) 감점	□ 原典(げんてん) 원전	□ 原点(げんてん) 원점
□ 検討(けんとう) 검토	□ 健闘(けんとう) 건투	□ 原爆(げんばく) 원폭, 원자폭탄
□ 原文(げんぶん) 원문	□ 懸命(けんめい) 필사적임	□ 幻滅(げんめつ) 환멸
□ 倹約(けんやく) 검약	□ 原油(げんゆ) 원유	□ 兼用(けんよう) 겸용
□ 権力(けんりょく) 권력	□ 言論(げんろん) 언론	□ 故意(こい) 고의
□ 語彙(ごい) 어휘	□ 合意(ごうい) 합의(서로의 의사가 일치함) N1문규	□ 交易(こうえき) 교역
□ 公演(こうえん) 공연	□ 後援(こうえん) 후원	□ 講演(こうえん) 강연
□ 好悪(こうお) 호오	□ 効果(こうか) 효과	□ 航海(こうかい) 항해
□ 後悔(こうかい) 후회	□ 交換(こうかん) 교환	□ 抗議(こうぎ) 항의 N1문규
□ 合議(ごうぎ) 합의(모여서 의논함)	□ 恒久(こうきゅう) 항구, 영구	□ 皇居(こうきょ) 황거
□ 好況(こうきょう) 호황	□ 鉱業(こうぎょう) 광업	□ 興業(こうぎょう) 흥업(새로이 사업을 일으킴)
□ 攻撃(こうげき) 공격	□ 貢献(こうけん) 공헌	□ 高原(こうげん) 고원
□ 交錯(こうさく) 교착	□ 耕作(こうさく) 경작	□ 工作(こうさく) 공작
□ 格子(こうし) 격자	□ 講習(こうしゅう) 강습	□ 口述(こうじゅつ) 구술
□ 控除(こうじょ) 공제	□ 交渉(こうしょう) 교섭 N1문규	□ 向上(こうじょう) 향상 N1문규
□ 恒常(こうじょう) 항상	□ 更新(こうしん) 갱신	□ 行進(こうしん) 행진
□ 洪水(こうずい) 홍수	□ 攻勢(こうせい) 공세	□ 構成(こうせい) 구성
□ 合成(ごうせい) 합성	□ 巧拙(こうせつ) 잘 하고 못함	□ 公然(こうぜん) 공공연함
□ 構想(こうそう) 구상	□ 抗争(こうそう) 항쟁	□ 拘束(こうそく) 구속

□ 交代(こうたい) 교대	□ 後退(こうたい) 후퇴	□ 光沢(こうたく) 광택
□ 構築(こうちく) 구축	□ 硬直(こうちょく) 경직	□ 高低(こうてい) 고저
□ 肯定(こうてい) 긍정	□ 拘泥(こうでい) 구애	□ 豪邸(ごうてい) 대저택
□ 口頭(こうとう) 구두, 입으로 말함	□ 講読(こうどく) 강독	□ 購読(こうどく) 구독
□ 荒廃(こうはい) 황폐	□ 購買(こうばい) 구매	□ 好評(こうひょう) 호평
□ 降伏(こうふく) 항복	□ 興奮(こうふん) 흥분 N1읽기	□ 公募(こうぼ) 공모
□ 効用(こうよう) 효용	□ 行楽(こうらく) 행락 N1읽기	□ 功利(こうり) 공리
□ 効率(こうりつ) 효율	□ 交流(こうりゅう) 교류	□ 拘留(こうりゅう) 구류
□ 考慮(こうりょ) 고려 N1읽기	□ 護衛(ごえい) 호위	□ 顧客(こかく) 고객
□ 互角(ごかく) 호각 N1유의	□ 顧客(こきゃく) 고객	□ 極意(ごくい) 비법, 가장 심오한 경지
□ 酷使(こくし) 혹사	□ 酷似(こくじ) 매우 닮음	□ 告訴(こくそ) 고소
□ 克服(こくふく) 극복	□ 国防(こくぼう) 국방	□ 国有(こくゆう) 국유
□ 極楽(ごくらく) 극락	□ 国連(こくれん) 국제연합, 유엔	□ 心地(ここち) 기분, 마음
□ 誤差(ごさ) 오차	□ 誇示(こじ) 과시	□ 孤児(こじ) 고아
□ 固執(こしゅう) 고집(こしつ)라고도 함	□ 故障(こしょう) 고장	□ 戸籍(こせき) 호적
□ 小銭(こぜに) 잔돈 N1읽기	□ 誇張(こちょう) 과장 N1문규·유의	□ 国交(こっこう) 국교
□ 事柄(ことがら) 사항, 일, 사물의 형편, 사정	□ 孤独(こどく) 고독	□ 粉々(こなごな) 산산이 부서짐, 산산조각
□ 小幅(こはば) 소폭	□ 碁盤(ごばん) 바둑판	□ 鼓舞(こぶ) 고무, 북돋음
□ 古墳(こふん) 고분	□ 固有(こゆう) 고유	□ 雇用(こよう) 고용 N1읽기
□ 古来(こらい) 고래, 예로부터	□ 孤立(こりつ) 고립 N1문규	□ 顧慮(こりょ) 고려
□ 根拠(こんきょ) 근거 N1읽기	□ 混血(こんけつ) 혼혈	□ 根源(こんげん) 근원
□ 昏睡(こんすい) 혼수(상태)	□ 献立(こんだて) 식단, 메뉴	□ 魂胆(こんたん) 속셈
□ 懇談(こんだん) 간담	□ 昆虫(こんちゅう) 곤충	□ 根底(こんてい) 근저 N1읽기
□ 混同(こんどう) 혼동	□ 根本(こんぽん) 근본	□ 混乱(こんらん) 혼란
□ 建立(こんりゅう) (절·당탑을) 건립함	□ 困惑(こんわく) 난처하여 당황함	

□ 災害(さいがい) 재해
□ 才覚(さいかく) 재치, 기지
□ 細菌(さいきん) 세균
□ 細工(さいく) 세공
□ 採掘(さいくつ) 채굴
□ 採決(さいけつ) 채결
□ 歳月(さいげつ) 세월
□ 再建(さいけん) 재건
□ 再現(さいげん) 재현
□ 財源(ざいげん) 재원
□ 採算(さいさん) 채산
□ 採取(さいしゅ) 채취
□ 採集(さいしゅう) 채집
□ 在職(ざいしょく) 재직
□ 細心(さいしん) 세심 N1용법
□ 財政(ざいせい) 재정
□ 催促(さいそく) 재촉, 독촉
□ 採択(さいたく) 채택 N1읽기
□ 裁断(さいだん) 재단
□ 栽培(さいばい) 재배
□ 細部(さいぶ) 세부
□ 細胞(さいぼう) 세포
□ 催眠(さいみん) 최면
□ 債務(さいむ) 채무
□ 最良(さいりょう) 최선, 가장 좋음
□ 裁量(さいりょう) 재량
□ 差額(さがく) 차액
□ 詐欺(さぎ) 사기
□ 削減(さくげん) 삭감
□ 錯誤(さくご) 착오
□ 搾取(さくしゅ) 착취
□ 作戦(さくせん) 작전
□ 策略(さくりゃく) 책략
□ 挫折(ざせつ) 좌절
□ 雑貨(ざっか) 잡화
□ 錯覚(さっかく) 착각 N1유의
□ 殺菌(さっきん) 살균 N1읽기
□ 昨今(さっこん) 작금, 요즘
□ 冊子(さっし) 책자
□ 刷新(さっしん) 쇄신
□ 殺人(さつじん) 살인
□ 雑談(ざつだん) 잡담
□ 察知(さっち) 헤아려 앎
□ 殺到(さっとう) 쇄도, 밀려듦 N1유의
□ 雑踏(ざっとう) 붐빔 N1유의
□ 座標(ざひょう) 좌표
□ 作用(さよう) 작용
□ 酸化(さんか) 산화
□ 散開(さんかい) 산개
□ 山岳(さんがく) 산악
□ 参観(さんかん) 참관
□ 残業(ざんぎょう) 잔업
□ 残金(ざんきん) 잔금
□ 散策(さんさく) 산책
□ 惨事(さんじ) 참사
□ 産出(さんしゅつ) 산출
□ 参照(さんしょう) 참조 N1문규
□ 山積(さんせき) 산적
□ 残高(ざんだか) 잔고, 잔액
□ 参入(さんにゅう) 참가
□ 惨敗(ざんぱい) 참패(さんぱい라고도 함)
□ 桟橋(さんばし) 선창, 부두
□ 散布(さんぷ) 살포
□ 産物(さんぶつ) 산물
□ 山脈(さんみゃく) 산맥
□ 参与(さんよ) 참여
□ 散乱(さんらん) 산란, 흩어짐
□ 思案(しあん) 생각, 궁리
□ 飼育(しいく) 사육
□ 自営(じえい) 자영
□ 支援(しえん) 지원 N1유의
□ 歯科(しか) 치과
□ 自我(じが) 자아
□ 視界(しかい) 시계
□ 視覚(しかく) 시각

□ 自覚(じかく) 자각 N1문규	□ 志願(しがん) 지원	□ 時間(じかん) 시간
□ 指揮(しき) 지휘	□ 磁器(じき) 자기(도자기)	□ 磁気(じき) 자기
□ 色彩(しきさい) 색채 N1읽기	□ 事業(じぎょう) 사업	□ 資金(しきん) 자금
□ 刺激(しげき) 자극	□ 思考(しこう) 사고	□ 施工(しこう) 시공(せこう라고도 함)
□ 施行(しこう) 시행, 실제로 행함(せこう라고도 함)	□ 試行(しこう) 시행(시험삼아 행함)	□ 志向(しこう) 지향
□ 時効(じこう) (공소)시효	□ 地獄(じごく) 지옥	□ 示唆(しさ) 시사
□ 時差(じさ) 시차	□ 自在(じざい) 자재	□ 思索(しさく) 사색
□ 視察(しさつ) 시찰	□ 資産(しさん) 자산	□ 四肢(しし) 사지
□ 支持(しじ) 지지	□ 指示(しじ) 지시	□ 資質(ししつ) 자질
□ 自首(じしゅ) 자수	□ 自主(じしゅ) 자주	□ 自粛(じしゅく) 자숙
□ 死傷(ししょう) 사상(자)	□ 師匠(ししょう) 선생, 스승	□ 支障(ししょう) 지장 N1문규
□ 事象(じしょう) 현상	□ 辞職(じしょく) 사직	□ 市井(しせい) 시정, 항간
□ 施政(しせい) 시정	□ 事前(じぜん) 사전 N1유의	□ 子息(しそく) 자식
□ 持続(じぞく) 지속	□ 姿態(したい) 자태	□ 次第(しだい) 차례, 순서
□ 事態(じたい) 사태	□ 下心(したごころ) 본심, 저의, 음모	□ 下地(したじ) 준비, 기초, 소질
□ 下火(したび) 불기운이 약해짐, 한고비 지남	□ 指弾(しだん) 지탄	□ 思潮(しちょう) 사조
□ 自嘲(じちょう) 자조	□ 実家(じっか) 생가, 친정	□ 失格(しっかく) 실격
□ 質疑(しつぎ) 질의	□ 失脚(しっきゃく) 실각	□ 実況(じっきょう) 실황
□ 実刑(じっけい) 실형	□ 失言(しつげん) 실언	□ 実権(じっけん) 실권
□ 失効(しっこう) 실효	□ 執行(しっこう) 집행	□ 漆黒(しっこく) 칠흑
□ 実在(じつざい) 실재	□ 実施(じっし) 실시	□ 実質(じっしつ) 실질
□ 実情(じつじょう) 실정 N1문규	□ 叱責(しっせき) 질책	□ 失走(しっそう) 질주
□ 失踪(しっそう) 실종	□ 実態(じったい) 실태	□ 失調(しっちょう) 조화를 잃음
□ 実費(じっぴ) 실비 N1읽기	□ 質問(しつもん) 질문	□ 師弟(してい) 사제
□ 指摘(してき) 지적	□ 指導(しどう) 지도	□ 至難(しなん) 극히 어려움
□ 老舗(しにせ) 오래된 점포	□ 辞任(じにん) 사임 N1용법	□ 自腹(じばら) 자기 배, 자기 돈

☐ 司法(しほう) 사법	☐ 志望(しぼう) 지망	☐ 脂肪(しぼう) 지방
☐ 始末(しまつ) 전말, 끝, 모양	☐ 自慢(じまん) 자랑	☐ 自明(じめい) 자명
☐ 地元(じもと) 그 고장, 생활 근거지	☐ 指紋(しもん) 지문	☐ 釈明(しゃくめい) 변명, 해명 N1읽기
☐ 社交(しゃこう) 사교	☐ 謝罪(しゃざい) 사죄	☐ 射殺(しゃさつ) 사살
☐ 謝絶(しゃぜつ) 사절	☐ 遮断(しゃだん) 차단	☐ 邪魔(じゃま) 방해
☐ 斜面(しゃめん) 사면 N1읽기	☐ 砂利(じゃり) 자갈	☐ 車両(しゃりょう) 차량
☐ 秀逸(しゅういつ) 수일, 빼어나게 뛰어남	☐ 収益(しゅうえき) 수익 N1읽기	☐ 周縁(しゅうえん) 주변, 둘레
☐ 収穫(しゅうかく) 수확	☐ 修学(しゅうがく) 수학	☐ 周期(しゅうき) 주기
☐ 就業(しゅうぎょう) 취업	☐ 襲撃(しゅうげき) 습격	☐ 秀作(しゅうさく) 수작
☐ 修士(しゅうし) 석사	☐ 収支(しゅうし) 수지	☐ 重視(じゅうし) 중시
☐ 従事(じゅうじ) 종사	☐ 終日(しゅうじつ) 종일 N1용법	☐ 収集(しゅうしゅう) 수집
☐ 収縮(しゅうしゅく) 수축	☐ 習熟(しゅうじゅく) 익숙해짐	☐ 重傷(じゅうしょう) 중상
☐ 修飾(しゅうしょく) 수식	☐ 十全(じゅうぜん) 만전, 완전함	☐ 収束(しゅうそく) 수습함, 결말이 남
☐ 終息(しゅうそく) 종식	☐ 従属(じゅうぞく) 종속	☐ 渋滞(じゅうたい) 정체, 밀림
☐ 周知(しゅうち) 주지	☐ 執着(しゅうちゃく) 집착(しゅうじゃく라고도 함)	☐ 充当(じゅうとう) 충당
☐ 執念(しゅうねん) 집념	☐ 修復(しゅうふく) 수복, 복원 N1문규	☐ 重複(じゅうふく) 중복
☐ 充満(じゅうまん) 충만	☐ 収容(しゅうよう) 수용 N1문규	☐ 従来(じゅうらい) 종래 N1유의
☐ 修了(しゅうりょう) 수료	☐ 収斂(しゅうれん) 수렴	☐ 守衛(しゅえい) 수위
☐ 受給(じゅきゅう) 수급(급여나 배급을 받음)	☐ 需給(じゅきゅう) 수급(수요와 공급)	☐ 修行(しゅぎょう) 수행 N1읽기
☐ 祝賀(しゅくが) 축하	☐ 淑女(しゅくじょ) 숙녀	☐ 熟達(じゅくたつ) 숙달
☐ 熟知(じゅくち) 숙지	☐ 宿命(しゅくめい) 숙명	☐ 熟慮(じゅくりょ) 숙려, 숙고
☐ 熟練(じゅくれん) 숙련	☐ 手芸(しゅげい) 수예	☐ 主権(しゅけん) 주권
☐ 主催(しゅさい) 주최	☐ 取材(しゅざい) 취재	☐ 種子(しゅし) 종자
☐ 趣旨(しゅし) 취지 N1읽기	☐ 主軸(しゅじく) 주축	☐ 種々(しゅじゅ) 여러가지
☐ 主唱(しゅしょう) 주창	☐ 受賞(じゅしょう) 수상	☐ 守勢(しゅせい) 수세
☐ 術会(じゅつかい) 술회	☐ 出帆(しゅっぱん) 출범	☐ 出費(しゅっぴ) 출비, 지출

□ 出没(しゅつぼつ) 출몰
□ 主導(しゅどう) 주도 N1문규
□ 取得(しゅとく) 취득
□ 守備(しゅび) 수비
□ 手法(しゅほう) 수법(특히 예술 작품 표현상의 방법)
□ 趣味(しゅみ) 취미
□ 寿命(じゅみょう) 수명
□ 樹木(じゅもく) 수목 N1읽기
□ 授与(じゅよ) 수여
□ 需要(じゅよう) 수요 N1읽기
□ 受理(じゅり) 수리
□ 樹立(じゅりつ) 수립
□ 瞬間(しゅんかん) 순간
□ 循環(じゅんかん) 순환
□ 順境(じゅんきょう) 순조로운 환경
□ 瞬時(しゅんじ) 순시, 순간
□ 順応(じゅんのう) 순응(じゅんおう라고도 함)
□ 紹介(しょうかい) 소개
□ 生涯(しょうがい) 생애
□ 定規(じょうぎ) 자
□ 消去(しょうきょ) 소거
□ 状況(じょうきょう) 상황
□ 上下(じょうげ) 상하
□ 衝撃(しょうげき) 충격
□ 証言(しょうげん) 증언
□ 証拠(しょうこ) 증거 N1유의
□ 小康(しょうこう) 소강, 조금 안정됨
□ 照合(しょうごう) 조합
□ 詳細(しょうさい) 상세
□ 賞賛(しょうさん) 칭찬
□ 焼死(しょうし) 소사, 타죽음
□ 障子(しょうじ) 미닫이(문)
□ 上司(じょうし) 상사
□ 上質(じょうしつ) 고급, 질이 좋음
□ 成就(じょうじゅ) 성취
□ 詳述(しょうじゅつ) 상술, 자세하게 진술함
□ 情緒(じょうしょ) 정서(じょうちょ라고도 읽음)
□ 昇進(しょうしん) 승진 N1용법
□ 精進(しょうじん) 정진, 전념
□ 焦燥(しょうそう) 초조
□ 消息(しょうそく) 소식
□ 正体(しょうたい) 정체
□ 承諾(しょうだく) 승낙 N1읽기
□ 冗談(じょうだん) 농담
□ 象徴(しょうちょう) 상징
□ 衝動(しょうどう) 충동
□ 衝突(しょうとつ) 충돌
□ 証人(しょうにん) 증인
□ 承認(しょうにん) 승인
□ 障壁(しょうへき) 장벽
□ 情報(じょうほう) 정보
□ 照明(しょうめい) 조명
□ 消滅(しょうめつ) 소멸
□ 上陸(じょうりく) 상륙
□ 蒸留(じょうりゅう) 증류
□ 奨励(しょうれい) 장려 N1읽기
□ 除外(じょがい) 제외
□ 所行(しょぎょう) (나쁜) 소행(所業라고도 씀)
□ 処遇(しょぐう) 처우
□ 触媒(しょくばい) 촉매
□ 触発(しょくはつ) 촉발, 자극을 받음 N1유의
□ 職務(しょくむ) 직무
□ 助言(じょげん) 조언 N1유의
□ 徐行(じょこう) 서행
□ 書斎(しょさい) 서재
□ 所持(しょじ) 소지
□ 叙述(じょじゅつ) 서술
□ 処置(しょち) 조처, 조치 N1문규·용법
□ 触覚(しょっかく) 촉각
□ 所定(しょてい) 소정(정한 바)
□ 処罰(しょばつ) 처벌 N1읽기
□ 書評(しょひょう) 서평
□ 処分(しょぶん) 처분
□ 庶民(しょみん) 서민
□ 庶務(しょむ) 서무
□ 書面(しょめん) 서면
□ 処理(しょり) 처리
□ 時流(じりゅう) 시류

☐ 指令(しれい) 지령
☐ 素人(しろうと) 아마추어
☐ 代物(しろもの) 물건, 물품

☐ 仕業(しわざ) 소행, 짓 N1용법
☐ 師走(しわす) 섣달, 12월
☐ 進化(しんか) 진화

☐ 侵害(しんがい) 침해
☐ 新規(しんき) 신규
☐ 審議(しんぎ) 심의

☐ 心境(しんきょう) 심경
☐ 辛苦(しんく) 쓰라린 고생
☐ 進撃(しんげき) 진격

☐ 信仰(しんこう) 신앙
☐ 深更(しんこう) 심야, 한밤중
☐ 新興(しんこう) 신흥

☐ 進攻(しんこう) 진공, 진격
☐ 振興(しんこう) 진흥
☐ 親交(しんこう) 친교

☐ 侵攻(しんこう) 침공
☐ 新婚(しんこん) 신혼
☐ 審査(しんさ) 심사 N1읽기

☐ 震災(しんさい) 진재, 지진으로 인한 재해
☐ 辛酸(しんさん) 신산, 괴로움과 쓰라림
☐ 紳士(しんし) 신사

☐ 真実(しんじつ) 진실
☐ 真珠(しんじゅ) 진주 N1읽기
☐ 心中(しんじゅう) 동반 자살

☐ 伸縮(しんしゅく) 신축(늘이고 줄임)
☐ 進出(しんしゅつ) 진출
☐ 心情(しんじょう) 심정

☐ 侵食(しんしょく) 침식
☐ 神聖(しんせい) 신성
☐ 親善(しんぜん) 친선 N1용법

☐ 真相(しんそう) 진상
☐ 陣地(じんち) 진지
☐ 新築(しんちく) 신축(새로 지음)

☐ 進呈(しんてい) 진정, 드림 N1문규
☐ 進展(しんてん) 진전
☐ 神殿(しんでん) 신전, 신사의 본전

☐ 浸透(しんとう) 침투
☐ 侵入(しんにゅう) 침입
☐ 信任(しんにん) 신임

☐ 信念(しんねん) 신념
☐ 神秘(しんぴ) 신비
☐ 振幅(しんぷく) 진폭

☐ 進歩(しんぽ) 진보
☐ 辛抱(しんぼう) 참음, 인내 N1읽기
☐ 人脈(じんみゃく) 인맥

☐ 新薬(しんやく) 신약
☐ 心理(しんり) 심리
☐ 真理(しんり) 진리

☐ 侵略(しんりゃく) 침략
☐ 診療(しんりょう) 진료
☐ 進路(しんろ) 진로

☐ 推移(すいい) 추이
☐ 遂行(すいこう) 수행 N1읽기
☐ 炊事(すいじ) 취사

☐ 随時(ずいじ) 수시, 그때그때 N1읽기
☐ 衰弱(すいじゃく) 쇠약
☐ 推進(すいしん) 추진 N1읽기

☐ 水洗(すいせん) 수세
☐ 吹奏(すいそう) 취주
☐ 推測(すいそく) 추측 N2문규

☐ 衰退(すいたい) 쇠퇴
☐ 水田(すいでん) 수전, 수답
☐ 衰微(すいび) 쇠미, 쇠퇴하여 미약해짐

☐ 水泡(すいほう) 수포, 물거품
☐ 推理(すいり) 추리 N1읽기
☐ 崇拝(すうはい) 숭배 N1읽기

☐ 生育(せいいく) (식물의) 생육
☐ 成育(せいいく) (동물의) 성육, 자람
☐ 精鋭(せいえい) 정예

☐ 西欧(せいおう) 서구
☐ 正規(せいき) 정규
☐ 正義(せいぎ) 정의

☐ 制御(せいぎょ) 제어
☐ 政局(せいきょく) 정국
☐ 政権(せいけん) 정권

□ 制限(せいげん) 제한	□ 制裁(せいさい) 제재	□ 政策(せいさく) 정책
□ 精算(せいさん) 정산	□ 静止(せいし) 정지	□ 誠実(せいじつ) 성실
□ 静寂(せいじゃく) 정적	□ 成熟(せいじゅく) 성숙	□ 生殖(せいしょく) 생식
□ 整然(せいぜん) 정연	□ 盛装(せいそう) 성장(옷을 화려하게 차려 입음)	□ 生態(せいたい) 생태
□ 清濁(せいだく) 청탁(맑음과 흐림)	□ 制定(せいてい) 제정	□ 静的(せいてき) 정적
□ 製鉄(せいてつ) 제철	□ 整頓(せいとん) 정돈	□ 制覇(せいは) 제패
□ 征服(せいふく) 정복	□ 精密(せいみつ) 정밀	□ 税務(ぜいむ) 세무
□ 制約(せいやく) 제약	□ 整理(せいり) 정리	□ 整列(せいれつ) 정렬
□ 責務(せきむ) 책무	□ 赤面(せきめん) 얼굴을 붉힘	□ 施工(せこう) 시공(しこう라고도 함)
□ 是正(ぜせい) 시정 N1읽기	□ 絶賛(ぜっさん) 절찬, 극찬	□ 摂取(せっしゅ) 섭취 N1문규
□ 折衝(せっしょう) 절충	□ 接触(せっしょく) 접촉	□ 折衷(せっちゅう) 절충 N1읽기
□ 窃盗(せっとう) 절도	□ 絶版(ぜっぱん) 절판	□ 切望(せつぼう) 간절히 바람, 갈망
□ 絶望(ぜつぼう) 절망	□ 摂理(せつり) 섭리	□ 是認(ぜにん) 시인
□ 是非(ぜひ) 시비, 옳고 그름	□ 世論(せろん) 여론(よろん으로도 읽음)	□ 繊維(せんい) 섬유
□ 全員(ぜんいん) 전원	□ 全快(ぜんかい) 전쾌, 완쾌	□ 宣教(せんきょう) 선교
□ 宣言(せんげん) 선언	□ 潜行(せんこう) 잠행, 잠입	□ 戦災(せんさい) 전재(전쟁으로 인한 재해)
□ 潜在(せんざい) 잠재	□ 専修(せんしゅう) 전수	□ 選出(せんしゅつ) 선출
□ 戦術(せんじゅつ) 전술	□ 善処(ぜんしょ) 선처	□ 潜水(せんすい) 잠수
□ 宣誓(せんせい) 선서	□ 全盛(ぜんせい) 전성(기)	□ 先端(せんたん) 첨단
□ 前提(ぜんてい) 전제	□ 宣伝(せんでん) 선전, 광고	□ 前途(ぜんと) 전도 N1읽기
□ 銭湯(せんとう) 공중 목욕탕	□ 戦闘(せんとう) 전투	□ 先導(せんどう) 선도
□ 潜入(せんにゅう) 잠입	□ 専念(せんねん) 전념	□ 船舶(せんぱく) 선박
□ 羨望(せんぼう) 선망	□ 先方(せんぽう) 상대방, 상대편, 저쪽 N1유의	□ 全滅(ぜんめつ) 전멸
□ 専門(せんもん) 전문	□ 専用(せんよう) 전용	□ 旋律(せんりつ) 선율
□ 戦略(せんりゃく) 전략	□ 占領(せんりょう) 점령	□ 善良(ぜんりょう) 선량
□ 先例(せんれい) 선례, 전례	□ 前例(ぜんれい) 전례	□ 洗練(せんれん) 세련

- □ 憎悪(ぞうお) 증오
- □ 相応(そうおう) 상응 N1용법
- □ 増加(ぞうか) 증가
- □ 総会(そうかい) 총회
- □ 総括(そうかつ) 총괄
- □ 創刊(そうかん) 창간
- □ 想起(そうき) 상기
- □ 雑木(ぞうき) 잡목
- □ 増強(ぞうきょう) 증강
- □ 遭遇(そうぐう) 조우
- □ 総合(そうごう) 종합
- □ 相克(そうこく) 상극, 서로 다툼
- □ 捜査(そうさ) 수사
- □ 操作(そうさ) 조작
- □ 相殺(そうさい) 상쇄
- □ 捜索(そうさく) 수색
- □ 掃除(そうじ) 청소
- □ 喪失(そうしつ) 상실
- □ 操縦(そうじゅう) 조종
- □ 増殖(ぞうしょく) 증식
- □ 装飾(そうしょく) 장식
- □ 痩身(そうしん) 수신, 야윈 몸
- □ 増進(ぞうしん) 증진
- □ 創造(そうぞう) 창조
- □ 相対(そうたい) 상대
- □ 争奪(そうだつ) 쟁탈
- □ 装着(そうちゃく) 장착
- □ 想定(そうてい) 상정
- □ 贈呈(ぞうてい) 증정
- □ 相当(そうとう) 상당
- □ 騒動(そうどう) 소동
- □ 遭難(そうなん) 조난
- □ 相場(そうば) 시세
- □ 装備(そうび) 장비
- □ 増幅(ぞうふく) 증폭
- □ 双璧(そうへき) 쌍벽
- □ 草履(ぞうり) (일본) 짚신
- □ 創立(そうりつ) 창립
- □ 阻害(そがい) 저해
- □ 疎外(そがい) 소외
- □ 即死(そくし) 즉사
- □ 促進(そくしん) 촉진
- □ 属性(ぞくせい) 속성
- □ 束縛(そくばく) 속박 N1읽기
- □ 狙撃(そげき) 저격
- □ 素材(そざい) 소재 N1읽기
- □ 阻止(そし) 저지 N1읽기
- □ 祖述(そじゅつ) 조술
- □ 訴訟(そしょう) 소송 N1읽기
- □ 蘇生(そせい) 소생, 되살아남
- □ 措置(そち) 조치 N1읽기
- □ 疎通(そつう) 소통
- □ 即刻(そっこく) 즉각, 곧
- □ 率先(そっせん) 솔선 N1읽기
- □ 素朴(そぼく) 소박
- □ 尊重(そんちょう) 존중

た

- □ 大家(たいか) 대가, 중진, 대갓집
- □ 退化(たいか) 퇴화
- □ 退却(たいきゃく) 퇴각, 후퇴
- □ 耐久(たいきゅう) 내구, 오래 견딤
- □ 太古(たいこ) 태고
- □ 大差(たいさ) 대차, 큰 차
- □ 滞在(たいざい) 체재
- □ 対策(たいさく) 대책
- □ 退治(たいじ) 퇴치
- □ 代謝(たいしゃ) 대사
- □ 大衆(たいしゅう) 대중
- □ 対処(たいしょ) 대처 N1문규
- □ 対照(たいしょう) 대조
- □ 対象(たいしょう) 대상
- □ 態勢(たいせい) 태세

- □ 対戦(たいせん) 대전
- □ 対談(たいだん) 대담(서로 이야기를 주고 받음)
- □ 台帳(だいちょう) 대장, 원부
- □ 台頭(たいとう) 대두(세력을 뻗음)
- □ 対等(たいとう) 대등
- □ 滞納(たいのう) 체납
- □ 対比(たいひ) 대비 N1유의
- □ 代弁(だいべん) 대변
- □ 逮捕(たいほ) 체포
- □ 待望(たいぼう) 대망
- □ 怠慢(たいまん) 태만
- □ 対面(たいめん) 대면
- □ 貸与(たいよ) 대여
- □ 楕円(だえん) 타원
- □ 打開(だかい) 타개 N1용법
- □ 多岐(たき) 다기
- □ 妥協(だきょう) 타협 N1읽기·문규
- □ 卓越(たくえつ) 탁월
- □ 打撃(だげき) 타격
- □ 妥結(だけつ) 타결
- □ 駄作(ださく) 졸작
- □ 脱却(だっきゃく) 탈각, 벗어남
- □ 脱出(だっしゅつ) 탈출
- □ 達人(たつじん) 달인
- □ 達成(たっせい) 달성
- □ 脱税(だつぜい) 탈세
- □ 脱退(だったい) 탈퇴
- □ 達筆(たっぴつ) 달필(글씨나 문장을 잘 씀)
- □ 妥当(だとう) 타당
- □ 他人(たにん) 타인
- □ 打破(だは) 타파
- □ 多発(たはつ) 다발, 많이 발생함
- □ 堕落(だらく) 타락
- □ 単一(たんいつ) 단일 N1용법
- □ 担架(たんか) 들것
- □ 弾丸(だんがん) 탄환
- □ 団結(だんけつ) 단결
- □ 探検(たんけん) 탐험
- □ 断言(だんげん) 단언 N1문규
- □ 探索(たんさく) 탐색
- □ 短縮(たんしゅく) 단축 N1문규
- □ 断絶(だんぜつ) 단절
- □ 炭素(たんそ) 탄소
- □ 探知(たんち) 탐지
- □ 断腸(だんちょう) 단장, 애끓음
- □ 単独(たんどく) 단독
- □ 断念(だんねん) 단념 N1유의
- □ 短波(たんぱ) 단파
- □ 暖房(だんぼう) 난방
- □ 断面(だんめん) 단면
- □ 弾力(だんりょく) 탄력
- □ 鍛錬(たんれん) 단련, 연마
- □ 談話(だんわ) 담화
- □ 地域(ちいき) 지역
- □ 畜産(ちくさん) 축산
- □ 蓄積(ちくせき) 축적
- □ 恥辱(ちじょく) 치욕
- □ 秩序(ちつじょ) 질서
- □ 窒息(ちっそく) 질식
- □ 着実(ちゃくじつ) 착실
- □ 着手(ちゃくしゅ) 착수
- □ 着色(ちゃくしょく) 착색
- □ 着目(ちゃくもく) 착목, 주목, 착안
- □ 着工(ちゃっこう) 착공
- □ 忠告(ちゅうこく) 충고 N1문규
- □ 中止(ちゅうし) 중지 N1유의
- □ 忠実(ちゅうじつ) 충실함 N1용법
- □ 抽出(ちゅうしゅつ) 추출
- □ 中傷(ちゅうしょう) 중상
- □ 抽象(ちゅうしょう) 추상
- □ 中枢(ちゅうすう) 중추, 요직 N1읽기
- □ 抽選(ちゅうせん) 추첨
- □ 中断(ちゅうだん) 중단
- □ 注文(ちゅうもん) 주문
- □ 中和(ちゅうわ) 중화
- □ 調印(ちょういん) 조인
- □ 聴覚(ちょうかく) 청각
- □ 聴講(ちょうこう) 청강

□ 彫刻(ちょうこく) 조각 N1읽기	□ 徴収(ちょうしゅう) 징수 N1읽기	□ 挑戦(ちょうせん) 도전
□ 調達(ちょうたつ) 조달 N1용법	□ 調停(ちょうてい) 조정, 중재	□ 長途(ちょうと) 먼 길
□ 調度(ちょうど) 세간, 집물	□ 挑発(ちょうはつ) 도발	□ 重複(ちょうふく) 중복(じゅうふく라고도 읽음)
□ 重宝(ちょうほう) 요긴히 씀 N1유의	□ 眺望(ちょうぼう) 조망	□ 弔問(ちょうもん) 조문
□ 直視(ちょくし) 직시	□ 直接(ちょくせつ) 직접	□ 直面(ちょくめん) 직면 N1문규
□ 跳躍(ちょうやく) 도약	□ 著述(ちょじゅつ) 저술	□ 著書(ちょしょ) 저서
□ 貯蓄(ちょちく) 저축	□ 直感(ちょっかん) 직감 N1문규	□ 治療(ちりょう) 치료
□ 賃金(ちんぎん) 임금	□ 沈潜(ちんせん) 깊이 몰두함	□ 沈殿(ちんでん) 침전
□ 沈没(ちんぼつ) 침몰	□ 沈黙(ちんもく) 침묵 N1읽기	□ 陳列(ちんれつ) 진열 N1읽기
□ 追求(ついきゅう) 추구	□ 追及(ついきゅう) 뒤쫓음, 추궁함 N1문규	□ 追随(ついずい) 추종
□ 追跡(ついせき) 추적	□ 追放(ついほう) 추방	□ 墜落(ついらく) 추락
□ 痛感(つうかん) 통감	□ 痛罵(つうば) 통매, 통렬히 비난함	□ 津波(つなみ) 해일
□ 提起(ていき) 제기 N1용법	□ 定義(ていぎ) 정의 N1읽기	□ 提供(ていきょう) 제공
□ 提携(ていけい) 제휴	□ 抵抗(ていこう) 저항	□ 体裁(ていさい) ① 외관, 겉모양 ② 체면
□ 呈示(ていじ) 꺼내 보임, 제시	□ 提示(ていじ) 제시	□ 提唱(ていしょう) 제창
□ 抵触(ていしょく) 저촉	□ 停滞(ていたい) 정체	□ 邸宅(ていたく) 저택 N1읽기
□ 低調(ていちょう) 저조	□ 停泊(ていはく) 정박	□ 堤防(ていぼう) 제방, 둑
□ 定理(ていり) 정리	□ 適応(てきおう) 적응 N1문규	□ 適宜(てきぎ) 적당함
□ 摘出(てきしゅつ) 적출, 집어냄, 들추어 냄	□ 適性(てきせい) 적성	□ 摘発(てきはつ) 적발
□ 適用(てきよう) 적용	□ 手際(てぎわ) 솜씨, 수완 N1읽기	□ 手口(てぐち) (범죄) 수법
□ 手順(てじゅん) 순서, 절차 N1문규	□ 手錠(てじょう) 수갑	□ 手数(てすう) 수고
□ 撤回(てっかい) 철회	□ 撤去(てっきょ) 철거	□ 鉄鋼(てっこう) 철강
□ 撤収(てっしゅう) 철수	□ 徹底(てってい) 철저	□ 手配(てはい) 준비
□ 鉄棒(てつぼう) 철봉	□ 手間(てま) 품, 수고, 시간	□ 展開(てんかい) 전개
□ 転換(てんかん) 전환	□ 転機(てんき) 전기	□ 典型(てんけい) 전형
□ 転向(てんこう) 전향	□ 伝言(でんごん) 전언	□ 添削(てんさく) 첨삭

□ 伝承(でんしょう) 전승
□ 転職(てんしょく) 전직
□ 伝説(でんせつ) 전설
□ 伝達(でんたつ) 전달
□ 転倒(てんとう) 전도, 거꾸로 됨
□ 転任(てんにん) 전임
□ 伝播(でんぱ) 전파
□ 天罰(てんばつ) 천벌
□ 天賦(てんぷ) 천부, 타고남
□ 添付(てんぷ) 첨부 N1읽기
□ 転覆(てんぷく) 전복
□ 店舗(てんぽ) 점포
□ 展望(てんぼう) 전망
□ 伝来(でんらい) 전래
□ 転落(てんらく) 전락
□ 同意(どうい) 동의 N1문규
□ 投影(とうえい) 투영, 반영
□ 同感(どうかん) 동감 N1문규
□ 陶器(とうき) 도기, 도자기 N1읽기
□ 投機(とうき) 투기
□ 討議(とうぎ) 토의
□ 動機(どうき) 동기
□ 同居(どうきょ) 동거
□ 陶芸(とうげい) 도자기 공예
□ 投稿(とうこう) 투고
□ 統合(とうごう) 통합 N1문규·용법
□ 投合(とうごう) 투합, (마음 따위가) 서로 딱 맞음
□ 動向(どうこう) 동향
□ 投資(とうし) 투자
□ 同士(どうし) 한패, ~끼리
□ 同志(どうし) 동지
□ 踏襲(とうしゅう) 답습 N1읽기
□ 同情(どうじょう) 동정
□ 陶酔(とうすい) 도취
□ 統制(とうせい) 통제
□ 銅像(どうぞう) 동상
□ 統率(とうそつ) 통솔
□ 到達(とうたつ) 도달
□ 統治(とうち) 통치
□ 同調(どうちょう) 동조
□ 到底(とうてい) 도저히 N1문규
□ 童貞(どうてい) 동정
□ 同等(どうとう) 동등
□ 投入(とうにゅう) 투입
□ 導入(どうにゅう) 도입
□ 踏破(とうは) 답파
□ 同伴(どうはん) 동반 N1문규
□ 逃避(とうひ) 도피
□ 同封(どうふう) 동봉
□ 答弁(とうべん) 답변
□ 同盟(どうめい) 동맹 N1문규
□ 陶冶(とうや) 도야, 육성
□ 動揺(どうよう) 동요
□ 同僚(どうりょう) 동료
□ 度胸(どきょう) 담력, 배짱
□ 特技(とくぎ) 특기 N1문규
□ 得策(とくさく) 상책
□ 特集(とくしゅう) 특집
□ 得心(とくしん) 납득
□ 独奏(どくそう) 독주
□ 独創(どくそう) 독창
□ 督促(とくそく) 독촉 N1읽기
□ 独断(どくだん) 독단
□ 特派(とくは) 특파
□ 匿名(とくめい) 익명
□ 渡航(とこう) 도항
□ 途上(とじょう) 도상, 도중
□ 土壌(どじょう) 토양
□ 特許(とっきょ) 특허
□ 特権(とっけん) 특권
□ 突破(とっぱ) 돌파 N1문규
□ 土手(どて) 둑, 제방
□ 殿様(とのさま) 나리, 영주님
□ 土俵(どひょう) 씨름판
□ 鳥肌(とりはだ) 소름
□ 取引(とりひき) 거래
□ 奴隷(どれい) 노예
□ 吐露(とろ) 토로

- □ 徒労(とろう) 도로, 헛수고
- □ 泥沼(どろぬま) 수렁, 진창 N1읽기
- □ 問屋(とんや) 도매상 N1읽기

な

- □ 内緒(ないしょ) 은밀, 비밀
- □ 内心(ないしん) 내심, 마음속
- □ 内蔵(ないぞう) 내장
- □ 内乱(ないらん) 내란
- □ 仲間(なかま) 동료, 한패
- □ 仲人(なこうど) 중매(인)
- □ 名残(なごり) 여운, 흔적 N1읽기
- □ 雪崩(なだれ) 눈사태
- □ 納得(なっとく) 납득
- □ 生身(なまみ) 날고기, 생고기
- □ 奈落(ならく) 나락, 밑바닥
- □ 日夜(にちや) 밤낮, 언제나, 늘 N1읽기
- □ 入手(にゅうしゅ) 입수 N1용법
- □ 任意(にんい) 임의
- □ 認可(にんか) 인가
- □ 認識(にんしき) 인식 N1읽기·문규
- □ 人情(にんじょう) 인정
- □ 妊娠(にんしん) 임신
- □ 音色(ねいろ) 음색
- □ 熱意(ねつい) 열의
- □ 熱湯(ねっとう) 열탕, 뜨거운 물
- □ 熱量(ねつりょう) 열량
- □ 粘液(ねんえき) 점액
- □ 年賀(ねんが) 연하, 신년 축하
- □ 年鑑(ねんかん) 연감
- □ 念願(ねんがん) 염원 N1문규
- □ 捻出(ねんしゅつ) 염출, 각출
- □ 燃焼(ねんしょう) 연소
- □ 念頭(ねんとう) 염두 N1문규
- □ 年配(ねんぱい) ① 연배, 나이 또래 ② 중년
- □ 念仏(ねんぶつ) 염불
- □ 燃料(ねんりょう) 연료
- □ 年輪(ねんりん) 연륜
- □ 農耕(のうこう) 농경
- □ 濃縮(のうしゅく) 농축
- □ 濃淡(のうたん) 짙음과 옅음
- □ 脳裏(のうり) 뇌리
- □ 能率(のうりつ) 능률
- □ 軒先(のきさき) 처마끝

は

- □ 把握(はあく) 파악 N1읽기
- □ 媒介(ばいかい) 매개
- □ 排気(はいき) 배기
- □ 廃棄(はいき) 폐기
- □ 配給(はいきゅう) 배급
- □ 背景(はいけい) 배경 N1문규
- □ 背後(はいご) 배후
- □ 廃止(はいし) 폐지
- □ 拝借(はいしゃく) 삼가 빌려 씀
- □ 排出(はいしゅつ) 배출
- □ 排除(はいじょ) 배제
- □ 賠償(ばいしょう) 배상(손해를 물어줌)
- □ 配信(はいしん) (정보·데이터 등의) 전송
- □ 排水(はいすい) 배수
- □ 廃水(はいすい) 폐수
- □ 排斥(はいせき) 배척
- □ 敗戦(はいせん) 패전
- □ 配送(はいそう) 배송
- □ 媒体(ばいたい) 매체
- □ 背任(はいにん) 배임(임무를 저버림)
- □ 配布(はいふ) 배포 N1용법
- □ 敗北(はいぼく) 패배
- □ 培養(ばいよう) 배양
- □ 倍率(ばいりつ) 배율

□ 配慮（はいりょ） 배려 N1문규	□ 破壊（はかい） 파괴	□ 破棄（はき） 파기 N1문규
□ 履物（はきもの） 신, 신발	□ 波及（はきゅう） 파급	□ 迫害（はくがい） 박해
□ 爆撃（ばくげき） 폭격	□ 薄弱（はくじゃく） 박약, 빈약	□ 白状（はくじょう） 자백
□ 剥奪（はくだつ） 박탈	□ 爆弾（ばくだん） 폭탄	□ 爆破（ばくは） 폭파
□ 暴露（ばくろ） 폭로 N1읽기	□ 派遣（はけん） 파견	□ 破損（はそん） 파손 N1읽기
□ 破綻（はたん） 파탄	□ 蜂蜜（はちみつ） 봉밀, 벌꿀, 꿀	□ 発育（はついく） 발육
□ 発芽（はつが） 발아	□ 発覚（はっかく） 발각	□ 発揮（はっき） 발휘
□ 発掘（はっくつ） 발굴 N1읽기	□ 抜群（ばつぐん） 발군 N1유의	□ 伐採（ばっさい） 벌채
□ 発散（はっさん） 발산 N1용법	□ 発信（はっしん） 발신	□ 抜粋（ばっすい） 발췌 N1문규
□ 発注（はっちゅう） 발주	□ 法度（はっと） (무가 시대의) 금령	□ 発熱（はつねつ） 발열
□ 発病（はつびょう） 발병	□ 発泡（はっぽう） 발포(거품이 일어남)	□ 発砲（はっぽう） 발포(총포를 쏨)
□ 浜辺（はまべ） 바닷가 N1읽기	□ 波紋（はもん） 파문	□ 破裂（はれつ） 파열
□ 範囲（はんい） 범위	□ 繁栄（はんえい） 번영	□ 反感（はんかん） 반감
□ 反響（はんきょう） 반향	□ 反撃（はんげき） 반격	□ 判決（はんけつ） 판결
□ 反射（はんしゃ） 반사 N1읽기	□ 繁盛（はんじょう） 번성 N1읽기	□ 万障（ばんしょう） 만사
□ 繁殖（はんしょく） 번식	□ 反省（はんせい） 반성	□ 伴奏（ばんそう） 반주 N1읽기
□ 反対（はんたい） 반대	□ 万端（ばんたん） 만반, 모든 사항이나 수단	□ 範疇（はんちゅう） 범주, 카테고리
□ 判定（はんてい） 판정	□ 搬入（はんにゅう） 반입	□ 万人（ばんにん） 만인
□ 晩年（ばんねん） 만년, 노년	□ 反応（はんのう） 반응 N1문규	□ 万能（ばんのう） 만능 N1읽기
□ 頒布（はんぷ） 반포, 배부	□ 反復（はんぷく） 반복	□ 判別（はんべつ） 판별
□ 反乱（はんらん） 반란	□ 氾濫（はんらん） 범람	□ 反論（はんろん） 반론
□ 彼我（ひが） 피아	□ 比較（ひかく） 비교	□ 日陰（ひかげ） 응달, 그늘
□ 悲観（ひかん） 비관	□ 卑下（ひげ） 비하	□ 否決（ひけつ） 부결
□ 秘訣（ひけつ） 비결	□ 非行（ひこう） 비행(도덕에 어긋난 행위)	□ 比重（ひじゅう） 비중
□ 微笑（びしょう） 미소	□ 皮相（ひそう） 겉, 표면	□ 秘蔵（ひぞう） 비장
□ 肥大（ひだい） 비대	□ 備蓄（びちく） 비축	□ 必死（ひっし） 필사

□ 必至(ひっし) 필연, 불가피	□ 必修(ひっす) 필수(ひっしゅう라고도 읽음)	□ 必然(ひつぜん) 필연
□ 筆致(ひっち) 필치	□ 匹敵(ひってき) 필적	□ 一息(ひといき) 한숨 돌림 N1문규
□ 人影(ひとかげ) 그림자, 사람의 모습 N1읽기·문규	□ 人柄(ひとがら) 인품 N1읽기	□ 人込み(ひとごみ) 붐빔 N1유의
□ 一頃(ひところ) 한때, 한동안, 왕년	□ 人質(ひとじち) 인질 N1읽기	□ 一筋(ひとすじ) 한줄기, 외곬, 일편단심
□ 人手(ひとで) 일손 N1용법	□ 人出(ひとで) 군중, 인파 N1문규	□ 人通り(ひとどおり) 사람의 왕래
□ 人波(ひとなみ) 인파, 사람의 물결	□ 人目(ひとめ) 남의 눈	□ 一目(ひとめ) 한 번(만) 봄, 한눈(에 들어오는 모양)
□ 非難(ひなん) 비난	□ 皮肉(ひにく) 빈정거림, 비꼼, 야유	□ 火花(ひばな) 불꽃, 불똥, 불티
□ 批判(ひはん) 비판	□ 美貌(びぼう) 미모	□ 秘密(ひみつ) 비밀
□ 悲鳴(ひめい) 비명	□ 飛躍(ひやく) 비약	□ 評価(ひょうか) 평가
□ 拍子(ひょうし) 박자, 장단, 찰나, 바람 N1용법	□ 描写(びょうしゃ) 묘사	□ 表象(ひょうしょう) 표상, 상징
□ 表彰(ひょうしょう) 표창	□ 病状(びょうじょう) 병상	□ 漂白(ひょうはく) 유랑, 떠돎
□ 評判(ひょうばん) 평판	□ 肥沃(ひよく) 비옥함	□ 日和(ひより) 일기, 날씨
□ 比率(ひりつ) 비율	□ 肥料(ひりょう) 비료	□ 微量(びりょう) 미량, 극소량
□ 疲労(ひろう) 피로	□ 披露(ひろう) 피로, 공개함 N1문규	□ 秘話(ひわ) 비화
□ 貧血(ひんけつ) 빈혈	□ 貧困(ひんこん) 빈곤	□ 品種(ひんしゅ) 품종 N1용법
□ 便乗(びんじょう) 편승	□ 頻度(ひんど) 빈도	□ 頻発(ひんぱつ) 빈발
□ 貧富(ひんぷ) 빈부 N1읽기	□ 貧乏(びんぼう) 빈곤, 가난	□ 不意(ふい) 의외, 뜻밖 N1유의
□ 封鎖(ふうさ) 봉쇄	□ 不吉(ふきつ) 불길	□ 普及(ふきゅう) 보급
□ 不朽(ふきゅう) 불후	□ 不況(ふきょう) 불황	□ 布教(ふきょう) 포교, 전도
□ 複合(ふくごう) 복합	□ 服従(ふくじゅう) 복종	□ 覆面(ふくめん) 복면
□ 福利(ふくり) 복리	□ 富豪(ふごう) 부호	□ 布告(ふこく) 포고, 전도
□ 負債(ふさい) 부채	□ 不順(ふじゅん) (날씨) 불순 N1용법	□ 侮辱(ぶじょく) 모욕 N1읽기
□ 不審(ふしん) 미심쩍음	□ 腐心(ふしん) 부심, 애태움	□ 風情(ふぜい) 운치, 모양
□ 武装(ぶそう) 무장	□ 不遜(ふそん) 불손, 무례	□ 負担(ふたん) 부담
□ 普段(ふだん) 항상, 평상시	□ 不断(ふだん) 부단함, 끊임없음	□ 浮沈(ふちん) 부침, 흥망
□ 復活(ふっかつ) 부활	□ 物議(ぶつぎ) 물의	□ 復旧(ふっきゅう) 복구 N1용법

□ 復興(ふっこう) 부흥 N1읽기	□ 物資(ぶっし) 물자	□ 払拭(ふっしょく) 불식
□ 物色(ぶっしょく) 물색	□ 仏像(ぶつぞう) 불상	□ 物体(ぶったい) 물체
□ 沸騰(ふっとう) 비등, 끓어오름	□ 懐刀(ふところがたな) 호신용 칼, 심복	□ 赴任(ふにん) 부임 N1용법
□ 腐敗(ふはい) 부패 N1읽기	□ 不備(ふび) 갖추어지지 않음 N1문규	□ 不評(ふひょう) 불평
□ 吹雪(ふぶき) 눈보라	□ 不服(ふふく) 불복, 납득이 가지 않음 N1용법	□ 不平(ふへい) 불평
□ 侮蔑(ぶべつ) 모멸	□ 普遍(ふへん) 보편	□ 訃報(ふほう) 부고
□ 不満(ふまん) 불만	□ 浮遊(ふゆう) 떠돌면서 놂	□ 扶養(ふよう) 부양
□ 浮力(ふりょく) 부력	□ 武力(ぶりょく) 무력	□ 付録(ふろく) 부록 N1문규
□ 憤慨(ふんがい) 분개	□ 分解(ぶんかい) 분해	□ 奮起(ふんき) 분기, 분발
□ 分業(ぶんぎょう) 분업	□ 憤激(ふんげき) 격분	□ 粉砕(ふんさい) 분쇄
□ 分際(ぶんざい) 분수, 주제	□ 分散(ぶんさん) 분산	□ 紛失(ふんしつ) 분실
□ 噴射(ふんしゃ) 분사	□ 噴出(ふんしゅつ) 분출	□ 分析(ぶんせき) 분석
□ 紛争(ふんそう) 분쟁	□ 分担(ぶんたん) 분담 N1유의	□ 文通(ぶんつう) 편지 왕래
□ 奮闘(ふんとう) 분투	□ 分配(ぶんぱい) 분배	□ 分別(ふんべつ) 분별, 지각, 철
□ 分別(ふんべつ) 분별	□ 粉末(ふんまつ) 분말	□ 分離(ぶんり) 분리
□ 分裂(ぶんれつ) 분열	□ 弊害(へいがい) 폐해	□ 兵器(へいき) 병기, 무기
□ 閉業(へいぎょう) 폐업	□ 並行(へいこう) 병행 N1문규	□ 閉口(へいこう) 질림, 손듦, 질색, 항복함
□ 平衡(へいこう) 평형	□ 米穀(べいこく) 미곡, 곡물	□ 閉鎖(へいさ) 폐쇄 N1읽기
□ 平常(へいじょう) 평상시	□ 平静(へいせい) 평정	□ 平生(へいぜい) 평소
□ 並列(へいれつ) 병렬, 줄을 지음	□ 別途(べっと) 별도(로)	□ 別離(べつり) 이별
□ 弁解(べんかい) 변명 N1유의	□ 変革(へんかく) 변혁	□ 変換(へんかん) 변환
□ 返還(へんかん) 반환	□ 便宜(べんぎ) 편의 N1문규	□ 返却(へんきゃく) 반납, 반환 N1문규
□ 辺境(へんきょう) 변경	□ 変形(へんけい) 변경	□ 偏見(へんけん) 편견
□ 弁護(べんご) 변호	□ 変更(へんこう) 변경	□ 返済(へんさい) 빚을 갚음 N1읽기
□ 弁償(べんしょう) 변상	□ 弁舌(べんぜつ) 변설, 언변	□ 変遷(へんせん) 변천 N1읽기
□ 変動(へんどう) 변동	□ 返品(へんぴん) 반품	□ 変貌(へんぼう) 변모

□ 変容(へんよう) 변용, 변모	□ 遍歴(へんれき) 편력	□ 弁論(べんろん) 변론
□ 保育(ほいく) 보육	□ 方案(ほうあん) 방안	□ 法案(ほうあん) 법안
□ 防衛(ぼうえい) 방위	□ 萌芽(ほうが) 맹아, 싹이 틈	□ 崩壊(ほうかい) 붕괴
□ 妨害(ぼうがい) 방해	□ 包括(ほうかつ) 포괄	□ 放棄(ほうき) 포기
□ 忘却(ぼうきゃく) 망각	□ 防御(ぼうぎょ) 방어	□ 封建(ほうけん) 봉건
□ 冒険(ぼうけん) 모험	□ 方策(ほうさく) 방책	□ 豊作(ほうさく) 풍작
□ 奉仕(ほうし) 봉사 N1읽기	□ 防止(ぼうし) 방지	□ 帽子(ぼうし) 모자
□ 報酬(ほうしゅう) 보수	□ 放出(ほうしゅつ) 방출	□ 方針(ほうしん) 방침
□ 紡績(ぼうせき) 방적	□ 放題(ほうだい) 마음껏 ~함	□ 放置(ほうち) 방치
□ 傍聴(ぼうちょう) 방청	□ 膨張(ぼうちょう) 팽창	□ 法廷(ほうてい) 법정
□ 報道(ほうどう) 보도	□ 冒頭(ぼうとう) 모두, 서두 N1읽기	□ 暴動(ぼうどう) 폭동
□ 冒涜(ぼうとく) 모독	□ 放任(ほうにん) 방임	□ 褒美(ほうび) 포상
□ 抱負(ほうふ) 포부	□ 暴風(ぼうふう) 폭풍	□ 方法(ほうほう) 방법 N1유의
□ 暴落(ぼうらく) 폭락	□ 暴力(ぼうりょく) 폭력	□ 飽和(ほうわ) 포화 N1읽기
□ 保温(ほおん) 보온	□ 捕獲(ほかく) 포획	□ 保管(ほかん) 보관
□ 補給(ほきゅう) 보급	□ 補強(ほきょう) 보강	□ 募金(ぼきん) 모금
□ 墨守(ぼくしゅ) (의견이나 주장을) 굳게 지킴, 고수	□ 撲滅(ぼくめつ) 박멸	□ 捕鯨(ほげい) 포경, 고래잡이
□ 保護(ほご) 보호	□ 保持(ほじ) 유지	□ 補充(ほじゅう) 보충 N1문규
□ 募集(ぼしゅう) 모집	□ 保証(ほしょう) 보증	□ 保障(ほしょう) 보장
□ 舗装(ほそう) 포장	□ 墓地(ぼち) 묘지 N1읽기	□ 勃起(ぼっき) 발기, 갑자기 일어남
□ 勃興(ぼっこう) 발흥, 진흥	□ 発作(ほっさ) 발작	□ 没収(ぼっしゅう) 몰수 N1문규
□ 発心(ほっしん) 뜻이 생김, 출가하여 중이 됨	□ 発足(ほっそく) 발족 N1문규·용법	□ 発端(ほったん) 발단, 시초
□ 没頭(ぼっとう) 몰두 N1용법	□ 勃発(ぼっぱつ) 발발	□ 没落(ぼつらく) 몰락
□ 捕縛(ほばく) 포박	□ 保養(ほよう) 보양	□ 捕虜(ほりょ) 포로
□ 本気(ほんき) 본마음, 진심	□ 本心(ほんしん) 본심, 진심, 본마음	□ 本筋(ほんすじ) 본 줄거리 N1읽기
□ 本音(ほんね) 본심 N1문규	□ 本能(ほんのう) 본능	□ 本場(ほんば) 본고장 N1읽기

□ 本末(ほんまつ) 본말	□ 翻訳(ほんやく) 번역	□ 翻弄(ほんろう) 번롱, 농락

□ 枚挙(まいきょ) 매거, 하나 하나 셈	□ 埋設(まいせつ) 매설	□ 埋蔵(まいぞう) 매장
□ 埋没(まいぼつ) 매몰	□ 真上(まうえ) 바로 위	□ 真心(まごころ) 진심, 정성
□ 摩擦(まさつ) 마찰	□ 真下(ました) 바로 밑, 바로 아래	□ 麻酔(ますい) 마취
□ 抹殺(まっさつ) 말살	□ 抹消(まっしょう) 말소	□ 末梢(まっしょう) 말초, 맨끝
□ 末端(まったん) 말단	□ 麻痺(まひ) 마비	□ 摩滅(まめつ) 마멸
□ 満喫(まんきつ) 만끽 N1용법	□ 満場(まんじょう) 만장 N1문규	□ 慢性(まんせい) 만성
□ 身内(みうち) 온 몸, 전신, 집안	□ 味覚(みかく) 미각	□ 身柄(みがら) 신분, 신병
□ 水気(みずけ) 수분, 물기	□ 未然(みぜん) 미연	□ 道端(みちばた) 길의 주변, 길가
□ 密集(みっしゅう) 밀집 N1용법	□ 密着(みっちゃく) 밀착	□ 密度(みつど) 밀도
□ 脈絡(みゃくらく) 맥락	□ 妙案(みょうあん) 묘안	□ 魅了(みりょう) 매료
□ 未練(みれん) 미련 N1문규	□ 民衆(みんしゅう) 민중	□ 無援(むえん) 무원
□ 無縁(むえん) 인연이 없음	□ 夢幻(むげん) 꿈과 환상	□ 無言(むごん) 무언 N1읽기
□ 無視(むし) 무시	□ 無実(むじつ) 무실	□ 矛盾(むじゅん) 모순
□ 無償(むしょう) 무상 N1유의	□ 無断(むだん) 무단	□ 無念(むねん) 무념
□ 明暗(めいあん) 명암	□ 命題(めいだい) 명제	□ 命中(めいちゅう) 명중
□ 名簿(めいぼ) 명부	□ 名誉(めいよ) 명예 N1읽기·문규	□ 迷惑(めいわく) 폐
□ 目方(めかた) 무게, 중량	□ 目先(めさき) 눈앞, 현재, 장래의 전망 N1용법	□ 目線(めせん) 눈길, 시선
□ 滅亡(めつぼう) 멸망	□ 免疫(めんえき) 면역	□ 面会(めんかい) 면회
□ 免除(めんじょ) 면제 N1용법	□ 免職(めんしょく) 면직	□ 免責(めんせき) 면책
□ 面目(めんぼく) 면목, 체면(めんもく로도 읽음)	□ 猛暑(もうしょ) 혹서, 심한 더위	□ 妄想(もうそう) 망상
□ 盲点(もうてん) 맹점	□ 網羅(もうら) 망라 N1읽기	□ 目撃(もくげき) 목격
□ 目前(もくぜん) 목전, 눈앞	□ 目的(もくてき) 목적	□ 模型(もけい) 모형 N1문규
□ 模索(もさく) 모색 N1읽기	□ 喪服(もふく) 상복	□ 模倣(もほう) 모방

□ 役柄(やくがら) 직무의 성질, 직책이 있는 신분	□ 役職(やくしょく) 직무, 관리직	□ 躍進(やくしん) 약진 N1읽기
□ 躍動(やくどう) 약동	□ 役場(やくば) 지방 공무원이 사무를 보는 곳, (공증인·법무사의) 사무소	
□ 屋敷(やしき) 대지, 집의 부지	□ 野心(やしん) 야심 N1문규	□ 唯一(ゆいいつ) 유일
□ 由緒(ゆいしょ) 유서 N1읽기	□ 優位(ゆうい) 우위 N1용법	□ 優越(ゆうえつ) 우월
□ 誘拐(ゆうかい) 유괴	□ 融解(ゆうかい) 융해	□ 有機(ゆうき) 유기
□ 悠久(ゆうきゅう) 유구, 영구	□ 融合(ゆうごう) 융합	□ 融資(ゆうし) 융자
□ 有数(ゆうすう) 유수, 손꼽힘 N1용법	□ 融通(ゆうずう) 융통(성) N1읽기	□ 優勢(ゆうせい) 우세
□ 優先(ゆうせん) 우선	□ 誘致(ゆうち) 유치, 불러들임	□ 誘導(ゆうどう) 유도
□ 誘発(ゆうはつ) 유발	□ 優美(ゆうび) 우아하고 아름다움	□ 幽閉(ゆうへい) 유폐
□ 雄弁(ゆうべん) 웅변	□ 遊牧(ゆうぼく) 유목	□ 夕闇(ゆうやみ) 땅거미, 황혼 N1읽기
□ 猶予(ゆうよ) 유예	□ 遊離(ゆうり) 유리	□ 有力(ゆうりょく) 유력
□ 幽霊(ゆうれい) 유령 N1읽기	□ 優劣(ゆうれつ) 우열	□ 融和(ゆうわ) 융화
□ 誘惑(ゆうわく) 유혹 N1문규	□ 所以(ゆえん) 까닭, 이유	□ 行方(ゆくえ) 행방
□ 油断(ゆだん) 방심	□ 夢路(ゆめじ) 꿈길	□ 由来(ゆらい) 유래
□ 余韻(よいん) 여운	□ 要因(よういん) 요인	□ 溶液(ようえき) 용액
□ 妖怪(ようかい) 요괴, 도깨비	□ 養護(ようご) 양호	□ 擁護(ようご) 옹호
□ 様式(ようしき) 양식	□ 容赦(ようしゃ) 용서	□ 要衝(ようしょう) 요충
□ 養生(ようじょう) 보양, (건축) 파손 방지의 손질	□ 養殖(ようしょく) 양식	□ 要人(ようじん) 요인
□ 養成(ようせい) 양성 N1문규	□ 要請(ようせい) 요청	□ 様相(ようそう) 양상 N1읽기
□ 洋風(ようふう) 서양풍, 서양식	□ 要望(ようぼう) 요망	□ 容貌(ようぼう) 용모
□ 要約(ようやく) 요약	□ 余暇(よか) 여가	□ 予感(よかん) 예감
□ 予期(よき) 예기	□ 余興(よきょう) 여흥	□ 抑圧(よくあつ) 억압
□ 抑止(よくし) 억지	□ 抑制(よくせい) 억제 N1문규	□ 容認(ようにん) 용인
□ 欲望(よくぼう) 욕망	□ 抑揚(よくよう) 억양	□ 抑留(よくりゅう) 억류
□ 予言(よげん) 예언	□ 予告(よこく) 예고	□ 横綱(よこづな) 씨름꾼의 최고위, 제1인자

- □ 予想(よそう) 예상
- □ 予測(よそく) 예측
- □ 予断(よだん) 예측 N1문규
- □ 余地(よち) 여지
- □ 予約(よやく) 예약
- □ 余裕(よゆう) 여유
- □ 輿論(よろん) 여론
- □ 弱気(よわき) 약한 소리
- □ 弱音(よわね) 약한 말, 나약한 말

らわ

- □ 落胆(らくたん) 낙담 N1유의
- □ 酪農(らくのう) 낙농
- □ 拉致(らち) 납치(らっち라고도 함)
- □ 楽観(らっかん) 낙관 N1문규
- □ 羅列(られつ) 나열
- □ 濫用(らんよう) 남용
- □ 利益(りえき) 이익 N1읽기
- □ 理屈(りくつ) 도리, 이치
- □ 利子(りし) 이자
- □ 利潤(りじゅん) 이윤
- □ 理性(りせい) 이성 N1문규
- □ 利息(りそく) 이자
- □ 律儀(りちぎ)・律義(りちぎ) 의리가 두터움, 성실하고 정직함
- □ 略奪(りゃくだつ) 약탈
- □ 理由(りゆう) 이유
- □ 流出(りゅうしゅつ) 유출 N1문규
- □ 隆盛(りゅうせい) 융성
- □ 流入(りゅうにゅう) 유입
- □ 留保(りゅうほ) 유보, 보류
- □ 領域(りょういき) 영역 N1문규
- □ 領海(りょうかい) 영해
- □ 両極(りょうきょく) 양극
- □ 良識(りょうしき) 양식 N1문규
- □ 良質(りょうしつ) 양질
- □ 了承(りょうしょう) 승낙함, 납득함
- □ 良心(りょうしん) 양심
- □ 領地(りょうち) 영지
- □ 領土(りょうど) 영토
- □ 履歴(りれき) 이력
- □ 理論(りろん) 이론
- □ 輪郭(りんかく) 윤곽
- □ 林業(りんぎょう) 임업
- □ 臨終(りんじゅう) 임종
- □ 臨床(りんしょう) 임상
- □ 隣接(りんせつ) 인접
- □ 倫理(りんり) 윤리 N1읽기
- □ 類似(るいじ) 유사 N1읽기
- □ 類推(るいすい) 유추 N1문규
- □ 累積(るいせき) 누적
- □ 流布(るふ) 유포
- □ 例証(れいしょう) 예증
- □ 冷蔵(れいぞう) 냉장
- □ 恋愛(れんあい) 연애
- □ 連係(れんけい) 연계
- □ 連携(れんけい) 제휴 N1용법
- □ 連結(れんけつ) 연결
- □ 連行(れんこう) 연행
- □ 連鎖(れんさ) 연쇄
- □ 連日(れんじつ) 연일 N1읽기
- □ 連帯(れんたい) 연대 N1문규
- □ 連中(れんちゅう) 한 패, 동아리, 일당, 그 패들(れんじゅう라고도 함)
- □ 連動(れんどう) 연동
- □ 連邦(れんぽう) 연방
- □ 連盟(れんめい) 연맹
- □ 労苦(ろうく) 노고, 수고
- □ 老衰(ろうすい) 노쇠 N1읽기
- □ 朗読(ろうどく) 낭독
- □ 狼狽(ろうばい) 당황함, 허둥지둥함
- □ 浪費(ろうひ) 낭비 N1문규
- □ 朗報(ろうほう) 낭보 N1유의
- □ 労務(ろうむ) 노무

- □ 労力(ろうりょく) 노력, 수고
- □ 露出(ろしゅつ) 노출
- □ 露呈(ろてい) 드러남
- □ 露店(ろてん) 노점
- □ 論議(ろんぎ) 논의
- □ 論陣(ろんじん) 논진
- □ 論理(ろんり) 논리 N1문규
- □ 歪曲(わいきょく) 왜곡
- □ 和解(わかい) 화해
- □ 惑星(わくせい) 혹성
- □ 枠内(わくない) 테두리 안 N1읽기
- □ 悪者(わるもの) 나쁜놈, 악인
- □ 腕力(わんりょく) 완력, (팔의) 힘

[3] 그밖의 명사

「~的な(~적인)」 등과 같이 일부 な형용사도 포함되어 있습니다.

あ

- □ 上(あ)がり 끝남, (근무·일) 마침
- □ 跡継(あとつ)ぎ 대를 이음, 후사
- □ あられ 싸락눈
- □ ありきたり 흔히 있음 N1유의
- □ 安全性(あんぜんせい) 안정성
- □ 言(い)い訳(わけ) 변명 N1유의
- □ 憤(いきどお)り 분노 N1읽기
- □ 依存心(いぞんしん) 의존심
- □ 一期一会(いちごいちえ) (다도에서) 일생에 한 번만 만나는 인연
- □ いとま 짬, 휴가
- □ いびき 코고는 소리
- □ 異邦人(いほうじん) 이방인
- □ 意味深長(いみしんちょう) 의미심장
- □ 苛立(いらだ)ち 조바심이 남, 초조함
- □ 印象的(いんしょうてき) 인상적
- □ いんちき 부정, 사기, 엉터리임
- □ うたたね 선잠, 얕은 잠
- □ 有頂天(うちょうてん) 기뻐서 어쩔 줄 모름
- □ うなぎのぼり 빠르게 올라감 N1문규
- □ うぬぼれ 자부(심)
- □ 裏返(うらがえ)し 뒤집음
- □ 裏付(うらづ)け 확실한 증거 N1유의
- □ 英語圏(えいごけん) 영어권 N1문규
- □ 奥(おく)の手(て) 오의, 비법
- □ おすそ分(わ)け 얻은 것의 일부를 남에게 나누어 줌
- □ お手上(てあ)げ 어찌할 도리가 없음 N1유의
- □ おまけ 값을 깍음, 덤, 경품
- □ 表向(おもてむ)き 공공연함, 표면상 N1읽기

か

- □ 懐柔策(かいじゅうさく) 회유책
- □ 改訂版(かいていばん) 개정판 N1문규
- □ 科学的(かがくてき) 과학적
- □ かかと 발뒤꿈치
- □ 画一化(かくいつか) 획일화
- □ 画一的(かくいつてき) 획일적 N1읽기

- □ 駆け足(かけあし) 뛰어감, 구보
- □ かすみ 안개, 특히 봄안개를 이름
- □ 価値観(かちかん) 가치관
- □ 画期的(かっきてき) 획기적
- □ 金づち(かなづち) 쇠망치, 수영 못하는 사람
- □ 可能性(かのうせい) 가능성
- □ 体付き(からだつき) 몸매, 체격
- □ かんがい 관개
- □ 勘違い(かんちがい) 착각 N1유의
- □ 感無量(かんむりょう) 감개 무량
- □ 管理職(かんりしょく) 관리직
- □ 貫ろく(かんろく) 관록
- □ 企画書(きかくしょ) 기획서
- □ 危険性(きけんせい) 위험성
- □ きっかけ 계기
- □ 気まぐれ(きまぐれ) 변덕
- □ きまじめ 고지식함
- □ 逆説的(ぎゃくせつてき) 역설적
- □ 驚異的(きょういてき) 경이적
- □ 巨視的(きょしてき) 거시적
- □ 緊迫感(きんぱくかん) 긴박감
- □ くじ 제비, 추첨
- □ 口出し(くちだし) 말참견 N1용법
- □ くちばし 부리, 주둥이
- □ 屈辱的(くつじょくてき) 굴욕적
- □ けだもの 짐승
- □ 決勝戦(けっしょうせん) 결승전
- □ 嫌悪感(けんおかん) 혐오감
- □ 研さん(けんさん) 연찬, (학문 등을) 깊이 연구함
- □ 研修会(けんしゅうかい) 연수회
- □ 顕微鏡(けんびきょう) 현미경
- □ 向学心(こうがくしん) 향학열
- □ 好奇心(こうきしん) 호기심
- □ 恒常的(こうじょうてき) 항상적
- □ 香辛料(こうしんりょう) 향신료 N1읽기
- □ 購買部(こうばいぶ) 구매부
- □ 高齢化(こうれいか) 고령화 N1읽기
- □ 心構え(こころがまえ) 마음가짐 N1용법
- □ 孤独感(こどくかん) 고독감
- □ ことづて 의탁, 전갈, 전언
- □ 懇談会(こんだんかい) 간담회

さ

- □ 作為的(さくいてき) 작위적
- □ 差し引き(さしひき) 공제, 정산 결과
- □ さなか 한창 ~인 때
- □ 五月雨(さみだれ) 장마
- □ 恣意的(しいてき) 자의적
- □ 仕打ち(しうち) (남에 대한) 처사
- □ 仕掛け(しかけ) 장치, 속임수 N1문규
- □ 仕組み・仕組(しくみ・しくみ) 구조, 계획, 줄거리 N1유의
- □ 嗜好品(しこうひん) 기호품
- □ 刺しゅう(ししゅう) 자수
- □ 滴(しずく) 물방울
- □ 自尊心(じそんしん) 자존심 N1유의
- □ 下調べ(したしらべ) 예비 조사, 예습
- □ しつけ 예의 범절을 가르침
- □ 下取り(したどり) 신품의 대금 일부로 중고품을 판매자가 인수하는 일
- □ しにょう 대소변
- □ 写真展(しゃしんてん) 사진전
- □ 従業員(じゅうぎょういん) 종업원
- □ 重厚感(じゅうこうかん) 중후감
- □ 終始一貫(しゅうしいっかん) 시종일관
- □ 周章狼狽(しゅうしょうろうばい) 당황하여 어쩔 줄 모름
- □ 主人公(しゅじんこう) 주인공
- □ 出席者(しゅっせきしゃ) 출석자
- □ 消費量(しょうひりょう) 소비량
- □ 情報誌(じょうほうし) 정보지
- □ 情報網(じょうほうもう) 정보망 N1문규
- □ 植民地(しょくみんち) 식민지
- □ 所持品(しょじひん) 소지품

□ 人為的(じんいてき) 인위적
□ 水害地(すいがいち) 수해지
□ ずぶぬれ 흠뻑 젖음
□ すべ 방법, 수단, 도리 N1유의
□ 擦れ違い(すれちがい) 마주 스쳐 지나감, 엇갈림
□ 政府筋(せいふすじ) 정부 소식통 N1읽기
□ 税務署(ぜいむしょ) 세무서
□ 精力的(せいりょくてき) 정력적 N1문규
□ せがれ (자신의) 아들놈, 자식
□ 責任者(せきにんしゃ) 책임자
□ 積極的(せっきょくてき) 적극적
□ 窃盗犯(せっとうはん) 절도범
□ 洗濯機(せんたくき) 세탁기
□ 専門家(せんもんか) 전문가
□ そっぽ 다른 쪽, 딴 쪽
□ そり 썰매
□ そろい (빠짐없이) 모두 갖추어짐

□ 大歓迎(だいかんげい) 대환영
□ 台無し(だいなし) 엉망이 됨 N1문규
□ たきび 모닥불
□ 只(ただ) 무료, 공짜 N1유의
□ たるみ 느슨함
□ 短期的(たんきてき) 단기적
□ 誕生日(たんじょうび) 생일
□ 断トツ(だんトツ) 단연코 선두에 섬
□ 蛋白質(たんぱくしつ) 단백질
□ 短編的(たんぺんてき) 단편적
□ 短絡的(たんらくてき) 단락적
□ 宙返り(ちゅうがえり) 공중제비, 공중회전
□ 長期的(ちょうきてき) 장기적
□ 超難関(ちょうなんかん) 초난관
□ 弔問客(ちょうもんきゃく) 조문객
□ つかのま 잠깐 동안, 순간
□ 継ぎ目(つぎめ) 이음매, 이은 자리
□ つば 침
□ つじつま 사리, 이치, 조리 N1문규
□ つぼ 단지, 항아리
□ つぼみ 꽃봉우리
□ 釣り鐘(つりがね) 조종, 범종
□ 手遅れ(ておくれ) 때를 놓침, 때늦음 N1문규
□ 手掛かり(てがかり) 단서, 실마리 N1유의
□ できもの 부스럼, 종기
□ 手さばき(てさばき) 손놀림
□ 手付き(てつき) 솜씨, 손놀림
□ 徹底的(てっていてき) 철저함
□ 手直し(てなおし) 불완전한 곳을 고침
□ 出直し(でなおし) 다시 함
□ 手の平(てのひら) 손바닥
□ 手分け(てわけ) 분담 N유의
□ 洞察力(どうさつりょく) 통찰력
□ 同世代(どうせだい) 동시대, 같은 세대
□ 度外視(どがいし) 도외시
□ 督促状(とくそくじょう) 독촉장
□ 匿名性(とくめいせい) 익명성
□ 戸締まり(とじまり) 문단속
□ 戸惑い(とまどい) 당황함, 허둥댐, 당혹함
□ 共働き(ともばたらき) 맞벌이(=共稼ぎ(ともかせぎ))
□ 虎の巻(とらのまき) 병법의 비전서, 자습서
□ 取り柄(とりえ) 취할 점, 쓸모, 장점
□ 取り返し(とりかえし) 되찾음, 만회, 복원
□ 取替えっこ(とりかえっこ) 서로 바꿈
□ 取り崩し(とりくずし) 허는 일, 철거
□ とりこ 사로잡힌 사람, 포로
□ 取り締まり(とりしまり) 단속함 N1문규
□ 取り調べ(とりしらべ) 조사, 수사, 문초, 신문
□ 取り所(とりどころ) 취할 점, 장점
□ 度忘れ(どわすれ) 깜빡 잊어버림

- □ なぎさ 물가, 둔치
- □ なじみ 친숙함, 친한 사이
- □ 並大抵(なみたいてい) 이만저만함
- □ にきび 여드름
- □ 値打(ねう)ち 가치, 값어치
- □ 値引(ねび)き 값을 깎음, 깎아 줌
- □ 根回(ねまわ)し 사전 교섭
- □ 念入(ねんい)り 조심스러움, 공들임
- □ 年功序列(ねんこうじょれつ) 연공서열
- □ 軒並(のきな)み 집들이 늘어서 있음, 집집마다, 모두 N1문규

は

- □ ばい菌(きん) 세균
- □ 配偶者(はいぐうしゃ) 배우자
- □ 排(はい)せつ 배설
- □ 破顔一笑(はがんいっしょう) 파안일소
- □ 拍手喝采(はくしゅかっさい) 박수갈채
- □ 橋渡(はしわた)し 다리를 놓음, 가설, 중개, 중매
- □ はだし 맨발
- □ 抜(ばっ)てき 발탁
- □ 花(はな)びら 꽃잎
- □ 繁華街(はんかがい) 번화가
- □ 被疑者(ひぎしゃ) 피의자
- □ 否定的(ひていてき) 부정적
- □ 人一倍(ひといちばい) 남보다 갑절, 유별남 N1용법
- □ 一筋縄(ひとすじなわ) 보통 수단
- □ 一時(ひととき) 한동안, 한때
- □ 人並(ひとな)み 보통 정도, 남과 같음
- □ 日取(ひど)り 날짜를 정함, 기일, 일정
- □ ひなた 양지, 양달
- □ 飛躍的(ひやくてき) 비약적
- □ 披露宴(ひろうえん) 피로연
- □ ピンはね 삥땅 침
- □ 不可欠(ふかけつ) 불가결
- □ 不可避(ふかひ) 불가피
- □ 不平等(ふびょうどう) 불평등 N1읽기
- □ 踏(ふ)み場(ば) 발 디딜 곳 N1읽기
- □ 雰囲気(ふんいき) 분위기
- □ 平行線(へいこうせん) 평행선
- □ 閉鎖的(へいさてき) 폐쇄적
- □ 弁護士(べんごし) 변호사
- □ ほどほど 적당, 알맞은 정도
- □ ほとり 근처, 부근

ま

- □ 前売(まえう)り 예매
- □ まちまち 제각기 다름 N1용법
- □ 真(ま)っ二(ぷた)つ 두 동강, 딱 절반
- □ まばたき 깜빡임, 반짝임
- □ 丸(まる)ごと 통째(로), 온통
- □ まり 공, 볼
- □ まんえん 만연
- □ 真(ま)ん前(まえ) 바로 앞, 정면
- □ 見込(みこ)み 예상, 장래성 N1용법
- □ 微(み)じん 미진, 작은 먼지
- □ 未曾有(みぞう) 미증유
- □ 見積(みつ)もり 어림, 견적
- □ 見通(みとお)し 전망, 장래의 예측
- □ 身(み)なり 옷차림 N1문규
- □ 身(み)の上(うえ) 신상, 일신의 처지, 운명
- □ 身(み)の回(まわ)り 신변의 일 N1문규
- □ 見晴(みは)らし 전망
- □ 身振(みぶ)り 몸짓

- □ 無計画(むけいかく) 무계획 N1문규
- □ 結び付き(むすびつき) 연결, 결합, 결속
- □ 無駄遣い(むだづかい) 낭비, 헛되이 씀
- □ むら 얼룩
- □ 名探偵(めいたんてい) 명탐정
- □ 目付き(めつき) 눈의 표정, 눈초리
- □ 目盛り(めもり) (계량기의) 눈금
- □ もくろみ 계획, 의도, 목적
- □ 持ち切り(もちきり) 계속 같은 화제가 이어짐
- □ もも 넓적다리, 대퇴
- □ 門外漢(もんがいかん) 문외한

やらわ

- □ 夕暮れ(ゆうぐれ) 황혼, 해질녘
- □ 優先的(ゆうせんてき) 우선적
- □ 夕焼け(ゆうやけ) 저녁놀
- □ 行き違い(ゆきちがい) 오해, 착오 N1문규
- □ ゆとり 여유 N1용법
- □ 容疑者(ようぎしゃ) 용의자
- □ よしあし 좋고 나쁨, 선악
- □ 予想外(よそうがい) 예상외
- □ よそみ 한눈팖, 곁눈질
- □ よだれ (흘리는) 침, 군침
- □ 夜更かし(よふかし) 밤 늦게까지 안 잠
- □ 夜更け(よふけ) 야밤, 심야
- □ 臨機応変(りんきおうへん) 임기 응변
- □ 類似点(るいじてん) 유사점
- □ 連帯感(れんたいかん) 연대감
- □ ろく 사물의 상태가 정당함, 본격적임
- □ 渡り鳥(わたりどり) 철새
- □ 割り当て(わりあて) 할당, 배당
- □ わんぱく 장난꾸러기, 개구쟁이

2 출제 예상 동사

あ

- □ 仰ぐ(あおぐ) 쳐다보다, 우러러보다
- □ 明かす(あかす) 밝히다, 털어놓다 N1문규
- □ 赤らむ(あからむ) 붉히다
- □ 商う(あきなう) 장사하다
- □ 諦める(あきらめる) 체념하다, 단념하다 N1유의
- □ 飽きる(あきる) 싫증나다, 물리다
- □ 挙げる(あげる) 거행하다, 들다
- □ 欺く(あざむく) 속이다
- □ あせる 바래다
- □ 焦る(あせる) 안달하다, 서두르다
- □ 値する(あたいする) 값하다, ~할 만하다 N1읽기
- □ あつらえる 주문하다, 맞추다

□ 暴(あば)く 폭로하다, 파헤치다

□ 溢(あふ)れる 넘치다

□ 操(あやつ)る 조종하다, 다루다

□ 誤(あやま)る 실수하다

□ 歩(あゆ)む 걷다, 전진하다

□ 改(あらた)まる 새로워지다, 격식을 차리다

□ 慌(あわ)てる 당황하다 N1유의

□ 生(い)かす 살리다 N1문규

□ 憤(いきどお)る 분개하다

□ いじる 주무르다, 만지다 N1문규

□ 炒(いた)める 기름에 볶다, 지지다

□ 傷(いた)める 망가뜨리다, 상하게 하다

□ 偽(いつわ)る 거짓말하다, 속이다

□ 挑(いど)む 도전하다

□ いやす (상처·병 따위를) 고치다

□ 浮(う)く 뜨다, 들뜨다

□ 埋(うず)める 묻다, 파묻다

□ 促(うなが)す 재촉하다 N1읽기

□ 奪(うば)う 빼앗다

□ 恨(うら)む 원망하다

□ 潤(うるお)す 적시다 N1읽기

□ うろたえる 당황하다 N1유의

□ 演(えん)じる・演(えん)ずる (무대에서) 연기를 하다

□ 横行(おうこう)する 활개치다, 설치다

□ 侵(おか)す 침범하다, 침해하다

□ 怠(おこた)る 게을리하다, 소홀히 하다 N1용법

□ 浴(あ)びる 뒤집어쓰다, 받다

□ 甘(あま)える 응석부리다, 어리광부리다

□ 危(あや)ぶむ 의심하다, 위태로워하다, 걱정하다 N1읽기

□ 謝(あやま)る 사죄하다

□ 荒(あ)らす 망치다, 휩쓸다

□ 合(あ)わす 합치다

□ 案(あん)じる・案(あん)ずる 걱정하다, 염려하다

□ 怒(いか)る 성내다, 화내다

□ いける (꽃 등을) 꽂다

□ 急(いそ)がせる 서두르게 하다 N1유의

□ 痛(いた)める 다치다, 손상하다

□ いたわる (친절하게) 돌보다, (노고를) 위로하다 N1용법

□ 営(いとな)む 영위하다, 경영하다

□ 否(いな)む 거절하다, 사절하다

□ 射(い)る (활을) 쏘다

□ 薄(うす)まる 엷어지다

□ 疑(うたが)う 의심하다

□ 頷(うなず)く 고개를 끄덕이다

□ 敬(うやま)う 존경하다, 공경하다

□ 潤(うるお)う 축이다, 윤택하게 하다 N1읽기

□ 潤(うる)む 물기를 띠다, 흐릿해지다, 울먹이다

□ 描(えが)く 그리다

□ 老(お)いる 늙다

□ 覆(おお)う 덮다, 가리다

□ 拝(おが)む 절하다, 배례하다

□ おごる 한턱 내다 N1용법

- □ 抑(おさ)える 억제하다, 막다
- □ 納(おさ)まる 걷히다, 들어오다
- □ 治(おさ)まる 진정되다, 조용해지다 N1문규
- □ 惜(お)しむ 아끼다, 애석해하다 N1읽기
- □ 推(お)す 추천하다
- □ 襲(おそ)う 습격하다 N1읽기
- □ おだてる 치켜세우다
- □ 陥(おちい)る 빠지다
- □ 脅(おど)かす 으르다, 위협하다
- □ 脅(おど)す 으르다, 위협하다
- □ 訪(おとず)れる 방문하다
- □ 劣(おと)る 뒤떨어지다
- □ 踊(おど)る 춤추다
- □ 躍(おど)る 뛰다, 뛰어오르다
- □ 驚(おどろ)く 놀라다 N1유의
- □ おびえる 겁내다, 놀라다
- □ 脅(おびや)かす 위협하다, 위태롭게 하다 N1읽기
- □ 帯(お)びる 띠다, 머금다 N1용법
- □ 赴(おもむ)く 향하여 가다, 즉시 향하다
- □ 思(おも)われる 여겨지다
- □ 重(おも)んじる・重(おも)んずる 중요시하다, 존중하다
- □ 及(およ)ぶ (영향을) 미치다 N1문규
- □ 及(およ)ぼす 미치다, 이르다

か

- □ 介(かい)する 개재시키다, 끼우다
- □ 害(がい)する 해치다, 상하게 하다
- □ 回想(かいそう)する 회상하다
- □ 顧(かえり)みる 돌아보다, 회고하다
- □ 省(かえり)みる 돌이켜 보다, 반성하다 N1읽기
- □ 抱(かか)える 껴안다, 떠맡다, 고용하다
- □ 掲(かか)げる 내걸다
- □ かく (창피를) 당하다
- □ 欠(か)く 빠지다, 결여하다
- □ 描(か)く 그리다
- □ 嗅(か)ぐ 냄새 맡다
- □ 画(かく)する 선을 긋다
- □ 隠(かく)れる 숨다
- □ かける 걸다, 내기를 하다
- □ 駆(か)ける (전속력) 달리다, 뛰다 N1읽기
- □ かさばる 부피가 커지다 N1문규
- □ かさむ 부피가 커지다
- □ かすむ 안개가 끼다, 희미하게 보이다
- □ かする 스치다
- □ 嫁(か)する 전가하다
- □ 稼(かせ)ぐ 벌다
- □ 傾(かたむ)ける 기울이다
- □ 固(かた)める 굳히다, 다지다
- □ 偏(かたよ)る 치우치다 N1읽기

- □ かなう ① 들어맞다, 꼭 맞다 ② 이루어지다 ③ 필적하다 N1용법
- □ かなえる ① 들어맞추다 ② 충족시키다 ③ 성취시키다
- □ 奏(かな)でる 연주하다
- □ かばう 감싸다 N1용법
- □ かぶれる (옻 등을) 타다, 피부염을 일으키다
- □ 構(かま)える 갖추다, 자세를 취하다
- □ かまける 얽매이다
- □ 絡(から)む 얽히다 N1읽기
- □ 絡(から)める 바르다, 묻히다
- □ かれる (물이) 마르다
- □ 交(か)わす 주고받다, 교환하다
- □ 鑑(かんが)みる 전례에 비추다
- □ 兆(きざ)す 싹트다, 징조가 보이다
- □ きしむ 삐걱거리다 N1문규
- □ 帰(き)す・帰(き)する 돌아가다, ~에게 돌리다
- □ 期(き)す・期(き)する 기약하다
- □ 築(きず)く 쌓다, 구축하다
- □ 競(きそ)う 다투다, 경쟁하다
- □ 鍛(きた)える 단련하다
- □ 来(きた)す 오게 하다, 초래하다 N1문규
- □ 来(きた)る 오다, 다가오다
- □ 喫(きっ)する 마시다, 피우다, 당하다
- □ 興(きょう)じる・興(きょう)ずる 즐기다, 흥겨워하다
- □ 極(きわ)める 깊이 연구하다
- □ 極(きわ)まる 극도에 달하다, ~하기 짝이 없다
- □ 禁(きん)じる 금하다
- □ くぐる 빠져 나가다, 잠수하다
- □ 腐(くさ)る 썩다
- □ 崩(くず)す 무너뜨리다
- □ 崩(くず)れる 무너지다
- □ 砕(くだ)く 부수다
- □ 下(くだ)す 내리다, 하달하다 N1문규
- □ 覆(くつがえ)す 뒤엎다 N1읽기·문규
- □ 覆(くつがえ)る 뒤집히다
- □ 曇(くも)る 흐리다, 흐려지다
- □ 悔(く)やむ 후회하다
- □ 企(くわだ)てる 계획하다, 꾀하다
- □ 汚(けが)す 더럽히다, (명예를) 훼손시키다
- □ 汚(けが)れる 더러워지다
- □ 削(けず)る 깎다
- □ けなす 헐뜯다, 비방하다 N1유의
- □ 煙(けむ)る 연기가 나다, (부옇게) 흐려보이다
- □ 講(こう)じる 강구하다
- □ 被(こうむ)る 받다, 입다
- □ こぐ 젓다, 페달을 밟다
- □ 志(こころざ)す 지향하다, 뜻을 두다 N1읽기
- □ 試(こころ)みる 시도해 보다
- □ こす 거르다, 여과하다
- □ 応(こた)える 응하다, 보답하다
- □ 拘(こだわ)る 구애되다 N1문규
- □ 断(ことわ)る 거절하다, 사절하다, 양해를 얻다
- □ 拒(こば)む 거절하다 N1읽기

- □ こぼす 불평하다, 푸념하다, 투덜대다
- □ こみあげる 치밀어 오르다 N1문규
- □ こもる 자욱하다, 가득 차다
- □ 懲(こ)りる 넌더리나다, 데다
- □ 転(ころ)がる 구르다, 넘어지다
- □ 困(こま)る 난처해지다 N1유의
- □ 込(こ)める 넣다 N1읽기·문규
- □ 凝(こ)らす (눈, 귀 등을) 한곳에 집중시키다
- □ 凝(こ)る 엉기다, 응고하다, 열중하다
- □ 壊(こわ)す 부수다 N1읽기

さ

- □ 遮(さえぎ)る 차단하다 N1읽기
- □ さえる (머리가) 맑아지다 N1문규
- □ 逆(さか)らう 거역하다
- □ 避(さ)ける 피하다
- □ 捧(ささ)げる 바치다
- □ 授(さず)ける 수여하다, 하사하다
- □ 定(さだ)まる 정해지다
- □ 察(さっ)する 헤아리다 N1문규
- □ 悟(さと)る 깨닫다
- □ 妨(さまた)げる 방해하다
- □ さまよう 방황하다, 헤매다
- □ 触(さわ)る 닿다, 손을 대다
- □ 強(し)いる 강요하다, 강제하다, 강권하다
- □ 沈(しず)める 가라앉히다, 잠그다
- □ 慕(した)う 그리워하다 N1읽기
- □ 親(した)しむ 친하게 지내다
- □ しなびる 시들다
- □ 縛(しば)る 묶다, 매다
- □ 締(し)める 매다, 잠그다 N1읽기
- □ さえずる (새가) 지저귀다
- □ 遡(さかのぼ)る 거슬러 올라가다
- □ 探(さぐ)る 뒤지다, 찾다
- □ 裂(さ)ける 찢어지다, 갈라지다
- □ 挿(さ)す 꽂다
- □ さする 문지르다
- □ 定(さだ)める 정하다
- □ 察知(さっち)する 헤아리다, 짐작하다 N1문규
- □ 裁(さば)く 시비를 가리다, 심판하다
- □ サボる 게으름 피우다
- □ さらう 채다, 채가다
- □ 障(さわ)る 해롭다, 방해가 되다
- □ しける 습기가 차다
- □ 鎮(しず)める 가라앉히다
- □ 従(したが)う 따르다, 좇다
- □ しつける 예의 범절을 가르치다
- □ しのぐ 참고 견디다
- □ 染(し)みる 배다, 배어들다
- □ しゃれる 세련되다, 멋지다

- □ 称(しょう)する 칭하다
- □ 調(しら)べる 조사하다
- □ 据(す)える (물건을) 놓다, 설치하다
- □ すく (종이·김 따위를) 뜨다
- □ すくう 떠내다, 뜨다, 물을 뜨다
- □ すくむ 움츠러지다
- □ すくめる 움츠리다
- □ 透(す)ける (사물을 통해서) 들여다보이다
- □ すすぐ 씻다, 헹구다
- □ すすぐ 가시다, 양치질하다
- □ 廃(すた)れる 쓰이지 않게 되다, 쇠퇴하다
- □ 澄(す)ます 맑게 하다, (귀를) 기울이다
- □ 擦(す)る 문지르다, 갈다
- □ 擦(す)れる 스치다
- □ 制(せい)する 제지하다, 억제하다
- □ せかす 재촉하다, 서두르게 하다 N1유의
- □ 切望(せつぼう)する 간절히 바라다
- □ 狭(せば)める 좁히다
- □ 迫(せま)る 다가오다, 좁혀지다
- □ 添(そ)える 첨부하다 N1읽기
- □ 即(そく)する 입각하다
- □ 損(そこ)なう・損(そこ)ねる 파손하다, 해치다 N1용법
- □ そしる 비난하다, 비방하다
- □ 唆(そそのか)す 꼬드기다, 부추기다
- □ そそる 돋우다, 자아내다
- □ 備(そな)える 준비하다, 대비하다
- □ 備(そな)わる 갖춰지다, 구비되다 N1문규
- □ そびえる 우뚝 솟다, 치솟다
- □ 染(そ)まる 물들다
- □ 背(そむ)く 등지다, 어기다, 거역하다
- □ 染(そ)める 물들이다. 염색하다
- □ そらす (방향을) 딴 데로 돌리다
- □ 反(そ)る (활 모양으로) 휘다, 젖혀지다
- □ それる 빗나가다, 빗맞다

た

- □ 耐(た)える・堪(た)える 견디다, 참다
- □ 託(たく)す 맡기다 N1읽기
- □ 巧(たく)む 꾸미다, 기교를 부리다
- □ 蓄(たくわ)える 저장하다 N1읽기
- □ 携(たずさ)える 휴대하다, 지니다
- □ 携(たずさ)わる 관계하다, 종사하다 N1용법
- □ 堕(だ)する (좋지 않은 상태로) 빠지다
- □ たたえる 기리다 N1문규
- □ 畳(たた)む 접다, 개다
- □ 漂(ただよ)う 떠돌다, 감돌다 N1읽기
- □ 断(た)つ 끊다
- □ 脱(だっ)する 벗어나다 N1읽기
- □ 奉(たてまつ)る 바치다
- □ たどる 더듬다, 더듬어 찾다 N1문규

□ ためらう 주저하다 N1문규

□ 束(たば)ねる 묶다, 한 뭉치로 하다

□ たまう 주시다, 내리시다

□ 黙(だま)る 말이 없다, 가만히 있다

□ 賜(たまわ)る 받다, 내려주시다

□ 絶(た)やす 끊어지게 하다

□ たるむ 느슨해지다, 해이해지다

□ 垂(た)れる 드리워지다

□ 違(ちが)える 달리하다, 틀리다, 접지르다

□ 縮(ちぢ)まる 줄다, 감소하다, 움츠러들다

□ 縮(ちぢ)れる 주름지다

□ 費(つい)やす 소비하다 N1읽기·문규

□ つかえる 막히다, 메다, 밀리다

□ 仕(つか)える 시중 들다, 섬기다

□ 司(つかさど)る 맡다, 담당하다

□ 突(つ)く 자극하다, 찌르다 N1문규

□ 着(つ)く 도착하다

□ 継(つ)ぐ 계승하다

□ 尽(つ)くす 다하다 N1문규

□ 接(つ)ぐ 접목하다

□ 償(つぐな)う 갚다, 보상하다, 변상하다

□ 伝(つた)う (어떤 것을 따라서) 이동하다

□ 培(つちか)う 가꾸다, 기르다, 배양하다

□ 謹(つつし)む 황공해하다, 경의를 표하다

□ 慎(つつし)む 삼가다, 조심하다

□ 集(つど)う 모이다

□ 勤(つと)まる 근무할 수 있다, 감당해 내다 (務まる라고도 씀)

□ 勤(つと)める 근무하다

□ 募(つの)る 모집하다, 점점 심해지다

□ つねる 꼬집다

□ 潰(つぶ)す 찌부러뜨리다, 으깨다

□ つぶやく 중얼거리다, 투덜대다

□ つぶる (눈을) 감다

□ つまむ 집다, 집어 먹다

□ 摘(つ)む 뜯다, 따다

□ 積(つ)む 쌓다, 싣다

□ 紡(つむ)ぐ 실을 뽑다, 잣다

□ 強(つよ)める 세게 하다

□ 連(つら)なる 연속해 있다

□ 貫(つらぬ)く 꿰뚫다, 관철하다 N1읽기

□ 連(つら)ねる 늘어 놓다, 줄지다

□ 徹(てっ)する 철저하다, 투철하다

□ 転(てん)じる・転(てん)ずる 전환하다

□ 投(とう)じる・投(とう)ずる ① 편승하다 ② 참여하다 ③ 항복하다 ④ 던지다

□ 動(どう)じる・動(どう)ずる 동요하다

□ 同(どう)じる・同(どう)ずる 동의하다, 찬성하다

□ 尊(とうと)ぶ・貴(とうと)ぶ 숭상하다, 존경하다

□ とがめる 책망하다

□ 説(と)く 설득하다

□ 研(と)ぐ 갈다 N1용법

□ 遂(と)げる 이루다

□ とじる 철하다

□ 届(とど)く 닿다, 미치다

□ 滞(とどこお)る 밀리다, 정체하다 N1읽기

□ 整(ととの)う・調(ととの)う ① 구비되다, 갖추어지다 ② 성립되다, 마련되다

□ 整(ととの)える・調(ととの)える ① 조정하다, 조절하다 ② 갖추다, 준비하다

□ とどめる 멈추다, 세우다

□ 称(とな)える 호칭하다

□ 唱(とな)える 외치다, 주장하다 N1읽기

□ とぼける 얼빠지다, 시치미를 떼다

□ 富(と)む 재산이 많다, ~이 풍부하다

□ 伴(ともな)う 동반하다, 데리고 가다

□ とろける 녹다

な

□ 萎(な)える 힘이 풀리다, 쇠약해지다

□ 眺(なが)める 전망하다, 바라보다

□ 慰(なぐさ)める 위로하다

□ 嘆(なげ)く 탄식하다 N1읽기

□ なじむ 익숙해지다 N1유의

□ なじる 힐책하다, 따지다

□ なぞる (글씨·그림 위에) 덧쓰다, 본뜨다

□ なめる 핥다, (쓰라림을) 겪다, 깔보다

□ 倣(なら)う 모방하다

□ 慣(な)らす 길들이다

□ 慣(な)れる 익숙해지다 N1유의

□ におう 냄새가 나다, 향기가 나다

□ にぎわう 활기차다 N1용법

□ 憎(にく)む 미워하다

□ にじむ 번지다 N1용법

□ 担(にな)う 짊어지다, 메다 N1문규

□ 鈍(にぶ)る 둔해지다, 무디어지다 N1읽기

□ 縫(ぬ)う 꿰매다

□ 抜(ぬ)かす 빠뜨리다

□ 塗(ぬ)る 칠하다

□ ねじれる 비뚤어지다, 꼬이다

□ ねたむ 시기하다, 질투하다

□ ねだる 조르다, 졸라대다

□ 粘(ねば)る 잘 달라붙다, 차지게 붙다

□ 狙(ねら)う 겨누다, 노리다

□ 逃(のが)す 놓치다

□ 逃(のが)れる 달아나다, 벗어나다 N1읽기

□ 練(ね)る ① 반죽하다 ② (계획·문장 따위를) 다듬다, 짜다 N1읽기·문규

□ 望(のぞ)む 바라다, 기대하다

□ 臨(のぞ)む 임하다 N1읽기

□ ののしる 욕을 퍼붓다, 매도하다

□ 載る(の) 실리다

は

□ 映える(は) (빛을 받아) 빛나다

□ はがす 벗기다, 떼다 N1용법

□ 捗る(はかど) 일이 순조롭게 되어 가다 N1유의

□ 図る(はか) 꾀하다, 도모하다

□ 謀る(はか) 꾀하다, 꾸미다

□ 諮る(はか) 의견을 묻다, 상의하다

□ はぐ (껍질 등을) 벗기다, 박탈하다

□ 育む(はぐく) 기르다, 새끼를 품어 기르다

□ 博す(はく)・博する(はく) 떨치다, 독차지하다

□ 励ます(はげ) 격려하다

□ 励む(はげ) 힘쓰다 N1읽기

□ はげる (칠 등이) 벗겨지다

□ はげる (머리가) 벗어지다

□ ばける 둔갑하다, 가장하다

□ はじく 튀기다, 튕겨 내다 N1문규

□ 恥じらう(は) 부끄러워하다, 수줍어하다

□ 恥じる(は) 부끄러워하다, 부끄럽게 생각하다

□ 弾む(はず) 신바람이 나다 N1문규

□ 外れる(はず) 빠지다, 벗겨지다

□ はたく 치다, 때리다

□ 果たす(は) 완수하다, 다하다

□ 発する(はっ) 발하다, 출발하다

□ 果てる(は) 끝나다

□ ばてる 지치다, 기진하다

□ 放つ(はな) 떼어놓다, 발하다

□ 放れる(はな) 놓이다, 풀리다

□ 離れる(はな) 떨어지다, 벌어지다

□ はねる 받아서 나가떨어지게 하다

□ 跳ねる(は) 뛰어오르다, 튀다

□ はばかる 꺼리다, 삼가다, 주저하다

□ 阻む(はば) 저지하다, 막다 N1읽기

□ はまる 꼭 맞다, 채워지다

□ はめる 끼우다, 채우다

□ 生やす(は) (수염·초목 등) 기르다 N1문규

□ 速まる(はや) 빨라지다

□ 払う(はら) 제거하다, 털다, 지불하다

□ 晴らす(は) (불쾌감·의심 등) 해소시키다

□ ばらす 분해하다, 해체하다

□ 貼る(は) 붙이다

□ はれる 붓다

□ ばれる 탄로나다, 발각되다, 들키다

□ 秀でる(ひい) 뛰어나다

□ 控える(ひか) 대기하다, 앞두다

□ 率いる(ひき) 거느리다, 인솔하다

□ 退く(ひ) 물러서다, 그만두다 N1용법

□ ひずむ 일그러지다, 비뚤어지다

- □ 潜(ひそ)む 숨다
- □ 浸(ひた)す 담그다
- □ 秘(ひ)める 숨기다, 간직하다 N1용법
- □ 冷(ひ)やかす ① 놀리다 ② (살 생각도 없이) 물건을 보거나 값만 물어 보다
- □ ひらめく (생각이) 번쩍 떠오르다
- □ 翻(ひるがえ)す 뒤집다
- □ 広(ひろ)まる 넓어지다, 번지다, 퍼지다
- □ 深(ふか)める 깊게 하다
- □ 含(ふく)まれる 포함되다
- □ 含(ふく)める 포함되다
- □ 膨(ふく)れる 부풀다
- □ ふける 열중하다
- □ 老(ふ)ける 늙다
- □ 踏(ふ)まえる 입각하다
- □ 踏(ふ)む 밟다
- □ 震(ふる)える 흔들리다, 떨리다
- □ 震(ふる)わせる 떨다, 떨게 하다
- □ 振(ふ)れる 흔들리다
- □ 隔(へだ)たる (거리가) 떨어지다, 멀어지다
- □ 隔(へだ)てる 사이에 두다
- □ へりくだる 자기를 낮추다 N1용법
- □ 経(へ)る 지나가다, 거쳐가다
- □ 報(ほう)じる・報(ほう)ずる 보답하다, 보도하다 N1문규
- □ 葬(ほうむ)る 매장하다
- □ 放(ほう)る 내버려두다
- □ ぼける 둔해지다, 흐려지다
- □ 誇(ほこ)る 자랑하다 N1읽기
- □ ほころびる 터지다, 풀리다
- □ ほどける (저절로) 풀어지다 N1용법
- □ 施(ほどこ)す 베풀다, (계획) 세우다 N1문규
- □ ぼやく 투덜거리다
- □ ぼやける 흐려지다, 희미해지다 N1문규
- □ 彫(ほ)る 새기다, 조각하다
- □ 掘(ほ)る 파다, 캐다
- □ 滅(ほろ)ぶ・滅(ほろ)びる 멸망하다 N1읽기·용법
- □ 滅(ほろ)ぼす 멸망시키다

ま

- □ 舞(ま)う 춤추다, 흩날리다
- □ 負(ま)かす 지게 하다, 이기다
- □ 任(まか)す 맡기다
- □ 任(まか)せる 맡기다
- □ 賄(まかな)う 조달하다, 마련하다 N1읽기
- □ 紛(まぎ)らす 숨기다, 달래다
- □ 紛(まぎ)れる ① 헷갈리다, (비슷해서) 분간 못하다 ② 틈타다 N1문규
- □ 勝(まさ)る 낫다, 뛰어나다
- □ 交(まじ)える 섞다
- □ 交(まじ)わる 교차하다 N1문규

- □ またがる 걸치다, 올라타다
- □ まとう 감다, (몸에) 걸치다, 입다
- □ まとめる 합치다, 통합하다
- □ 免(まぬが)れる・免(まぬか)れる 모면하다, 벗어나다 N1문규
- □ 乱(みだ)す 어지럽히다, 흩트리다
- □ 向(む)かう 향하다, 면하다
- □ 向(む)ける 향하다, 돌리다
- □ むしる 쥐어뜯다, 잡아뽑다, 떼어 내다
- □ 恵(めぐ)まれる 혜택 받다, 풍부하다
- □ 召(め)す '먹다·마시다·입다' 등의 높임말
- □ 儲(もう)かる 벌이가 되다
- □ 設(もう)ける 설치하다, 만들다, 마련하다
- □ もくろむ 계획하다, 꾀하다 N1유의
- □ 求(もと)める 구하다
- □ 催(もよお)す 불러 일으키다, 개최하다 N1문규
- □ 漏(も)る (물 등이) 새다

- □ まつわる 얽히다
- □ 惑(まど)う 갈팡거리다, 망설이다
- □ 惑(まど)わす 혼란시키다, 유혹하다
- □ 磨(みが)く 닦다, 갈다, 연마하다
- □ 乱(みだ)れる 어지러워지다, 흐트러지다
- □ 報(むく)いる 보답하다, 갚다
- □ 貪(むさぼ)る 탐하다
- □ むらがる 군집하다
- □ めくる 넘기다, 젖히다
- □ 免(めん)じる・免(めん)ずる 면제하다
- □ 儲(もう)ける 벌다
- □ もがく 발버둥치다
- □ もたらす 가져오다, 초래하다
- □ もめる 분규가 일어나다, 옥신각신하다
- □ 漏(も)らす 새게 하다, 누설하다
- □ 漏(も)れる 새다, 누설되다

や わ

- □ 養(やしな)う 기르다, 양육하다
- □ 病(や)む 병들다, 앓다
- □ 和(やわ)らげる 완화시키다 N1문규
- □ ゆがむ 비뚤어지다, 일그러지다
- □ 揺(ゆ)する 흔들다, (금품) 빼앗다
- □ 揺(ゆ)らぐ 흔들리다, 요동하다 N1문규
- □ 揺(ゆ)るがす (뒤)흔들다
- □ 緩(ゆる)める 늦추다, 느슨하게 하다 N1문규

- □ 安(やす)らぐ (마음이) 편안해지다
- □ 和(やわ)らぐ 누그러지다, (마음이) 풀리다 N1읽기·문규
- □ 有(ゆう)する 가지다, 소유하다
- □ ゆすぐ 헹구다, (입을) 가시다
- □ 委(ゆだ)ねる 위임하다
- □ 揺(ゆ)る 흔들다, (쌀·사금) 일다
- □ 緩(ゆる)む 헐렁해지다, 누그러지다
- □ 要(よう)する 요하다

□ よける 피하다, 옆으로 비키다

□ 蘇る(よみがえる) 되살아나다 N1문규

□ 喜ぶ(よろこぶ) 기뻐하다

□ 装う(よそおう) 치장하다 N1읽기

□ 弱る(よわる) 약해지다, 곤란해지다

3 출제 예상 복합동사

□ あざわらう 조소하다, 비웃다

□ あまりある 남음이 있다, ~하는 데 충분하다

□ 言いそびれる(いいそびれる) 말할 기회를 놓치다

□ 言い張る(いいはる) 우겨대다, 주장하다 N1문규

□ 言い渡す(いいわたす) (결정·명령) 알리다, 선고하다

□ 行きそびれる(いきそびれる) 가지 못하다

□ 苛立てる(いらだてる) 초조하게 하다, 애태우다

□ 浮かび上がる(うかびあがる) 떠오르다

□ 請け負う(うけおう) 청부 맡다

□ 受け継ぐ(うけつぐ) 이어받다, 계승하다

□ 打ち明ける(うちあける) 털어놓다

□ 打ち込む(うちこむ) 열중하다 N1유의

□ 売り尽くす(うりつくす) 다 팔아버리다

□ 追い付く(おいつく) 따라잡다

□ 覆い隠す(おおいかくす) 덮어 가리다

□ 押し込む(おしこむ) 억지로 들어가다

□ 押し寄せる(おしよせる) 밀려 들다, 밀어 닥치다

□ 当てはめる(あてはめる) 적용시키다 N1용법

□ ありふれる 흔해 빠지다 N1유의

□ 言い残す(いいのこす) 당부의 말을 남기다

□ 言い放つ(いいはなつ) 단언하다, 공언하다, 함부로 말하다

□ 意気込む(いきごむ) 힘을 내다, 분발하다

□ 苛立つ(いらだつ) 애가 타다

□ 窺い知る(うかがいしる) 짐작하다

□ 受け入れる(うけいれる) 받아들이다

□ 受け損ねる(うけそこねる) 받을 기회를 놓치다

□ 受け止める(うけとめる) 받다, 받아들이다

□ 打ち切る(うちきる) 자르다, 중단하다

□ 討ち果たす(うちはたす) 죽여 버리다

□ 上回る(うわまわる) 상회하다

□ 追い詰める(おいつめる) 몰아넣다

□ 押し切る(おしきる) 강행하다, 무릅쓰다

□ 押し詰める(おしつめる) 밀어넣다

□ 恐れ入る(おそれいる) 황송해하다

□ 落ち合う 만나다, 합류하다
□ 思い込む 믿어 버리다
□ 抱え込む 껴안다 N1용법
□ 語り明かす 이야기하며 지새우다
□ 醸し出す 자아내다
□ 着飾る 몸치장을 하다, 성장하다
□ 着こなす 맵시 있게 입다
□ 傷付く 상처를 입다
□ 際立つ 두드러지다, 눈에 띄다
□ 食い違う 어긋나다, 엇갈리다
□ ぐずつく ① 꾸물거리다 ② 칭얼거리다
□ 朽ち果てる 썩어 없어지다 N1읽기
□ 組み込む 짜넣다, 편성하다
□ 繰り下げる 뒤로 돌리다
□ 心掛ける 항상 주의하다, 명심하다
□ 差し出す 내밀다, 제출하다, 발송하다
□ 差し引く 빼다, 공제하다
□ 仕上げる 완성하다
□ しがみつく 달라붙다, (꼭) 매달리다 N1용법
□ 仕向ける 대하다, 발송하다
□ 吸い上げる 빨아 올리다
□ 透き通る 비쳐보이다, 투명하다
□ たちこめる 자욱이 끼다
□ たどり着く 겨우 다다르다
□ 食べそびれる 먹지 못하다
□ 使い果たす 다 써버리다
□ 思い返す 회상하다 N1유의
□ 思い詰める 골똘히 생각하다 N1용법
□ かき回す 휘젓다
□ かみ切る 물어 끊다
□ 考え直す 다시 생각하다
□ 聞き損ねる 잘못 알아듣다
□ きしみあう 서로 다투다
□ 切り出す (말을) 꺼내다 N1문규
□ 食い込む 파고들다, 박히다
□ 食い止める 저지하다, 막다 N1문규
□ 口ずさむ 읊조리다, 흥얼거리다
□ 組み合わせる 짜맞추다, 조화시키다
□ 繰り上げる (예정보다) 앞당기다
□ 蹴飛ばす 걷어 차다, 냅다 차다
□ 困り果てる 몹시 난처해지다
□ 差し伸べる 뻗치다
□ 仕上がる 완성되다 N1유의
□ 仕入れる 사들이다, 매입하다
□ 仕立てる 만들다, 양성하다
□ 知り尽くす 다 알아버리다
□ 据え付ける 설치하다
□ 備え付ける 설치하다, 비치하다
□ 立て替える 대금을 대신 치르다 N1문규
□ 度重なる 거듭되다
□ 使いこなす 구사하다 N1문규
□ 疲れ果てる 몹시 지치다

□ 突(つ)き詰(つ)める 밝혀내다, 추궁하다
□ 付(つ)け加(くわ)える 덧붙이다, 첨가하다
□ 突(つ)っ張(ぱ)る 버티다, 떠받치다
□ 詰(つ)めかける 몰려들다, 밀려들다
□ 出(で)くわす (우연히) 만나다
□ 問(と)い合(あ)わせる 문의하다
□ 遠(とお)ざける 멀리하다
□ 途(と)絶(だ)える 두절되다, 끊어지다
□ どなりつける 호통치다
□ 飛(と)び歩(ある)く 뛰어다니다
□ 飛(と)び掛(か)かる 대들다, 덤벼들다
□ 飛(と)び込(こ)む 뛰어들다
□ 飛(と)び抜(ぬ)ける 크게 차이나다, 뛰어나다
□ 戸惑(とまど)う 당황하다, 망설이다 N1읽기·유의
□ 取(と)り入(い)る 환심사다, 아첨하다
□ 取(と)り崩(くず)す 헐다, 무너뜨리다
□ 取(と)り越(こ)す 앞당겨서 하다, 앞당기다
□ 取(と)り仕切(しき)る 혼자 도맡아 하다
□ 取(と)り調(しら)べる 조사하다, 문초하다
□ 取(と)り立(た)てる 징수하다, 특별히 내세우다
□ 取(と)り次(つ)ぐ 전하다, 건네주다 N1문규
□ 取(と)りとめる 멈추다, 명확히 하다
□ 取(と)り外(はず)す 떼다, 빼다, 해체하다
□ 取(と)り混(ま)ぜる 한데 섞다, 뒤섞다
□ 取(と)り戻(もど)す 되찾다, 회복하다 N1문규
□ 泣(な)き明(あ)かす 울며 지새우다

□ 作(つく)り上(あ)げる 만들어 내다
□ つ(っ)つく 쿡쿡 찌르다, 들추어 내다
□ 積(つ)み立(た)てる 적립하다 N1문규
□ 手掛(てが)ける 손수 다루다
□ 出直(でなお)す 다시 하다
□ 遠(とお)ざかる 멀어지다
□ 途切(とぎ)れる 중단되다, 도중에서 끊어지다
□ どなりこむ 격한 소리로 항의하다
□ 跳(と)び上(あ)がる 뛰어오르다, (놀람·기쁨으로) 펄쩍 뛰다
□ 飛(と)び交(か)う 어지럽게 날다
□ 飛(と)び越(こ)す 뛰어넘다, 앞지르다
□ 飛(と)び散(ち)る 사방에 흩날리다, 비상하다
□ 飛(と)び離(はな)れる 큰 차이가 나다
□ 取(と)り合(あ)わせる (적절히) 배합하다
□ 取(と)り押(お)さえる 억누르다, 붙잡다
□ 取(と)り組(く)む 몰두하다 N1유의
□ 取(と)り下(さ)げる 되찾아가다, 취하하다
□ 取(と)り締(し)まる 다잡다, 단속하다
□ 取(と)りそろえる 골고루 갖추다
□ 取(と)り付(つ)く 매달리다, 붙들다, 착수하다
□ 取(と)り付(つ)ける 달다, 장치하다
□ 取(と)り成(な)す 잘 꾸리다, 수습하다
□ 取(と)り巻(ま)く 둘러싸다, 에워싸다
□ 取(と)り持(も)つ 손에 쥐다, 주선하다
□ 取(と)り寄(よ)せる 주문해서 가져오게 하다
□ 嘆(なげ)き明(あ)かす 비탄으로 지새우다

- □ 投(な)げ出(だ)す 내던지다, 포기하다
- □ 似合(にあ)う 어울리다, 잘 맞다
- □ 粘(ねば)り着(つ)く 끈적끈적 달라붙다
- □ のっとる 따르다, 본받다
- □ 飲(の)み込(こ)む ① 삼키다 ② 이해하다, 납득하다 ③ 수용하다
- □ 跳(は)ね上(あ)がる 뛰어오르다, 날뛰다
- □ はねつける 무정하게 거절하다
- □ 張(は)り合(あ)う 서로 겨누다, 경쟁하다 N1유의
- □ 張(は)り切(き)る 힘을 내다, 긴장하다
- □ 貼(は)り付(つ)ける 붙이다
- □ 引(ひ)き起(お)こす 일으키다
- □ 弾(ひ)きこなす 잘 연주하다
- □ 引(ひ)きずる 질질 끌다
- □ 引(ひ)き寄(よ)せる 끌어당기다, 끌다
- □ 踏(ふ)み込(こ)む 발을 들여 놓다
- □ ほっとする 안심하다
- □ 待(ま)ち合(あ)わせる 만나기로 하다
- □ 見合(みあ)わせる 실행을 미루다, 보류하다 N1유의
- □ 見失(みうしな)う 보던 것을 놓치다 N1용법
- □ 見(み)せびらかす 과시하다
- □ 見(み)とれる 넋을 잃고 보다
- □ 見習(みなら)う 본받다, 견습하다
- □ 見逃(みのが)す 놓치다, 못 보다
- □ 見守(みまも)る 지켜보다
- □ 結(むす)び付(つ)く 결부되다, 함께 되다
- □ 申(もう)し入(い)れる 제의하다, 제기하다
- □ 成(な)し遂(と)げる 완수하다
- □ 似通(にかよ)う 서로 잘 닮다, 서로 비슷하다
- □ 練(ね)り直(なお)す 재검토하다
- □ 乗(の)っ取(と)る 빼앗다, 납치하다
- □ 乗(の)り損(そこ)ねる (탈것을) 놓치다
- □ 跳(は)ね返(かえ)る 튀어서 되돌아오다
- □ ばらまく 흩뿌리다
- □ 張(は)り裂(さ)ける (가슴이) 미어 터지다
- □ 張(は)り出(だ)す・貼(は)り出(だ)す 게시하다, 내어 붙이다
- □ 引(ひ)き上(あ)げる 끌어올리다
- □ 引(ひ)き落(お)とす 계좌에서 자동 납부하다
- □ 引(ひ)き下(さ)げる 내리다, 인하하다
- □ 引(ひ)き取(と)る 물러나다, 숨을 거두다, 떠맡다
- □ 引(ひ)っ掻(か)く 할퀴다
- □ 放(ほう)り込(こ)む (아무렇게나) 넣다
- □ まごつく 당황하다, 망설이다
- □ 待(ま)ち望(のぞ)む 기다리고 기다리다
- □ 見入(みい)る 열심히 보다
- □ 見落(みお)とす 간과하다 N1용법
- □ 見積(みつ)もる 어림잡다 N1문규
- □ みなす 간주하다
- □ 見抜(みぬ)く 간파하다, 꿰뚫어보다
- □ 見計(みはか)らう 가늠보다, 적당히 고르다
- □ 見渡(みわた)す 멀리 바라다보다, 전망하다
- □ 結(むす)び付(つ)ける 결합시키다
- □ 申(もう)し出(で)る 자청하다, 신청하다

□ 持ち上げる(もちあげる) 들어올리다
□ もてなす 대접하다 N1문규
□ 焼き上げる(やきあげる) 구워 내다
□ 焼き尽くす(やきつくす) 모두 구워버리다
□ やり通す(やりとおす) 끝까지 하다
□ やり遂げる(やりとげる) 완수하다, 끝까지 해내다
□ やり果たす(やりはたす) 다 해버리다
□ 呼び込む(よびこむ) 불러들이다
□ 寄り掛かる(よりかかる) 기대다, 의존하다
□ 弱り果てる(よわりはてる) 몹시 약해지다
□ 割り当てる(わりあてる) 할당하다
□ 割り込む(わりこむ) 끼어들다

4 출제 예상 い형용사

□ あくどい 악랄하다, 악착같다 N1문규
□ 浅ましい(あさましい) 한심하다, 비열하다
□ あどけない 천진난만하다
□ 荒っぽい(あらっぽい) 거칠다, 난폭하다
□ 淡い(あわい) 진하지 않다 N1읽기
□ あわただしい 어수선하다, 분주하다
□ 潔い(いさぎよい) 깨끗하다 N1용법
□ 勇ましい(いさましい) 용감하다
□ いじらしい 애처롭다, 안쓰럽다
□ 意地悪い(いじわるい) 심술궂다, 짓궂다
□ いたわしい 가엾다, 딱하다, 애처롭다
□ 著しい(いちじるしい) 현저하다
□ 否めない(いなめない) 부정할 수 없다 N1읽기
□ いまいましい 분하다, 화가 치밀다
□ 卑しい(いやしい) 천하다, 치사하다
□ いやらしい 불쾌한 느낌이 들다 N1문규
□ 疑わしい(うたがわしい) 의심스럽다
□ うっとうしい 울적하다 N1문규
□ 疎い(うとい) (사이가) 멀다, 소원하다
□ うるさい 시끄럽다, 귀찮다
□ 奥床しい(おくゆかしい) 은근하다
□ 思いがけない(おもいがけない) 의외이다, 뜻밖이다
□ 重々しい(おもおもしい) 엄숙하고 무게가 있다
□ おびただしい 엄청나다 N1문규
□ 限りない(かぎりない) 무한하다, 한없다
□ かなわない 견딜 수 없다
□ ぎこちない 딱딱하다, 어색하다
□ 厳しい(きびしい) 엄격하다 N1유의

- ☐ 決(き)まり悪(わる)い 쑥스럽다, 창피하다
- ☐ 極(きわ)まりない 한이 없다
- ☐ くすぐったい 간지럽다, 낯간지럽다
- ☐ くどい 끈덕지다, 장황하다
- ☐ 詳(くわ)しい 자세하다, 상세하다
- ☐ けがらわしい 더럽다, 추잡스럽다
- ☐ けばけばしい 요란하다, 현란하다
- ☐ 煙(けむ)(っ)たい 냅다, 맵고 싸하다 N1문규
- ☐ 険(けわ)しい 험악하다
- ☐ 心地(ここち)よい 기분이 좋다 N1읽기
- ☐ 心無(こころな)い 생각이 없다, 인정머리 없다
- ☐ 心細(こころぼそ)い 불안하다 N1문규
- ☐ 好(この)ましい 마음에 들다, 호감이 가다
- ☐ 騒(さわ)がしい 시끄럽다
- ☐ 仕方(しかた)ない 할 수 없다 N1유의
- ☐ しつこい 끈질기다, 집요하다
- ☐ 渋(しぶ)い 떫다
- ☐ しぶとい 고집이 세다 N1문규
- ☐ ずうずうしい 뻔뻔스럽다
- ☐ すがすがしい 상쾌하다 N1문규·유의
- ☐ すさまじい 굉장하다, 엄청나다 N1문규
- ☐ 素早(すばや)い 재빠르다 N1용법
- ☐ せこい 교활하다, 믿을 수 없다
- ☐ 切(せつ)ない 애달프다 N1문규
- ☐ 騒々(そうぞう)しい 시끄럽다
- ☐ そっけない 무정하다, 쌀쌀맞다
- ☐ 耐(た)えがたい・堪(た)えがたい 참기 어렵다, 견딜 수 없다 N1용법
- ☐ たくましい 늠름하다 N1문규
- ☐ たどたどしい 더듬거리다, 비틀거리다
- ☐ だらしない 칠칠치 못하다 N1유의
- ☐ 注意深(ちゅういぶか)い 주의깊다
- ☐ 手厚(てあつ)い 극진하다, 융숭하다
- ☐ 手荒(てあら)い 난폭하다, 거칠다
- ☐ 手厳(てきび)しい 매우 엄하다
- ☐ 手(て)ぬるい 미온적이다
- ☐ どうしようもない 어찌할 도리가 없다 N1유의
- ☐ 尊(とうと)い・貴(とうと)い 소중하다, 귀중하다
- ☐ 乏(とぼ)しい 가난하다, 부족하다
- ☐ 情(なさ)けない 한심하다
- ☐ 情(なさ)け深(ぶか)い 인정이 많다
- ☐ 名高(なだか)い 유명하다
- ☐ 懐(なつ)かしい 그립다
- ☐ 何気(なにげ)ない 아무렇지도 않다 N1문규
- ☐ 生臭(なまぐさ)い 비린내가 나다
- ☐ 悩(なや)ましい 괴롭다, 고통스럽다
- ☐ なれなれしい 허물없다 N1문규
- ☐ 鈍(にぶ)い 둔하다, 무디다
- ☐ 粘(ねば)り強(づよ)い 끈기 있다
- ☐ 望(のぞ)ましい 바람직하다 N1문규
- ☐ はかない 덧없다, 무상하다

□ ばかばかしい ① 매우 어리석다, 어이없다 ② 엄청나다 N1문규

□ 激(はげ)しい 심하다, 세차다, 격심하다

□ はなはだしい 매우 심하다 N1용법

□ 華々(はなばな)しい 매우 화려하다 N1읽기

□ 幅広(はばひろ)い 폭넓다 N1문규

□ 分厚(ぶあつ)い 두껍다

□ 紛(まぎ)らわしい 헷갈리기 쉽다 N1문규

□ 待(ま)ち遠(どお)しい 몹시 기다려지다

□ 真(ま)ん丸(まる)い 아주 둥글다

□ 見苦(みぐる)しい 보기 흉하다 N1문규

□ みすぼらしい 초라하다

□ 満(み)たない 차지 않다, 미달이다 N1용법

□ 醜(みにく)い 추하다, 못생기다

□ 未練(みれん)がましい 아쉬워하다

□ 蒸(む)し暑(あつ)い 무덥다

□ むなしい 공허하다, 허무하다 N1문규

□ 名状(めいじょう)しがたい 이루 말할 수 없다

□ 目覚(めざ)ましい 눈부시다 N1용법

□ 珍(めずら)しい 드물다, 희한하다

□ めまぐるしい 어지럽다

□ 物々(ものもの)しい 어마어마하다

□ もろい 약하다, 여리다 N1문규

□ やかましい 시끄럽다

□ やむを得(え)ない 할 수 없다, 어쩔 수 없다 N1유의

□ 余儀(よぎ)ない 어쩔 수 없다

□ 欲深(よくぶか)い 욕심이 많다

□ よそよそしい 서먹서먹하다, 쌀쌀하다

□ 弱(よわ)い 약하다

□ 煩(わずら)わしい 번거롭다 N1유의

5 출제 예상 な형용사

□ 哀切(あいせつ)だ 애절하다

□ 曖昧(あいまい)だ 애매하다

□ 浅(あさ)はかだ 생각이 얕다, 어리석다

□ 鮮(あざ)やかだ 또렷하다, 선명하다 N1읽기

□ 艶(あで)やかだ 아리땁다, 요염하다

□ 新(あら)ただ 새롭다

□ 安直(あんちょく)だ 손쉽다, 간편하다

□ 意外(いがい)だ 의외이다, 뜻밖이다

□ 粋(いき)だ 멋지다, 세련되다

□ 偉大(いだい)だ 위대하다

□ 一途(いちず)だ 외곬이다, 한결같다

□ 陰気(いんき)だ 음울하다, 음침하다

□ 陰湿(いんしつ)だ 음습하다

□ 鋭敏(えいびん)だ 예민하다

□ 円滑(えんかつ)だ 원활하다 N1문규·용법

□ 円満(えんまん)だ 원만하다 N1문규

□ 横暴(おうぼう)だ 횡포하다, 난폭하다

□ 大幅(おおはば)だ 대폭적이다 N1유의

□ 大(おお)ざっぱだ 조잡하다, 대략적이다

□ 臆病(おくびょう)だ 겁이 많다

□ 穏(おだ)やかだ 온화하다, 평온하다, 온건하다

□ 同(おな)じだ 같다

□ 愚(おろ)かだ 어리석다, 모자라다 N1읽기

□ 該博(がいはく)だ 해박하다

□ 過激(かげき)だ 과격하다

□ 過酷(かこく)だ 지나치게 가혹하다

□ かすかだ 희미하다, 미약하다, 미미하다

□ 活発(かっぱつ)だ 활발하다

□ 可憐(かれん)だ 가련하다

□ 頑固(がんこ)だ 완고하다

□ 肝心(かんじん)だ (가장) 중요하다 N1읽기·문규

□ 寛大(かんだい)だ 관대하다

□ 甘美(かんび)だ 감미롭다

□ 緩慢(かんまん)だ 완만하다

□ 慣用(かんよう)だ 관용하다

□ 奇異(きい)だ 기이하다

□ 異様(いよう)だ 이상하다, 색다르다

□ 陰惨(いんさん)だ 처참하다, 음산하다

□ 淫乱(いんらん)だ 음란하다

□ 鋭利(えいり)だ 예리하다

□ 婉曲(えんきょく)だ 완곡하다

□ 旺盛(おうせい)だ 왕성하다

□ 大(おお)げさだ 과장되다, 야단스럽다 N1유의

□ おおまかだ 대범하다, 얼추잡다 N1문규

□ おおらかだ 대범하고 느긋하다 N1문규

□ 厳(おごそ)かだ 엄숙하다

□ おっくうだ 귀찮다 N1유의

□ 主(おも)だ 주되다

□ 穏和(おんわ)だ 온화하다

□ 果敢(かかん)だ 과감하다

□ 苛酷(かこく)だ 가혹하다

□ 過剰(かじょう)だ 과잉하다

□ 頑(かたく)なだ 완고하다

□ 寡黙(かもく)だ 과묵하다

□ 軽(かろ)やかだ 가뿟하다, 경쾌하다, 가볍다

□ 頑丈(がんじょう)だ 튼튼하다, 옹골차다

□ 簡素(かんそ)だ 간소하다 N1유의

□ 簡単(かんたん)だ 간단하다

□ 完璧(かんぺき)だ 완벽하다 N1용법

□ 頑迷(がんめい)だ 완고하고 무식하다

□ 気掛(きが)かりだ 걱정하다, 근심하다, 염려하다 N1유의

□ 気軽(きがる)だ 소탈하다, 선선하다

☐ 気(き)さくだ 싹싹하다
☐ 貴重(きちょう)だ 귀중하다
☐ 希薄(きはく)だ 희박하다
☐ 奇妙(きみょう)だ 기묘하다
☐ 窮屈(きゅうくつ)だ 거북하다, 답답하다, 비좁다
☐ 器用(きよう)だ 손재주가 있다
☐ 狭小(きょうしょう)だ 협소하다, 비좁다
☐ 強烈(きょうれつ)だ 강렬하다
☐ 巨大(きょだい)だ 거대하다
☐ きらびやかだ 눈부시게 화려하다
☐ 緊密(きんみつ)だ 긴밀하다
☐ クールだ 시원하다
☐ 軽快(けいかい)だ 경쾌하다
☐ 軽薄(けいはく)だ 경박하다
☐ 潔癖(けっぺき)だ 결벽하다
☐ 厳格(げんかく)だ 엄격하다
☐ 堅固(けんご)だ 견고하다
☐ 厳粛(げんしゅく)だ 엄숙하다
☐ 健全(けんぜん)だ 건전하다
☐ 厳密(げんみつ)だ 엄밀하다 N1문규
☐ 賢明(けんめい)だ 현명하다 N1읽기
☐ 高尚(こうしょう)だ 고상하다
☐ 広大(こうだい)だ 광대하다, 넓고 크다 N1용법
☐ 高慢(こうまん)だ 거만하다, 건방지다
☐ 巧妙(こうみょう)だ 교묘하다 N1읽기·용법
☐ 酷烈(こくれつ)だ 혹렬하다, 혹독하고 심하다

☐ 希少(きしょう)だ 희소하다
☐ きちょうめんだ 규칙적이고 꼼꼼하다
☐ 気紛(きまぐ)れだ 변덕스럽다
☐ きゃしゃだ 가냘프다
☐ 急激(きゅうげき)だ 급격하다
☐ 強硬(きょうこう)だ 강경하다 N1문규
☐ 強大(きょうだい)だ 강대하다, 강력하다
☐ 極端(きょくたん)だ 극단적이다
☐ 清(きよ)らかだ 맑다, 깨끗하다
☐ 緊急(きんきゅう)だ 긴급하다 N1문규
☐ 愚鈍(ぐどん)だ 우둔하다
☐ 軽易(けいい)だ 경이, 손쉽다
☐ 軽率(けいそつ)だ 경솔하다
☐ 稀有(けう)だ 희유하다, 희한하다
☐ 空疎(くうそ)だ 공허하다
☐ 謙虚(けんきょ)だ 겸허하다
☐ 堅実(けんじつ)だ 견실하다
☐ 厳正(げんせい)だ 엄정하다 N1읽기
☐ 顕著(けんちょ)だ 현저하다
☐ 軽妙(けいみょう)だ 경묘하다
☐ 豪華(ごうか)だ 호화롭다
☐ 強情(ごうじょう)だ 고집이 세다
☐ 広範(こうはん)だ 광범위하다
☐ 傲慢(ごうまん)だ 오만하다, 거만하다
☐ 克明(こくめい)だ 세밀하다 N1읽기
☐ 滑稽(こっけい)だ 우습다, 우스꽝스럽다

□ ささいだ 사소하다, 하찮다

□ 爽やかだ (さわ) 상쾌하다 N1유의

□ 斬新だ (ざんしん) 참신하다

□ したたかだ 여간 아니다, 만만치 않다

□ 失敬だ (しっけい) 버릇없다, 무례하다, 실례하다

□ 淑やかだ (しと) 정숙하다, 우아하다

□ シビアだ 엄격하다 N1유의

□ 重厚だ (じゅうこう) 중후하다

□ 周到だ (しゅうとう) 주도하다

□ 重要だ (じゅうよう) 중요하다

□ 詳細だ (しょうさい) 상세하다

□ 深厚だ (しんこう) 깊고 두텁다

□ 真摯だ (しんし) 진지하다

□ 新鮮だ (しんせん) 신선하다

□ 慎重だ (しんちょう) 신중하다

□ シンプルだ 심플하다 N1유의

□ 粋だ (すい) 풍류를 즐기다

□ 健やかだ (すこ) 튼튼하다 N1읽기

□ ストレートだ 솔직하다

□ 速やかだ (すみ) 빠르다, 신속하다, 조속하다 N1읽기

□ 精巧だ (せいこう) 정교하다

□ 清純だ (せいじゅん) 청순하다

□ 精密だ (せいみつ) 정밀하다

□ 切実だ (せつじつ) 절실하다 N1문규

□ 繊細だ (せんさい) 섬세하다

□ 浅薄だ (せんぱく) 천박하다

□ 細やかだ (ささ) 작다, 자그마하다, 아담하다 N1유의

□ 残酷だ (ざんこく) 잔혹하다, 참혹하다

□ 残念だ (ざんねん) 유감스럽다

□ シックだ 멋지다, 세련되다 N1문규

□ 質素だ (しっそ) 검소하다 N1용법

□ しなやかだ 유연하다 N1용법

□ 地味だ (じみ) 수수하다, 검소하다

□ 従順だ (じゅうじゅん) 온순하다, 다소곳하다

□ 柔軟だ (じゅうなん) 유연하다

□ 順調だ (じゅんちょう) 순조롭다

□ 真剣だ (しんけん) 진지하다

□ 深刻だ (しんこく) 심각하다

□ 尋常だ (じんじょう) 보통이다, 수수하다

□ 迅速だ (じんそく) 신속하다

□ 心配だ (しんぱい) 걱정이다 N1유의

□ 親密だ (しんみつ) 친밀하다, 친하다

□ 崇高だ (すうこう) 숭고하다

□ ずさんだ 조잡하다, 날림이다

□ 素直だ (すなお) 순수함, 순진함, 고분고분하다

□ 性急だ (せいきゅう) 성급하다

□ 成熟だ (せいじゅく) 성숙하다

□ 盛大だ (せいだい) 성대하다 N1읽기

□ 精力的だ (せいりょくてき) 정력적이다 N1문규

□ 絶大だ (ぜつだい) 아주 크다 N1문규

□ 鮮明だ (せんめい) 선명하다

□ 鮮烈だ (せんれつ) 선명하고 강하다

□ 早急(そうきゅう)だ 조급하다, (매우) 급하다(さっきゅう로도 읽음)

□ 相当(そうとう)だ 상당하다

□ 率直(そっちょく)だ 솔직하다

□ 粗末(そまつ)だ 허술하다, 조잡하다

□ 退屈(たいくつ)だ 따분하다

□ 大切(たいせつ)だ 중요하다, 소중하다

□ 大胆(だいたん)だ 대담하다 N1문규

□ タイムリーだ 시의적절하다

□ 多彩(たさい)だ 다채롭다

□ 多様(たよう)だ 다양하다

□ 端的(たんてき)だ 단적이다 N1유의

□ 堪能(たんのう)だ (그 길에) 뛰어나다

□ 小(ちい)さなだ 작다 N1유의

□ 緻密(ちみつ)だ 치밀하다

□ 重宝(ちょうほう)だ 편리하다, 아끼다

□ 痛切(つうせつ)だ 통절하다, 절실하다

□ つぶらだ 동그랗고 귀엽다

□ 強腰(つよごし)だ 태도가 강경하다, 고자세이다

□ 手薄(てうす)だ 허술하다 N1읽기

□ 手近(てぢか)だ 바로 곁이다

□ 特異(とくい)だ 특이하다

□ 突飛(とっぴ)だ 엉뚱하다, 별나다

□ 鈍感(どんかん)だ 둔감하다

□ 滑(なめ)らかだ 매끈매끈하다, 순조롭다

□ 苦手(にがて)だ 서투르다, 질색이다

□ 柔和(にゅうわ)だ 온유하다, 온화하다

□ 壮大(そうだい)だ 장대하다 N1문규

□ 疎遠(そえん)だ 소원하다

□ 素朴(そぼく)だ 소박하다

□ 粗野(そや)だ 거칠고 촌스럽다 N1유의

□ 大丈夫(だいじょうぶ)だ 괜찮다

□ 怠惰(たいだ)だ 나태하다

□ 対等(たいとう)だ 대등하다

□ 巧(たく)みだ 교묘하다, 솜씨가 좋다

□ 多大(ただい)だ 다대하다

□ 単調(たんちょう)だ 단조롭다

□ 丹念(たんねん)だ 공들이다 N1유의

□ 淡泊(たんぱく)だ 산뜻하다, 담백하다

□ 稚拙(ちせつ)だ 서투르다

□ 着実(ちゃくじつ)だ 착실하다

□ 著名(ちょめい)だ 저명하다

□ 詳(つまび)らかだ 자세하다, 소상하다

□ 強気(つよき)だ 강경하게 나오다

□ 丁寧(ていねい)だ 정중하다

□ 的確(てきかく)だ 적확하다, 딱 들어맞다

□ 唐突(とうとつ)だ 당돌하다

□ 特殊(とくしゅ)だ 특수하다

□ ドライだ 드라이하다, 매몰차다

□ 和(なご)やかだ 부드럽다, 온화하다 N1문규

□ ナンセンスだ 넌센스하다, 무의미하다 N1문규

□ 賑(にぎ)やかだ 활기차다, 번화하다, 북적이다

□ 熱心(ねっしん)だ 열심이다

- ☐ 懇(ねんご)ろだ 친절하고 공손하다
- ☐ 濃密(のうみつ)だ 농밀하다, 진하다
- ☐ 抜本的(ばっぽんてき)だ 발본적이다
- ☐ はるかだ (거리가) 아득하다
- ☐ 繁雑(はんざつ)だ 번잡하다, 일이 많고 복잡하다
- ☐ 卑近(ひきん)だ 비근하다
- ☐ 悲惨(ひさん)だ 비참하다 N1읽기
- ☐ ひたむきだ 한결같다
- ☐ 皮肉(ひにく)だ 짓궂다, 얄궂다
- ☐ 敏感(びんかん)だ 민감하다
- ☐ 頻繁(ひんぱん)だ 빈번하다 N1문규
- ☐ 不穏(ふおん)だ 불온하다
- ☐ 無事(ぶじ)だ 무사하다
- ☐ 不順(ふじゅん)だ 불순하다
- ☐ 不注意(ふちゅうい)だ 부주의하다 N1유의
- ☐ 無難(ぶなん)だ 무난하다 N1문규
- ☐ 不用意(ふようい)だ 부주의하다 N1유의
- ☐ 平穏(へいおん)だ 평온하다
- ☐ 平板(へいばん)だ 단조롭다
- ☐ 偏狭(へんきょう)だ 편협하다
- ☐ 豊富(ほうふ)だ 풍부하다
- ☐ 真面目(まじめ)だ 진지하다, 성실하다
- ☐ まともだ 착실하다
- ☐ 未熟(みじゅく)だ 미숙하다
- ☐ 身近(みぢか)だ 신에게 가까운 곳이다, 긴밀하다
- ☐ 無垢(むく)だ 순결하다
- ☐ 濃厚(のうこう)だ 농후하다
- ☐ のどかだ 편안하고 한가롭다 N1문규
- ☐ 華(はな)やかだ 화려하다 N1읽기
- ☐ 煩雑(はんざつ)だ 번잡하다, 번거롭고 복잡하다 N1용법
- ☐ 半端(はんぱ)だ 불완전하다, 어중간하다
- ☐ 微細(びさい)だ 미세하다
- ☐ 密(ひそ)かだ 은밀하다
- ☐ 必要(ひつよう)だ 필요하다
- ☐ 微妙(びみょう)だ 미묘하다
- ☐ 貧弱(ひんじゃく)だ 빈약하다 N1문규
- ☐ 無愛想(ぶあいそう)だ 무뚝뚝하다, 퉁명스럽다
- ☐ 複雑(ふくざつ)だ 복잡하다
- ☐ 不条理(ふじょうり)だ 부조리하다
- ☐ 不調(ふちょう)だ 상태가 나쁘다, 부진하다
- ☐ 不当(ふとう)だ 부당하다, 정당하지 않다
- ☐ 不真面目(ふまじめ)だ 불성실하다
- ☐ 不利(ふり)だ 불리하다
- ☐ 平気(へいき)だ 태연하다, 끄떡없다
- ☐ 平凡(へいぼん)だ 평범하다 N1유의
- ☐ 膨大(ぼうだい)だ 방대하다
- ☐ 凡庸(ぼんよう)だ 평범하다
- ☐ まどかだ 원만하다, 평온하다
- ☐ 疎(まば)らだ 새가 뜨다, 드문드문하다 N1유의
- ☐ 淫(みだ)らだ 음란하다, 난잡하다
- ☐ 無意味(むいみ)だ 무의미하다
- ☐ 無残(むざん)だ 끔찍하다, 잔혹하다, 무참하다 N1문규

- □ 無邪気(むじゃき)だ 천진하다, 순진하다, 악의 없다
- □ 無情(むじょう)だ 무정하다, 박정하다 N1문규
- □ 無造作(むぞうさ)だ 어렵잖게 여기다, 손쉽다 N1용법
- □ 無駄(むだ)だ 쓸데없다, 헛되다
- □ 無茶(むちゃ)だ 터무니 없다, 당치 않다 N1문규
- □ むちゃくちゃだ 엉망진창이다, 터무니 없다
- □ 無謀(むぼう)だ 무모하다 N1문규
- □ 無能(むのう)だ 무능하다
- □ 明白(めいはく)だ 명백하다 N1문규·유의
- □ 明瞭(めいりょう)だ 명료하다
- □ 明朗(めいろう)だ 명랑하다 N1문규
- □ 面倒(めんどう)だ 귀찮다, 성가시다 N1유의
- □ 綿密(めんみつ)だ 면밀하다 N1문규
- □ 猛烈(もうれつ)だ 맹렬하다 N1문규
- □ モダンだ 현대적이다
- □ ロマンチックだ 로맨틱하다, 낭만적이다
- □ 厄介(やっかい)だ 귀찮다 N1유의
- □ 憂鬱(ゆううつ)だ 우울하다
- □ 有益(ゆうえき)だ 유익하다
- □ 優雅(ゆうが)だ 우아하다
- □ 勇敢(ゆうかん)だ 용감하다
- □ 優秀(ゆうしゅう)だ 우수하다
- □ 有望(ゆうぼう) だ 유망하다 N1읽기·문규
- □ 愉快(ゆかい)だ 유쾌하다
- □ ユニークだ 특이하다
- □ 緩(ゆる)やかだ 완만하다, 느릿하다, 느슨하다
- □ 容易(ようい)だ 용이하다
- □ 妖艶(ようえん)だ 요염하다
- □ 幼稚(ようち)だ 유치하다
- □ 乱雑(らんざつ)だ 난잡하다
- □ 弱気(よわき)だ 나약하다
- □ 理不尽(りふじん)だ 불합리하다, 무리하다
- □ 流暢(りゅうちょう)だ 유창하다
- □ ルーズだ 루즈하다, 허술하다 N1유의
- □ 冷厳(れいげん)だ 냉엄하다
- □ 冷酷(れいこく)だ 냉혹하다
- □ 零細(れいさい)だ 영세하다
- □ 冷静(れいせい)だ 냉정하다
- □ 冷淡(れいたん)だ 냉담하다
- □ 冷徹(れいてつ)だ 냉철하다
- □ ろくだ 변변하다, 제대로이다
- □ 露骨(ろこつ)だ 노골적이다 N1용법

6 출제 예상 부사

□ あいにく 공교롭게도, 때마침	□ あっさり 담박하게, 산뜻하게, 시원스럽게 N1문규
□ 予め(あらかじ) 미리 N1유의	□ 新たに(あら) 새로이
□ 改めて(あらた) 다음 기회에, 새삼스럽게	□ あらまし 대강, 대충
□ ありのままに 있는 그대로, 사실대로 N1문규	□ 案外(あんがい) 뜻밖에도, 예상외로
□ 案の定(あん じょう) 아니나 다를까, 생각한 대로 N1유의	□ 意外に(い がい) 의외로
□ いかにも 정말, 매우 N1문규	□ いざ 자, 막상, 남을 권유할 때
□ 依然として(い ぜん) 여전히	□ いたって 지극히, 매우, 대단히 N1유의
□ 一概に(いちがい) 일률적으로, 무조건 N1읽기·문규	□ 一旦(いったん) 일단, 잠시
□ いつかしら 어느 결에, 모르는 사이에, 언젠가는	□ 一見(いっけん) 일견, 한번 잠깐 봄, 언뜻 보기에 N1용법
□ 一切(いっさい) 일절, 전혀	□ 一層(いっそう) 한층 더, 더욱더
□ いつでも 언제든지	□ 未だ(いま) 아직
□ 未だに(いま) 아직껏, 아직까지도, 현재까지도	□ いまにも 당장에라도
□ 今や(いま) 지금이야말로, 바야흐로, 지금은	□ 嫌々(いやいや) 싫으나 할 수 없이, 마지못해서
□ いやに ① 대단히, 몹시 ② 묘하게, 이상하게 N1용법	□ いよいよ 드디어, 결국
□ うっとり 넋을 잃고	□ うんざり 지긋지긋함, 몹시 싫증남
□ えてして 자칫하면, 까딱하면	□ おおむね 대개, 대강 N1유의
□ おどおど 쭈뼛쭈뼛 N1문규	□ 自ずから(おの) 저절로, 자연히 N1유의
□ 自ずと(おの) 저절로 N1유의	□ 思いがけず(おも) 의외로, 뜻하지 않게
□ おろおろ 허둥거림(어찌할 바를 몰라 당황하는 모양)	□ 果敢にも(か かん) 과감하게도
□ かさかさ 까칠까칠, 바삭바삭	□ がさがさ 꺼칠꺼칠, 메마름
□ がっかり 낙담함, 실망함 N1유의	□ がっくり(と) 푹, 덜컥, 맥없이
□ がっしり (체격이나 짜임새가) 실팍한, 딱 벌어진, 야무지게	□ がっちり 단단히, 꽉, 야무진, 빈틈없이
□ かねて 미리, 전부터	□ 兼ねて(か) 겸하여, 또

□ がむしゃらに 덮어놓고, 다짜고짜

□ からっと・からりと 활짝, 바싹

□ 完全(かんぜん)に 완전히

□ きっかり 꼭, 딱(꼭 들어맞아서 우수리가 없는 모양)

□ きっちり 꼭 맞는 모양 N1문규

□ 急遽(きゅうきょ) 갑작스럽게 N1문규

□ くそみそに 호되게, 마구

□ くっきり 뚜렷하게, 선명하게

□ くまなく 구석구석까지, 샅샅이 N1용법

□ ぐらぐら 흔들흔들

□ げっそり 홀쭉(갑자기 여위는 모양)

□ こうこうと 휘황하게(번쩍번쩍 빛나는 모양)

□ ごっそり 모두, 몽땅

□ 殊(こと)に 각별히, 특히

□ ざっと 대충, 대강

□ さも 자못, 아주, 정말로 N1문규

□ さらさら(と) 졸졸, 보슬보슬, 사각사각

□ 強(し)いて 굳이 N1문규

□ 始終(しじゅう) 언제나, 늘, 끊임없이

□ じっくり(と) 차분히, 곰곰이 N1유의

□ しなしな (몸매 등이) 나긋나긋

□ しみじみ(と) 절실히, 곰곰이, 진지하게

□ 若干(じゃっかん) 약간

□ 瞬時(しゅんじ) 순식간, 잠시

□ 所詮(しょせん) 결국, 어차피

□ じりじりする 바작바작 속을 태우다

□ からから 대그락대그락

□ かろうじて 간신히 N1유의

□ きちっと 깔끔히, 규칙적으로

□ ぎっしり 가득

□ 決(き)まって 으레, 늘, 반드시

□ 極(きわ)めて 극히, 지극히 N1읽기

□ 口酸(くちず)っぱく 입이 닳도록

□ ぐっと 꿀꺽, 홱, 힘껏, 훨씬

□ くよくよ 끙끙(사소한 일을 걱정하여 고민하는 모양) N1문규

□ 結構(けっこう) 그런대로, 제법, 충분히

□ 懸命(けんめい)に 힘껏, 열심히

□ こっそり 가만히, 살짝 몰래 N1유의

□ ことごとく 전부, 모두, 모조리 N1유의·문규

□ ごぼごぼ 콜콜, 콸콸

□ さっぱり 남김없이, 전혀

□ さらさら 결코, 조금도

□ 散々(さんざん) 몹시, 실컷, 단단히, 호되게

□ しきりに 빈번히, 자주, 끊임없이, 열심히 N1유의

□ 自然(しぜん)に 저절로, 자연히 N1유의

□ しっとり 촉촉함, 함초롬히

□ 暫(しばら)く 잠간, 당분간 N1유의

□ じめじめ 축축, 끈적끈적 N1문규

□ 主(しゅ)として 주로

□ 徐々(じょじょ)に 서서히

□ じりじりと 쨍쨍(태양 따위가 내리쬐는 모양)

□ じわじわ 서서히, 조금씩

□ しんなり 나긋나긋

□ 少(すく)なからず 적지않이, 많이

□ すぐには 바로는 N1유의

□ 少(すこ)しも 조금도, 전혀

□ ずばりと (칼로) 썩둑, 정확히, 딱 (잘라)

□ ずらっと 죽, 여럿이 늘어선 모양 N1용법

□ ずるずる 질질(질질 끌거나 끌리는 모양)

□ 精一杯(せいいっぱい) 힘껏, 최대한으로, 고작

□ 是非(ぜひ) 아무쪼록, 제발, 꼭

□ 総(そう)じて 대체로 N1용법

□ 相当(そうとう) 상당히

□ そわそわ 마음이 불안정함, 불안한 표정임 N1문규

□ 大体(だいたい) 대체로, 대강 N1유의

□ 確(たし)か 확실히, 분명히, 틀림없이

□ だらだら 질질, 완만하게, 지루하게

□ 段々(だんだん) 차차, 점점

□ ちょくちょく 이따금, 가끔

□ ちらっと・ちらりと 흘끗, 언뜻

□ つと・つっと 척, 쑥, 불쑥, 우뚝, 쭉

□ てきぱき(と) 척척(일을 척척 잘 해내는 모양) N1문규

□ てっきり 틀림없이, 영락없이 N1문규

□ 堂々(どうどう)と 당당히, 버젓이

□ 当分(とうぶん) 당분간

□ どうやら 아무래도, 아마, 그럭저럭 N1용법

□ 時々(ときどき) 가끔, 때때로

□ 時折(ときおり) 때때로, 이따금

□ すくすく(と) 쑥쑥, 무럭무럭

□ すぐに 곧, 바로

□ 少(すこ)し 조금, 약간

□ すっきり 산뜻함, 상쾌함

□ すべて 모두, 전부 N1유의

□ すらり(と)・すらっと 술술, 쑥(막힘이 없는 모양)

□ すんなり 매끈함, 척척, 수월히

□ 絶対(ぜったい)に 절대로

□ 全然(ぜんぜん) 전연, 전혀

□ 総体(そうたい)(的(てき))に 총체적으로, 모두

□ 即座(そくざ)に 즉석에서

□ 大(たい)して 그다지, 별로

□ 大抵(たいてい) 대개, 대강

□ 確(たし)かに 확실히, 틀림없이

□ たまたま 우연히, 때마침

□ ちやほや 얼러주는 모양

□ ちょっぴり 조금, 약간

□ つくづく(と) 곰곰이, 지그시, 뚫어지게

□ 努(つと)めて 가능한 한, 될 수 있는 대로, 애써 N1읽기

□ できる限(かぎ)り 가능한 한 N1유의

□ 到底(とうてい) 도저히

□ どうにか 그럭저럭, 겨우 N1문규

□ 当面(とうめん) 당분간, 현재로선 N1유의

□ どうりで 그 때문에, 어쩐지, 과연

□ とかく 이것저것, 어쨌든

□ どことなく 어딘지 (모르게)

□ どたばた 우당탕, 요란스럽게

□ 突如(とつじょ) 돌연히, 갑자기

□ とりあえず 부랴부랴, 즉각, 우선 N1문규

□ とりたてて 각별히

□ とろとろ 눅진눅진, 끈적끈적

□ どんどん 자꾸자꾸, 부쩍부쩍, 척척

□ 長々(ながなが) 오랫동안, 길게, 장황하게

□ なんだかんだ 이것저것, 이러니저러니

□ なんという 어쩌면

□ 何度(なんど)も 몇번이나 N1유의

□ 如実(にょじつ)に 여실히

□ ねちねち 끈적끈적, 치근치근

□ のろのろ 느릿느릿, 꾸물꾸물

□ はっきり 똑똑히, 명확히, 분명히, 확실히 N1유의

□ 甚(はなは)だ 몹시, 심히

□ はるばる 멀리

□ 非常(ひじょう)に 매우 N1유의

□ ひそひそ 소곤소곤

□ ひっそり 조용히, 고요히

□ ひょっと 뜻밖에, 불쑥

□ ひんやり 썰렁, 선뜩

□ 再(ふたた)び 재차

□ ぶらぶら 빈둥빈둥, 어슬렁어슬렁

□ ぺこぺこ 몹시 배가 고픈 모양, 굽실굽실

□ べとべと 끈적끈적

□ ほっと 후유(하고)

□ とっくに 훨씬 전에 N1용법

□ 突然(とつぜん) 돌연, 갑자기 N1유의

□ 取(と)り急(いそ)ぎ 급히

□ とりわけ 특히, 그 중에서도 N1문규

□ どろどろ 질척질척, 흐물흐물

□ 尚更(なおさら) 더더욱, 더한층

□ なるたけ 되도록, 될 수 있는 대로

□ なんと 얼마나, 대단히, 참

□ 何(なん)とか 어떻게든 N1유의

□ なんなりと 무엇이든(지), 무엇이건

□ にわかには 갑자기는 N1유의

□ 軒並(のきな)み 모두, 다함께

□ のんびり 유유히, 한가로이, 태평스럽게

□ はっと 문득, 언뜻

□ はらはら 조마조마 N1문규

□ ひいては (한층 더) 나아가서는 N1문규

□ 密(ひそ)かに 살그머니, 몰래 N1유의

□ ひたすら 오로지, 오직, 한결같이

□ ひとまず 일단, 하여튼 N1용법

□ ぴんぴん 펄떡펄떡, 팔팔

□ ふいに 갑자기, 느닷없이 N1유의

□ ふらふら 빙빙, 흔들흔들, 비트적비트적

□ ふんわり(と) 푹신푹신, 살짝, 사뿐히

□ へとへと 녹초가 됨 N1문규

□ ぼうっと 뿌옇게 흐림, 멍한 모양

□ ぼつぼつ 삐끔삐끔, 슬슬, 조금씩

□ まさか 설마

□ 正しく(まさ) 바로, 틀림없이

□ まして 하물며, 더구나

□ 間も無く(ま な) 이윽고, 곧, 머지않아

□ まるっきり 도무지, 전혀

□ 丸々(まるまる) 전부, 완전히 N1용법

□ まんざら 반드시 (~한 것만은 아니다)

□ みすみす 빤히, 보고도, 눈뜨고

□ みるみるうちに 순식간에, 삽시간에

□ 無性に(む しょう) 공연히, 까닭없이, 무턱대고 N1문규

□ むやみに 무모하게, 함부로

□ 無論(む ろん) 물론

□ めきめき(と) 눈에 띄게, 두드러지게, 무럭무럭 N1용법

□ めそめそ 훌쩍훌쩍

□ 毛頭(もうとう) 조금도, 전혀

□ 勿論(もちろん) 물론

□ もはや 이제는, 벌써 N1용법

□ もろもろ 여러 가지, 가지가지

□ やけに 몹시, 지독히, 매우

□ やたら 함부로, 마구잡이로

□ やっと 간신히, 고작

□ やはり 역시 N1유의

□ やんわり(と) 부드럽게, 온화하게, 살며시 N1문규

□ ゆるゆる 천천히, 느릿느릿

□ よくも 잘도, (반어적으로) 어쩌면

□ よほど 훨씬, 상당히 N1용법

□ ろくに 변변히, 제대로 N1문규

□ わざわざ 일부러

□ わずかに 겨우, 간신히

□ 割りに(わ) 비교적

7 출제 예상 외래어

□ アクセル 액셀, 가속 장치

□ アップ 상승, 인상

□ アドバイス 어드바이스, 조언 N1유의

□ アピール 어필, 호소, 공감, 항의

□ アンコール 앙코르, 재청

□ イメージ 이미지

□ イメージダウン 인상이 나빠지는 것

□ インスピレーション 인스피레이션, 영감

□ インターチェンジ 인터체인지

□ インタビュー 인터뷰

□ インターフォン 인터폰

□ インターン 인턴, 실습생

□ インテリ 인텔리, 지식인

□ インテリア 인테리어, 실내 장식

□ インフルエンザ 독감

□ インフレ 인플레

□ ウイルス 바이러스 N1문규

□ ウエイト・ウエート 무게 N1문규

□ ウエット 정에 무름

□ ウェブ 웹

□ エース 에이스, 제1인자

□ エピローグ 에필로그

□ エントリー 엔트리, 참가 신청

□ オープン 오픈, 개점, 개방적

□ オプション 옵션

□ オリエンテーション 오리엔테이션

□ ガード (도로·선로 위의) 철교, 육교

□ ガードレール 가드레일

□ カーペット 카펫, 융단

□ カウンター 카운터, 계산대

□ カウント 카운트, 셈, 계산

□ カテゴリー 카테고리, 범주

□ カルテ 카르테, 진료 기록 카드

□ カンニング 커닝 N1문규

□ キープ 자기 수중에 가짐, 확보함

□ ギブアップ 기브 업, 단념함

□ キャスター 캐스터, 해설자

□ キャスト 캐스트, 배역

□ キャッチ 캐치

□ キャップ 캡, 뚜껑

□ キャラクター 캐릭터, 성격, 성질

□ キャリア 커리어, 경력 N1문규

□ クール 시원함

□ クローズアップ 클로즈업

□ グローバル 글로벌, 세계적임

□ クレーム 클레임, 불평, 불만 N1유의

□ コスト 코스트, 생산비, 비용

□ コーディネーター 코디네이터

□ コーディネート 코디네이트, 같은 색으로 갖춤, 조화를 이루게 함

□ コネクション・コネ 연고, 연줄

□ コマーシャル 커머셜, 방송 광고

□ コンスタント 항상 일정함 N1문규

□ コントラスト 콘트라스트, 대비, 대조 N1유의

□ コントロール 컨트롤, 통제, 조절

□ サイクル 사이클

□ サポーター 서포터, 후원자, 지지자

□ サポート 지지함, 원조함

□ シート 시트

□ シェア 셰어, 시장 점유율

□ システム 시스템

□ シビア 시비어, 엄함 N1유의

□ ジャズ 재즈
□ シャトル 셔틀, 정기 왕복편
□ ジャンプ 점프, 뜀, 도약
□ ジャンボ 점보, 거대함
□ ジャンル 장르, 종류 N1문규
□ スキル 스킬, 기술
□ スクラップ 스크랩, 고철
□ スクリーン 스크린
□ スケール 규모, 도량 N1유의
□ スタジオ 스튜디오, 촬영실
□ ステーション 역, 정거장
□ ステータス 사회적 지위, 신분
□ ステップ 스텝
□ スタイル 스타일
□ ストック 솔직함 N1유의
□ ストライキ・スト 동맹 파업
□ ストレート 솔직함 N1유의
□ ストロー 스트로우, 빨대
□ ストロボ 스트로보, 섬광 장치
□ スポンサー 스폰서, 광고주, 후원자
□ スリル 스릴
□ スローガン 슬러건
□ センス 센스, 감각 N1문규
□ ソックス 양말
□ ダース 다스
□ タイトル 타이틀, 제목
□ タイミング 타이밍
□ タイムリー 시의적절함
□ タッチ 터치, 감촉
□ ダメージ 데미지, 손해, 피해
□ タレント 탤런트, 재능이 있는 사람
□ チーフ 치프, 수석, 장
□ チャイム 차임
□ チャージ 차지, 충전
□ チャンネル 채널
□ チャンス 찬스, 기회
□ ティッシュ(ペーパー) 화장지
□ デザート 디저트, 후식 N1문규
□ データベース 데이터베이스
□ デッサン 데생, 소묘
□ テナント 테넌트, 세입자
□ デビュー 데뷔
□ デフレ 디플레이션
□ トップ 톱
□ トリック 트릭, 책략, 속임수
□ ドリル 드릴, 반복 연습
□ トレーニング 트레이닝, 훈련
□ ナンセンス 넌센스, 무의미함 N1문규
□ ニュアンス 뉘앙스 N1문규
□ ノイローゼ 노이로제
□ ノルマ 기준량, 할당량 N1문규
□ バックアップ 백업, 지원 N1유의

□ バッジ 배지, 휘장
□ バット 배트
□ パトカー 패트롤카, 순찰차
□ パワー 파워
□ ファイル 파일, 서류철
□ ブーム 붐, 유행
□ フォーム 폼, 모양 N1문규
□ ブザー 버저, 초인종
□ ブランド 브랜드, 상표
□ プロローグ 프롤로그, 서막
□ プライド 프라이드, 자존심 N1유의
□ プレゼント 선물
□ ベース 베이스, 토대, 기초
□ ボイコット 보이콧, 불매 동맹 N1용법
□ ホール 홀
□ マイナス 마이너스
□ マスコミ 매스컴
□ マッサージ 마사지
□ メイン・メーン 메인
□ メディア 미디어, 매체 N1문규
□ モダン 현대적임
□ ライバル 라이벌
□ リアリティー 리얼리티, 현실(성)
□ リード 리드 N1문규
□ レギュラー 레귤러
□ レントゲン 뢴트겐, 엑스레이

□ バッテリー 배터리
□ ハードル 허들, 장애물 N1문규
□ パロディー 패러디
□ ヒント 힌트 N1유의
□ フィルター 필터
□ フェリー 페리
□ フォロー 지원 N1문규
□ フラッシュ 플래시
□ ブロック 블록, 벽돌
□ フロント 정면, (호텔의) 접수계
□ ブランク 여백, 공백 N1용법
□ ペア 페어, 한 쌍, 짝
□ ベテラン 베테랑, 노련가
□ ホース 호스
□ ポジション (직무상의) 지위, 수비 위치
□ マージン 마진, 이문
□ マスメディア 매스 미디어
□ マッチ 매치, 조화
□ メカニズム 메커니즘, 구조 N1유의
□ メロディー 멜로디, 선율
□ ユニフォーム 유니폼, 제복
□ ランク 랭크, 순위를 정함
□ リストアップ 리스트 업 N1문규
□ リミット 리밋, 한도, 한계
□ レバー 레버, 지렛대
□ ロープ 로프, 줄

□ ロケーション・ロケ 로케이션, 야외 촬영
□ ロック 자물쇠를 채움
□ ロマンチック 로맨틱, 낭만적
□ ユニーク 특이함
□ ワット 와트

8 출제 예상 파생어

접두어

접두어	뜻	예		
□ 核(かく)～	핵～	核家族(かくかぞく) 핵가족	核軍縮(かくぐんしゅく) 핵군축	核実験(かくじっけん) 핵실험
		核戦争(かくせんそう) 핵전쟁	核弾頭(かくだんとう) 핵탄두	核燃料(かくねんりょう) 핵연료
		核廃絶(かくはいぜつ) 핵무기 폐기	核爆発(かくばくはつ) 핵폭발	核反応(かくはんのう) 핵반응
		核分裂(かくぶんれつ) 핵분열	核兵器(かくへいき) 핵병기	核融合(かくゆうごう) 핵융합
□ 貴(き)～	귀～	貴金属(ききんぞく) 귀금속	貴公子(きこうし) 귀공자	貴夫人(きふじん) 귀부인
□ 来(きた)る～	오는～	来る十日(きたるとおか) 오는 10일		
□ 誤(ご)～	오～	誤作動(ごさどう) 오작동 N1문규	誤操作(ごそうさ) 오조작	誤動作(ごどうさ) 오동작
□ 抗(こう)～	항～	抗炎症(こうえんしょう) 항염증	抗毒素(こうどくそ) 항독소	抗病力(こうびょうりょく) 항병력
□ 最(さい)～	최～	最先端(さいせんたん) 최첨단	最側近(さいそっきん) 최측근	最優秀(さいゆうしゅう) 최우수
□ 去(さ)る～	지난～	去る五日の朝(さるいつかのあさ) 지난 5일 아침		
□ 超(ちょう)～	초～	超高速(ちょうこうそく) 초고속	超能力(ちょうのうりょく) 초능력	超満員(ちょうまんいん) 초만원
□ 当(とう)～	당～	当研究所(とうけんきゅうじょ) 당연구소	当博物館(とうはくぶつかん) 당박물관	当(とう)ホテル 저희 호텔 N1문규
□ 被(ひ)～	피～	被選挙権(ひせんきょけん) 피선거권	被任命者(ひにんめいしゃ) 임명받은 사람	被保険者(ひほけんしゃ) 피보험자
□ 微(び)～	미～	微生物(びせいぶつ) 미생물	微調整(びちょうせい) 미조정	微粒子(びりゅうし) 미립자
□ 某(ぼう)～	모～	某歌手(ぼうかしゅ) 모 가수	某教師(ぼうきょうし) 모 교사	某青年(ぼうせいねん) 모 청년
□ 没(ぼつ)～	몰～	没趣味(ぼつしゅみ) 몰취미	没常識(ぼつじょうしき) 몰상식	
□ 密(みつ)～	밀～	密出国(みつしゅっこく) 밀출국	密入国(みつにゅうこく) 밀입국	密売買(みつばいばい) 밀매매
		密貿易(みつぼうえき) 밀무역	密輸出(みつゆしゅつ) 밀수출	密輸入(みつゆにゅう) 밀수입

□ 猛～(もう)	맹~	猛攻撃(もうこうげき) 맹공격 / 猛反撃(もうはんげき) 맹반격 / 猛反対(もうはんたい) 맹반대 N1문규 / 猛吹雪(もうふぶき) 맹렬한 눈보라 / 猛勉強(もうべんきょう) 맹공부 / 猛練習(もうれんしゅう) 맹연습

접미어

□ ～炎(えん)	~염	関節炎(かんせつえん) 관절염 / 口内炎(こうないえん) 구내염 / 中耳炎(ちゅうじえん) 중이염 / 脳膜炎(のうまくえん) 뇌막염 / 皮膚炎(ひふえん) 피부염 / 盲腸炎(もうちょうえん) 맹장염
□ ～街(がい)	~가	学生街(がくせいがい) 학생가 / 歓楽街(かんらくがい) 환락가 / 住宅街(じゅうたくがい) 주택가 / 商店街(しょうてんがい) 상점가 N2형성 / 地下街(ちかがい) 지하 상점가 / 繁華街(はんかがい) 번화가
□ ～がらみ	~에 관련됨, ~가량	汚職(おしょく)がらみ 비리에 관련됨 / 50がらみ 50(세) 가량 / 仕事(しごと)がらみ 일에 관련됨
□ ～監(かん)	~감독 / ~감방	軍医監(ぐんいかん) 군의감 / 消防監(しょうぼうかん) 소방감 / 未決監(みけつかん) 미결감
□ ～観(かん)	~관	価値観(かちかん) 가치관 / 人生観(じんせいかん) 인생관 / 歴史観(れきしかん) 역사관
□ ～艦(かん)	~함	駆逐艦(くちくかん) 구축함 / 護衛艦(ごえいかん) 호위함 / 潜水艦(せんすいかん) 잠수함
□ ～眼(がん)	~안	鑑識眼(かんしきがん) 감식안 / 審美眼(しんびがん) 심미안 / 千里眼(せんりがん) 천리안
□ ～狂(きょう)	~광	相撲狂(すもうきょう) 씨름광 / テニス狂(きょう) 테니스광 / 野球狂(やきゅうきょう) 야구광
□ ～郷(きょう)	~향	温泉郷(おんせんきょう) 온천지 / 桃源郷(とうげんきょう) 도원향 / 理想郷(りそうきょう) 이상향
□ ～句(く)	~구	慣用句(かんようく) 관용구 / 挿入句(そうにゅうく) 삽입구 / 定型句(ていけいく) 정형구
□ ～ぐるみ	~까지 몽땅	家族(かぞく)ぐるみ 온 가족이 몽땅 / 土地(とち)ぐるみ 토지까지 합쳐서
□ ～系(けい)	~계	関西系(かんさいけい) 관서계 / 関東系(かんとうけい) 관동계 / 銀河系(ぎんがけい) 은하계 / 神経系(しんけいけい) 신경계 / 太陽系(たいようけい) 태양계 / 文科系(ぶんかけい) 문과계 / 文学系(ぶんがくけい) 문학계 / 保守系(ほしゅけい) 보수계 / 理科系(りかけい) 이과계
□ ～刑(けい)	~형	終身刑(しゅうしんけい) 종신형 / 無期刑(むきけい) 무기형 / 有期刑(ゆうきけい) 유기형
□ ～圏(けん)	~권	英語圏(えいごけん) 영어권 N1문규 / 共産圏(きょうさんけん) 공산권 / 合格圏(ごうかくけん) 합격권 / 行動圏(こうどうけん) 행동권 / 首都圏(しゅとけん) 수도권 / 成層圏(せいそうけん) 성층권 / 勢力圏(せいりょくけん) 세력권 / 大気圏(たいきけん) 대기권 / 対流圏(たいりゅうけん) 대류권 / 南極圏(なんきょくけん) 남극권 / 文化圏(ぶんかけん) 문화권 / 北極圏(ほっきょくけん) 북극권
□ ～源(げん)	~원	供給源(きょうきゅうげん) 공급원 / 収入源(しゅうにゅうげん) 수입원 / 情報源(じょうほうげん) 정보원
□ ～孔(こう)	~공	換気孔(かんきこう) 환기공

□ ～心地(ごこち)	～한 기분, ～했을 때의 기분	住(す)みごこち 거주했을 때의 기분 乗(の)り心地(ごこち) 승차감
□ ～策(さく)	～책	安全策(あんぜんさく) 안전책 / 解決策(かいけつさく) 해결책 / 懐柔策(かいじゅうさく) 회유책 改善策(かいぜんさく) 개선책 / 打開策(だかいさく) 타개책 / 防止策(ぼうしさく) 방지책
□ ～剤(ざい)	～제	栄養剤(えいようざい) 영양제 / 乾燥剤(かんそうざい) 건조제 / 解熱剤(げねつざい) 해열제 殺虫剤(さっちゅうざい) 살충제 / 消化剤(しょうかざい) 소화제 / 消毒剤(しょうどくざい) 소독제 睡眠剤(すいみんざい) 수면제 / 接着剤(せっちゃくざい) 접착제 / 鎮痛剤(ちんつうざい) 진통제 防臭剤(ぼうしゅうざい) 방취제 / 防虫剤(ぼうちゅうざい) 방충제 / 養毛剤(ようもうざい) 양모제
□ ～士(し)	～사	運転士(うんてんし) 운전사 / 栄養士(えいようし) 영양사 / 会計士(かいけいし) 회계사 機関士(きかんし) 기관사 / 消防士(しょうぼうし) 소방사 / 操縦士(そうじゅうし) 조종사 調理士(ちょうりし) 조리사 / 飛行士(ひこうし) 비행사 / 弁護士(べんごし) 변호사
□ ～視(し)	～시	異端視(いたんし) 이단시 / 過大視(かだいし) 과대시 / 危険視(きけんし) 위험시 疑問視(ぎもんし) 의문시 / 重大視(じゅうだいし) 중대시 / 重要視(じゅうようし) 중요시 度外視(どがいし) 도외시 / 等閑視(とうかんし) 등한시 / 問題視(もんだいし) 문제시 楽観視(らっかんし) 낙관시 / 有力視(ゆうりょくし) 유력시
□ ～詩(し)	～시	近代詩(きんだいし) 근대시 / 散文詩(さんぶんし) 산문시 / 自由詩(じゆうし) 자유시 純粋詩(じゅんすいし) 순수시 / 象徴詩(しょうちょうし) 상징시 / 叙事詩(じょじし) 서사시 叙情詩(じょじょうし) 서정시 / 定型詩(ていけいし) 정형시 / 風物詩(ふうぶつし) 풍물시
□ ～囚(しゅう)	～수	死刑囚(しけいしゅう) 사형수 / 脱獄囚(だつごくしゅう) 탈옥수 / 未決囚(みけつしゅう) 미결수
□ ～臭(しゅう)	～티	学者臭(がくしゃしゅう) 학자티 / 貴族臭(きぞくしゅう) 귀족티 / 役人臭(やくにんしゅう) 관리티
□ ～銃(じゅう)	～총	機関銃(きかんじゅう) 기관총 / 光線銃(こうせんじゅう) 광선총 / 散弾銃(さんだんじゅう) 산탄총 連発銃(れんぱつじゅう) 연발총
□ ～唱(しょう)	～창	二重唱(にじゅうしょう) 이중창 / 三重唱(さんじゅうしょう) 삼중창 / 四重唱(よんじゅうしょう) 사중창
□ ～症(しょう)	～증	合併症(がっぺいしょう) 합병증 / 過敏症(かびんしょう) 과민증 / 花粉症(かふんしょう) 꽃가루 알레르기
□ ～証(しょう)	～증	学生証(がくせいしょう) 학생증 / 許可証(きょかしょう) 허가증 / 社員証(しゃいんしょう) 사원증 登録証(とうろくしょう) 등록증 / 保険証(ほけんしょう) 보험증 / 免許証(めんきょしょう) 면허증
□ ～上(じょう)	～상	健康上(けんこうじょう) 건강상 / 都合上(つごうじょう) 형편상 / 歴史上(れきしじょう) 역사상 N1문규
□ ～錠(じょう)	～정	一錠(いちじょう) 한 알 / 二錠(にじょう) 두 알 / 三錠(さんじょう) 세 알 糖衣錠(とういじょう) 당의정
□ ～陣(じん)	～진	教授陣(きょうじゅじん) 교수진 / 攻撃陣(こうげきじん) 공격진 / 講師陣(こうしじん) 강사진 首脳陣(しゅのうじん) 수뇌진 / 守備陣(しゅびじん) 수비진 / 制作陣(せいさくじん) 제작진

		捜査陣(そうさじん) 수사진	俳優陣(はいゆうじん) 배우진	報道陣(ほうどうじん) 보도진
□ ~隻(せき)	~척	一隻(いっせき) 한 척	二隻(にせき) 두 척	三隻(さんせき) 세 척
□ ~栓(せん)	~전	ガス栓(せん) 가스전	給水栓(きゅうすいせん) 급수전	消火栓(しょうかせん) 소화전
□ ~扇(せん)	~선	換気扇(かんきせん) 환풍기, 환기팬		
□ ~隊(たい)	~대	機動隊(きどうたい) 기동대	軍楽隊(ぐんがくたい) 군악대	決死隊(けっしたい) 결사대
		攻撃隊(こうげきたい) 공격대	鼓笛隊(こてきたい) 고적대	自衛隊(じえいたい) 자위대
		守備隊(しゅびたい) 수비대	聖歌隊(せいかたい) 성가대	捜索隊(そうさくたい) 수색대
		探検隊(たんけんたい) 탐험대	突撃隊(とつげきたい) 돌격대	特攻隊(とっこうたい) 특공대
□ ~弾(だん)	~탄	照明弾(しょうめいだん) 조명탄	不発弾(ふはつだん) 불발탄	ロケット弾(だん) 로켓탄
□ ~帳(ちょう)	~장, 장부	写真帳(しゃしんちょう) 사진첩	単語帳(たんごちょう) 단어장	地図帳(ちずちょう) 지도첩
		電話帳(でんわちょう) 전화부	日記帳(にっきちょう) 일기장	連絡帳(れんらくちょう) 연락장
□ ~艇(てい)	~정	救命艇(きゅうめいてい) 구명정	魚雷艇(ぎょらいてい) 어뢰정	警備艇(けいびてい) 경비정
□ ~派(は)	~파	印象派(いんしょうは) 인상파	演技派(えんぎは) 연기파	過激派(かげきは) 과격파
		賛成派(さんせいは) 찬성파	主流派(しゅりゅうは) 주류파	少数派(しょうすうは) 소수파
		象徴派(しょうちょうは) 상징파	正統派(せいとうは) 정통파	超党派(ちょうとうは) 초당파
		反対派(はんたいは) 반대파	無党派(むとうは) 무당파	浪漫派(ろうまんは) 낭만파
□ ~盤(ばん)	~반	文字盤(もじばん) 문자반		
□ ~碑(ひ)	~비	記念碑(きねんひ) 기념비		
□ ~票(ひょう)	~표	一票(いっぴょう) 1표	二票(にひょう) 2표	三票(さんびょう) 3표
		四票(よんひょう) 4표	五票(ごひょう) 5표	六票(ろっぴょう) 6표
		七票(ななひょう) 7표	八票(はちひょう) 8표	九票(きゅうひょう) 9표
		十票(じっぴょう) 10표	何票(なんびょう) 몇 표	
		計算票(けいさんひょう) 계산표	支持票(しじひょう) 지지표	住民票(じゅうみんひょう) 주민표
		受験票(じゅけんひょう) 수험표	調査票(ちょうさひょう) 조사표	不動票(ふどうひょう) 부동표
□ ~弁(べん)	~판 / ~사투리	安全弁(あんぜんべん) 안전판	半月弁(はんげつべん) 반월판	広島弁(ひろしまべん) 히로시마 사투리
		房室弁(ぼうしつべん) 방실판		
□ ~簿(ぼ)	~부	会計簿(かいけいぼ) 회계부	学籍簿(がくせきぼ) 학적부	家計簿(かけいぼ) 가계부
		記録簿(きろくぼ) 기록부	戸籍簿(こせきぼ) 호적부	事件簿(じけんぼ) 사건부
		出勤簿(しゅっきんぼ) 출근부	出席簿(しゅっせきぼ) 출석부	出納簿(すいとうぼ) 출납부
		通信簿(つうしんぼ) 통신부	通知簿(つうちぼ) 통지부	登記簿(とうきぼ) 등기부

□ ～膜(まく)	～막	空気膜(くうきまく) 공기막 / 細胞膜(さいぼうまく) 세포막 / 軟骨膜(なんこつまく) 연골막
□ ～まみれ	～투성이	血(ち)まみれ 피투성이 / どろまみれ 흙투성이 / ほこりまみれ 먼지투성이 N1문규
□ ～網(もう)	～망	情報網(じょうほうもう) 정보망 N1문규 / 捜査網(そうさもう) 조사망 / 地下鉄網(ちかてつもう) 지하철망 / 鉄道網(てつどうもう) 철도망 / 電話網(でんわもう) 전화망 / 道路網(どうろもう) 도로망
□ ～欄(らん)	～란	家庭欄(かていらん) 가정란 / 広告欄(こうこくらん) 광고란 / 投書欄(とうしょらん) 투고란 / 読者欄(どくしゃらん) 독자란 / 備考欄(びこうらん) 비고란 / 文芸欄(ぶんげいらん) 문예란
□ ～裏(り)	～리	盛況裏(せいきょうり) 성황리 / 成功裏(せいこうり) 성공리 / 秘密裏(ひみつり) 비밀리
□ ～陵(りょう)	～릉(능)	天皇陵(てんのうりょう) 일왕 능
□ ～暦(れき)	～력	航海暦(こうかいれき) 항해력 / 太陰暦(たいいんれき) 태음력 / 太陽暦(たいようれき) 태양력
□ ～炉(ろ)	～로	原子炉(げんしろ) 원자로 / 焼却炉(しょうきゃくろ) 소각로 / 溶鉱炉(ようこうろ) 용광로
□ ～割(わり)	～할	一割(いちわり) 1할 / 二割(にわり) 2할 / 三割(さんわり) 3할

9 출제 예상 유의어

□ あえて ① 감히, 굳이 ② 그다지, 별로 N1문규	≒	しいて 굳이 / 別(べつ)に 별로, 딱히 無理(むり)に進(すす)んで 무리하게 자진해서
□ 証(あかし) 증거, 증명	≒	証拠(しょうこ) 증거
□ 暁(あかつき) 새벽, 새벽녘	≒	夜明(よあ)け 새벽녘
□ 商(あきな)い 장사	≒	商売(しょうばい) 장사
□ 諦(あきら)め 체념, 단념 N1유의	≒	断念(だんねん) 단념 / 諦念(ていねん) 체념
□ 憧(あこが)れ 동경	≒	憧憬(どうけい) 동경(しょうけい로도 읽음)
□ あさましい 비열하다, 치사하다	≒	卑劣(ひれつ)だ 비열하다
□ 欺(あざむ)く 속이다 N1유의	≒	だます・ごまかす・いつわる 속이다
□ アシスタント 어시스턴트, 조수, 보조역	≒	助手(じょしゅ) 조수

□ あたかも 마치, 흡사	≒	まるで 마치
□ アタック 어택, 공격, 도전	≒	攻撃(こうげき) 공격 / 挑戦(ちょうせん) 도전
□ 頭打(あたまう)ちになる 한계점에 이르다 N1문규	≒	ピークに達(たっ)する 절정에 달하다
□ アチーブメント 어치브먼트, 학습, 성과	≒	達成(たっせい) 달성 / 成就(じょうじゅ) 성취 / 業績(ぎょうせき) 업적 / 功績(こうせき) 공적
□ あっけない 싱겁다, 어이없다 N1문구·유의	≒	意外(いがい)につまらない 의외로 재미없다
□ あべこべ 뒤바뀜, 반대	≒	さかさま・逆(ぎゃく)・裏腹(うらはら)・あちこち 거꾸로 됨
□ アマチュア 아마추어	≒	素人(しろうと) 비전문가
□ あまねく 널리, 골고루	≒	広(ひろ)く 널리
□ あやふや 불확실함, 애매함, 모호함	≒	あいまい 애매함
□ あらまし 개요, 대강, 대충	≒	大筋(おおすじ)・おおよそ・おおむね 대개, 대략
□ ありありと 뚜렷이, 선명히, 역력히	≒	はっきりと 확실히 / 歴然(れきぜん)と 역력하게
□ ありきたりの 평범한, 흔해빠진, 평범한 N1유의	≒	平凡(へいぼん)な 평범한 / ありふれた 흔해빠진 N1유의
□ あるいは 혹은, 또는	≒	または 또는
□ 淡(あわ)い 어렴풋한	≒	わずかな 조금의, 약간의
□ 合(あ)わせて・併(あわ)せて 합해서, 아울러, 함께	≒	一緒(いっしょ)に 함께
□ あわただしい 분주하다	≒	急(いそ)ぐ 서두르다 / せわしい・忙(いそが)しい 바쁘다 / 多忙(たぼう)だ 다망하다
□ 安直(あんちょく) 손쉬움, 간편함	≒	手軽(てがる) 손쉬움 / 簡易(かんい) 간이
□ 案(あん)の定(じょう) 아니나다를까, 생각한 대로 N1용법·유의	≒	やはり 역시 / 思ったとおり(に) 생각한 대로
□ 言(い)い合(あ)い 말다툼, 언쟁	≒	口論(こうろん)・口(くち)げんか 언쟁
□ いいかげん 무책임함, 엉터리임	≒	でたらめ 엉터리 / ぞんざい 아무렇게나 함
□ 意外(いがい)にも 의외로	≒	驚(おどろ)いたことに 놀랍게도
□ いかに ① 어떻게 ② 아무리 ③ 얼마나	≒	どのように 어떻게 / どんなに 아무리 / どれほど 얼마나
□ いかにも ① 어떻게든 ② 아무래도 ③ 자못 ④ 과연	≒	なんとかして 어떻게든 / どう考えても 아무리 봐도 / 非常(ひじょう)に 대단히 / なるほど 과연

□ いきさつ 경위, (얽힌) 사정 ≒ 経緯(けいい) 경위

□ 憤り(いきどおり) 분노 ≒ 怒り(いかり) 분노 / 腹立ち(はらだち) 화가남

□ 憤る(いきどおる) 분개하다, 성내다, 노하다 ≒ いかる 분개하다

□ 息抜き(いきぬき) 잠시 쉼, 한숨 돌림 ≒ ひと休み(やすみ) 잠깐 쉼

□ いくらか 조금 ≒ 少し(すこし) 조금

□ 憩い(いこい) 푹 쉼, 휴식 N1읽기 ≒ 休息(きゅうそく) 휴식

□ いじくる 만지작거리다 ≒ いじる 만지다

□ いじける 위축되다 ≒ すくむ 움츠러지다

□ 意匠(いしょう) 디자인 ≒ デザイン 디자인

□ いただき (산 따위의) 꼭대기, 정상 ≒ 頂上(ちょうじょう) 정상

□ いたって (지)극히, 매우, 대단히 N1유의 ≒ 非常に(ひじょうに) 매우, 상당히 / いとも 매우, 아주
極めて(きわめて) 극히, 매우, 더없이 N1읽기

□ 一向に(いっこうに) 전혀 ≒ 少しも(すこしも) 조금도 / 全然(ぜんぜん) 전혀

□ 一切(いっさい) 일체, 모두 ≒ 全部(ぜんぶ) 전부

□ 一切(いっさい) 일절, 전혀, 전연 ≒ 全然(ぜんぜん)・まるで 전연, 전혀

□ いっそ 도리어, 차라리 N1문규 ≒ むしろ 차라리 / かえって 오히려

□ 一徹(いってつ) 완고함, 옹고집 ≒ かたくな 완고함

□ 偽り(いつわり) 거짓, 허위 ≒ うそ 거짓말

□ いつわりなく 거짓 없이 ≒ 正直(しょうじき) 사실, 솔직히

□ 挑む(いどむ) (싸움 등을) 걸다, 도전하다 N1읽기 ≒ しかける (싸움 등을) 걸다
挑戦(ちょうせん)する・チャレンジする 도전하다

□ いまさら 이제 와서, 새삼스럽게 N1용법 ≒ 今(いま)となっては 이제 와서

□ いまだに 아직까지도 ≒ 今(いま)でも 지금도

□ いやみ 싫은 소리, 아니꼬움, 불쾌함 N1유의 ≒ 皮肉(ひにく) 빈정거림 / きざ 아니꼬움

□ いらだつ 초조하다, 애가 타다 ≒ あせる 초조하게 굴다 / じりじりする 초조하다

□ 色合い(いろあい) 색조 ≒ トーン・色調(しきちょう) 색조

- □ 因業(いんごう) 완고함, 매정함, 냉혹함 ≒ 頑固(がんこ) 완고함 / 無情(むじょう) 매정함 / 残酷(ざんこく) 잔혹함
- □ インサート 인서트, 삽입 ≒ 挿入(そうにゅう) 삽입
- □ インサイド 인사이드, 안쪽, 내부 ≒ 内側(うちがわ) 안쪽
- □ インスピレーション 인스피레이션, 영감 ≒ ひらめき 번뜩임, 번쩍 떠오름
- □ インターナショナル 인터내셔널, 국제적 ≒ 国際的(こくさいてき) 국제적
- □ インフォ(ー)メーション 인포메이션, 접수처 ≒ 受付(うけつけ) 접수처
- □ ウエート・ウエイト 무게, 중점 N1문규 ≒ 重点(じゅうてん) 중점
- □ うかがう 엿보다, 살피다, 노리다 ≒ のぞく 엿보다 / ねらう 노리다
- □ 受(う)け持(も)ち 담임, 담당 ≒ 担任(たんにん) 담임 / 担当(たんとう) 담당
- □ うすうす 희미하게, 어렴풋이 N1교체 ≒ なんとなく 왠지 모르게
- □ 打(う)ち明(あ)ける 털어놓다, 고백하다 ≒ 告白(こくはく)する 고백하다
- □ 打(う)ち込(こ)む 열중하다 N1유의 ≒ 熱心(ねっしん)に取(と)り組(く)む 열심히 몰두하다 / 没頭(ぼっとう)する 몰두하다
- □ うつろ (속이) 텅 빔 ≒ から 텅 빔
- □ 疎(うと)ましい 싫다, 역겹다 ≒ いやだ 싫다
- □ うぬぼれる 자만하다, 자부하다 N1문규 ≒ 思(おも)い上(あ)がる 우쭐하다
- □ 裏付(うらづ)け 확실한 증거, 뒷증명 N1유의 ≒ 証拠(しょうこ) 증거
- □ うりふたつ 쏙 닮음 ≒ そっくり 꼭 닮음
- □ うろたえずに 당황하지 않고 N1유의 ≒ 慌(あわ)てずに 허둥대지 않고
- □ うんざりする 지긋지긋하다 ≒ まいる 질리다
- □ エスカレートする 에스컬레이트하다 ≒ 段階的(だんかいてき)に拡大(かくだい)する 단계적으로 확대되다
- □ エプロン 앞치마 ≒ 前(まえ)かけ 앞치마
- □ エレガント 우아함, 고상함 N1문규 ≒ 優雅(ゆうが) 우아함 / 高尚(こうしょう) 고상함
- □ 円滑(えんかつ)に 원활하게 N1문규·용법 ≒ 順調(じゅんちょう)に・滑(なめ)らかに・スムーズに 순조롭게, 원활하게
- □ 縁起(えんぎ) (길흉의) 조짐, 재수 ≒ ジンクス 징크스 / 先触(さきぶ)れ 조짐, 징조
- □ 縁故(えんこ) 관계, 연줄 ≒ 手(て)づる・コネ・つて 연줄, 연고

□ 怨恨(えんこん) 원한 ≒ 恨(うら)み 원한

□ エンターテイメント 엔터테인먼트, 오락, 연예 ≒ 娯楽(ごらく) 오락 / 芸能(げいのう) 예능

□ 殴打(おうだ)する 구타하다 ≒ なぐる 때리다

□ 大方(おおかた) 거의, 대강 ≒ ほぼ 거의 N1문규

□ 大(おお)げさで 과장해서 ≒ オーバーで 과장해서

□ オートマチック 오토매틱 ≒ 自動的(じどうてき) 자동적

□ 往来(おうらい) 왕래, 길(거리) ≒ 行(ゆ)き来(き) 왕래 / 道路(どうろ) 도로

□ おおまかに 대략, 대충 ≒ おおざっぱに 대충

□ おさなくて 어려서, 유치해서 ≒ 幼稚(ようち)で 유치하고

□ 収(おさ)まる 수습되다 ≒ 片(かた)づく・解決(かいけつ)する 해결되다

□ おさらい 복습 ≒ 復習(ふくしゅう) 복습

□ 惜(お)しんだ 애석히 여기다 ≒ 残念(ざんねん)がっている 안타깝게 여기다

□ おっかない 무섭다, 두렵다 ≒ こわい・恐(おそ)ろしい 무섭다, 두렵다

□ おっくうだ 귀찮다 N1유의 ≒ 面倒(めんどう)だ 귀찮다

□ お手上(てあ)げだ 어찌할 도리가 없다 N1유의 ≒ どうしようもない 어찌할 도리가 없다

□ 乙女(おとめ) 소녀, 처녀 ≒ 少女(しょうじょ) 소녀 / 処女(しょじょ) 처녀

□ 自(おの)ずから 저절로, 자연히 ≒ おのずと N1유의・ひとりでに・自然(しぜん)に 저절로 N1유의

□ 思(おも)い切(き)った 대담한 ≒ 大胆(だいたん)な 대담한

□ 思(おも)い切(き)る 단념하다 ≒ あきらめる 단념하다

□ 思(おも)い残(のこ)る 미련을 남기다 ≒ 後悔(こうかい)する 후회하다

□ 思(おも)う存分(ぞんぶん) 마음껏, 힘껏 ≒ 精一杯(せいいっぱい) 힘껏

□ 思(おも)うまま 마음껏 ≒ 思(おも)い切(き)り 마음껏

□ 趣(おもむき) ① 재미, 정취, 멋 ② 느낌, 모습, 분위기 N1문규 ≒ あじわい 정취 / 感(かん)じ 느낌 / 様子(ようす) 모습

□ 面持(おもも)ち 표정, 안색 ≒ 表情(ひょうじょう)・顔(かお)つき 표정, 안색

□ 思惑(おもわく) 생각, 의도 ≒ 意図(いと) 의도

- □ 思(おも)わず 무의식 중에 ≒ 無意識(むいしき)に 무의식적으로
- □ 怨念(おんねん) 원념, 원한 ≒ 恨(うら)み 원한

- □ ガードマン 가드 맨, 경비원 ≒ 警備員(けいびいん) 경비원
- □ 解雇(かいこ)される 해고당하다 ≒ 首(くび)になる 해고당하다
- □ 回想(かいそう)する 회상하다 N1유의 ≒ 思(おも)いかえす 회상하다
- □ 介抱(かいほう) 병구완, 간호 N1문규 ≒ 看護(かんご) 간호 / 看病(かんびょう) 간병
- □ カウンセラー 카운셀러, 상담원 ≒ 相談係(そうだんがかり) 상담원
- □ 顔付(かおつ)き 얼굴 생김새, 표정 ≒ 面相(めんそう) 용모
- □ 抱(かか)え込(こ)む 끌어안다, 떠맡다 N1용법 ≒ しょい込(こ)む・引(ひ)き受(う)ける 떠맡다
- □ かかえる 고용하다 ≒ 雇(やと)う 고용하다
- □ 愕然(がくぜん)とする 깜짝 놀라다 ≒ びっくりする 깜짝 놀라다
- □ 格段(かくだん)に 현격히 N1유의 ≒ 大幅(おおはば)に 대폭적으로
- □ 格別(かくべつ)に 각별히, 특별히 ≒ とりわけ 특히 / 特(とく)に 특히
- □ 加減(かげん) 상태, 정도 ≒ 具合(ぐあい) 상태
- □ かたくな 완고함, 고집스러움 N1문규 ≒ 頑固(がんこ) 완고함 / 強情(ごうじょう) 고집이 셈
- □ 傍(かたわ)ら 옆, 가 N1문규 ≒ わき・そば 옆
- □ 画期的(かっきてき)な 획기적인 N1유의 ≒ 今(いま)までになく新(あたら)しい 지금까지 없는 새로운
- □ 勝手(かって) 부엌 ≒ 台所(だいどころ)・キッチン 부엌
- □ かつて ① 일찍이, 전에 ② 전혀, 한반도 ≒ 以前(いぜん) 이전에 / 一度(いちど)も 한번도
- □ かなた 저쪽, 저편 ≒ 向(む)こうの方(ほう)・あちら 저쪽
- □ 奏(かな)でる 켜다, 연주하다 ≒ 演奏(えんそう)する 연주하다
- □ かねて 미리, 전부터 ≒ 前々(まえまえ)から 전부터 / 以前(いぜん)に 이전에
すでに 이미 / まえもって 미리
- □ 金回(かねまわ)り 돈의 유통, 주머니 사정 ≒ 工面(くめん) 주머니 사정

☐ 構え(かま) (건물의) 외관, 구조, 태세, 준비	≒	構造(こうぞう) 구조 / 用意(ようい) 준비
☐ ガレージ 차고 N1문규	≒	車庫(しゃこ) 차고
☐ かろうじて 겨우, 간신히 N1문규	≒	やっと 겨우 / 何(なん)とか 어떻게든 N1유의
☐ 代(か)わる代(が)わる 번갈아, 교대로	≒	交互(こうご)に 번갈아 / 交代(こうたい)で 교대로
☐ がんぐ 완구, 장난감	≒	おもちゃ 장난감
☐ 感触(かんしょく) 감촉	≒	手(て)ざわり 감촉
☐ 肝心(かんじん) (가장) 중요함 N1읽기·문규	≒	重要(じゅうよう) 중요함
☐ 簡素(かんそ)な 간소한 N1유의	≒	シンプルな 심플한 / 簡単(かんたん)な 간단한 単純(たんじゅん)な 단순한
☐ 元来(がんらい) 원래	≒	もともと 원래
☐ 気兼(きが)ね 사양, 스스러움 N1문규	≒	遠慮(えんりょ) 사양
☐ 危機(きき) 위기	≒	ピンチ 핀치, 위기
☐ 兆(きざ)し 조짐, 징조, 전조 N1읽기	≒	兆候(ちょうこう) 징후
☐ 気丈夫(きじょうぶ)だ 마음이 든든하다	≒	心強(こころづよ)い 마음 든든하다
☐ 毀損(きそん) 훼손, 파손	≒	破損(はそん) 파손
☐ 鍛(きた)える 단련하다, 맹렬히 훈련하다	≒	熱心(ねっしん)に訓練(くんれん)する 열심히 훈련하다
☐ 気立(きだ)て 심지, 마음씨	≒	気前(きまえ) 기질 / 性質(せいしつ) 성질
☐ 気(き)まぐれ 변덕스러운	≒	変(か)わりやすい 변하기 쉬운
☐ 脚本(きゃくほん) 각본, 대본 N1읽기	≒	シナリオ 각본 / 台本(だいほん) 대본
☐ 脚光(きゃっこう) 각광	≒	フットライト 각광
☐ ギャップ 갭, 틈새, 간격, 차이	≒	溝(みぞ) (의견, 감정 등의) 틈, 간격
☐ キャリア 커리어, 경력 N1문규	≒	経歴(けいれき) 경력
☐ 恐慌(きょうこう) 공황, 경제 공황	≒	パニック 패닉
☐ 競走(きょうそう) 경주	≒	レース 레이스
☐ 仰天(ぎょうてん)する 깜짝 놀라다 N1유의	≒	とても驚(おどろ)く 몹시 놀라다
☐ 極力(きょくりょく) 극력, 힘껏 N1유의	≒	できる限(かぎ)り 가능한 한

□ 巨匠(きょしょう) 거장, (예술가의) 대가 ≒ 大家(たいか) 대가

□ 虚心坦懐(きょしんたんかい)に 허심탄회하게 ≒ 率直(そっちょく)に 솔직하게

□ 切(き)り捨(す)てる 잘라 버리다 ≒ 削減(さくげん)する 삭감하다

□ 亀裂(きれつ) 균열, 금 ≒ ひび (잔)금

□ 均衡(きんこう) 균형 ≒ バランス 밸런스, 균형

□ クール 쿨함, 냉정함 ≒ 冷静(れいせい) 냉정함

□ くじける (기세가) 꺾이다 ≒ ひるむ 꺾이다

□ くじ引(び)き 제비뽑기, 추첨 ≒ 抽選(ちゅうせん) 추첨

□ 口出(くちだ)しする 말 참견하다 ≒ 干渉(かんしょう)する 간섭하다

□ 朽(く)ちる 썩다, 쇠퇴하다 ≒ くさる 썩다 / 衰(おとろ)える 쇠퇴하다

□ 屈指(くっし) 굴지 ≒ 有数(ゆうすう)・指折(ゆびお)り 손꼽힘

□ くつろぐ 편히 쉬다, 휴식하다 ≒ のんびりと楽(らく)にする 한가로이 편하게 있다

□ 首飾(くびかざ)り 목걸이 ≒ ネックレス 목걸이

□ 工面(くめん)する 돈을 조달하다 ≒ 調達(ちょうたつ)する 조달하다

□ 玄人(くろうと) 전문가, 숙련자 ≒ プロ・専門家(せんもんか) 프로, 전문가 / 熟練者(じゅくれんしゃ) 숙련자

□ クレーム 클레임, 불만 N1유의 ≒ 苦情(くじょう) 불평, 불만

□ 企(くわだ)て 계획, 기도 ≒ 計画(けいかく) 계획

□ ケア 돌봄, 간호 ≒ 看護(かんご)・介護(かいご) 간호

□ 経過(けいか) 경과 ≒ 成行(なりゆ)き 경과

□ 警戒(けいかい) 경계 ≒ 用心(ようじん) 경계, 조심

□ 恵沢(けいたく) 혜택, 은혜 ≒ めぐみ・恩恵(おんけい) 은혜

□ 軽蔑(けいべつ)する 경멸하다 ≒ さげすむ 깔보다

□ 経路(けいろ) 경로 ≒ ルート 경로

□ けげんな 의아스러운 ≒ 疑(うたが)わしい 의심스러운, 수상쩍은

□ 欠乏(けつぼう) 결핍 N1읽기 ≒ 不足(ふそく) 부족

□ けなされる 헐뜯기다 N1문규·유의 ≒ 悪(わる)く言(い)われる 나쁜 말을 듣다

□ 懸念(けねん) 걱정, 근심, 불안	≒	心配(しんぱい)・気(き)がかり 걱정 / 不安(ふあん) 불안
□ 堅実(けんじつ)な 견실한 N1문규	≒	しっかりした 야무진
□ 故意(こい)に 고의로	≒	わざと 일부러
□ 厚顔(こうがん)だ 낯두껍다	≒	鉄面皮(てつめんぴ)だ 철면피다 / ずうずうしい 뻔뻔스럽다
□ こうばしい 구수하다	≒	香(かお)りがいい 향기가 좋다
□ 互角(ごかく)だ 막상막하다 N1유의	≒	大体同(だいたいおな)じだ 대체적으로 같다
□ 克明(こくめい)に 극명하게, 자세하고 꼼꼼하게	≒	丹念(たんねん)に 세밀히 / まめに 꼼꼼히
		丹念(たんねん)に 세밀히, 곰곰히 N1유의 / じっくりと 곰곰히
□ 心得(こころえ) 마음 가짐, 소양 N1문규	≒	心(こころ)がけ 마음 가짐
□ 心構(こころがま)え 마음의 준비, 각오 N1용법	≒	覚悟(かくご) 각오
□ 心細(こころぼそ)い 어쩐지 마음이 불안하다, 허전하다 N1문규	≒	不安(ふあん)だ 불안하다
□ 試(こころ)み 시도(해 봄), 시험	≒	試(ため)し 시도
□ 誤植(ごしょく) 오식	≒	ミスプリント 미스 프린트
□ こずえ 나뭇가지 끝, 우듬지	≒	枝(えだ)の先(さき) 가지 끝
□ 誇張(こちょう)せずに 과장하지 않고	≒	ありのままに 있는 그대로
□ こつ 요령	≒	要領(ようりょう) 요령
□ ことごとく 전부, 모두, 모조리 N1문규·유의	≒	すべて 전부 / こぞって 빠짐없이
□ ことのほか 대단히, 특별히, 유달리	≒	とても 대단히 / とりわけ・特別(とくべつ)に 특별히
□ 拒(こば)む 거부하다, 응하지 않다 N1읽기	≒	ことわる 거절하다
□ こまやかに 자세히 N1문규	≒	詳(くわ)しく・詳細(しょうさい)に 자세히
□ コミッション 커미션, 수수료	≒	手数料(てすうりょう) 수수료 / リベート 리베이트, 수수료
□ コメディー 코미디	≒	喜劇(きげき) 희극
□ 暦(こよみ) 달력	≒	カレンダー 달력
□ こらえる 참다, 견디다	≒	しんぼうする 참다, 견디다
□ コンディション 컨디션	≒	体調(たいちょう)・調子(ちょうし)・体(からだ)の具合(ぐあい) 몸의 상태, 컨디션
□ コンテスト 콘테스트, 경연 대회	≒	競演会(きょうえんかい)・コンクール 경연 대회

- □ コントラスト 콘트라스트, 대조 N1유의 ≒ 対比(たいひ) 대비 / 対照(たいしょう) 대조

- □ 遮る(さえぎる) 가리다, 막다, 차단하다 N1읽기 ≒ 遮断(しゃだん)する 차단하다
- □ 栄える(さかえる) 성해지다, 번영하다 ≒ 繁盛(はんじょう)する 번창하다
- □ 削除(さくじょ) 삭제 ≒ カット 컷, 잘라냄
- □ ささいな 하찮은 N1유의 ≒ 小(ち)いさな 작은
- □ さしあたって 지금, 당장, 당분간 ≒ さしあたり・当面(とうめん) 당분간
- □ 指図(さしず) 지시, 지휘 ≒ 指示(しじ) 지시 / 指揮(しき) 지휘
- □ さぞ 틀림없이, 필시, 아마 ≒ きっと・さぞや・さぞかし 틀림없이
- □ 定か(さだか) 확실함 ≒ たしか 확실히
- □ 錯覚(さっかく) 착각 N1유의 ≒ 勘違(かんちが)い 착각
- □ ざっくばらんに 솔직히 ≒ 率直(そっちょく)に 솔직히
- □ さっと 잽싸게, (비・바람이) 쏴, 휙 ≒ すばやく 재빠르게
- □ 殺到(さっとう)した 쇄도했다 N1유의 ≒ 一度(いちど)に大勢(おおぜい)来(き)た 한꺼번에 많이 왔다
- □ 雑踏(ざっとう) 잡답, 혼잡, 붐빔 N1유의 ≒ 人込(ひとご)み 붐빔
- □ さっぱりだ 전혀 안되다, 형편없다 ≒ うまくいかない 잘 되지 않다
低調(ていちょう)だ 저조하다
- □ サポート 서포트, 지지함, 원조함 ≒ バックアップ 백업(후원) / 支持(しじ) 지지
援助(えんじょ) 원조 / 支援(しえん) 지원 / バック 백, 배경, 후원자
背景(はいけい) 배경 / 後援者(こうえんしゃ) 후원자
- □ 障る(さわる) 지장이 있다, 방해가 되다 N1문규 ≒ さしつかえる 지장이 있다
- □ 参上(さんじょう)いたす 찾아뵙다 ≒ うかがう 찾아뵙다
- □ 山頂(さんちょう) 산꼭대기 ≒ 頂(いただき) 산꼭대기
- □ 仕上(しあ)がる 완성되다 N1유의 ≒ 完成(かんせい)する 완성되다, 완성하다
- □ 仕上(しあ)げる 완성시키다 N2유의 ≒ 完成(かんせい)させる 완성시키다

- □ シークレット 시크릿, 기밀, 비밀 ≒ 秘密(ひみつ) 비밀
- □ 仕返し(しかえし) 보복, 복수 ≒ 復讐(ふくしゅう)・リベンジ 복수
- □ 仕掛ける(しかける) (싸움 등을) 걸다, 장치하다 ≒ いどむ 걸다 / セットする 설치하다
- □ しかるに 그런데, 그럼에도 불구하고 ≒ ところが 그런데
にもかかわらず 그럼에도 불구하고
- □ しきたり 관례, 선례 ≒ ならわし 관례 / 先例(せんれい) 선례 / 習慣(しゅうかん) 습관
- □ しきりに 자주 N1유의 ≒ 何度(なんど)も 몇 번이고
- □ 仕切る(しきる) 칸막이하다, 구획하다, 결산하다 ≒ 決算(けっさん)をする 결산을 하다
- □ 仕草(しぐさ) 하는 짓, 태도, 몸짓 ≒ 身(み)ぶり 몸짓
- □ しくじる 실패하다, 실수하다 ≒ 失敗(しっぱい)する 실패하다
- □ 仕組み(しくみ) ① 구조, 기구, 짜임새 ② 방법, 계획 N1문규·유의 ≒ メカニズム・構造(こうぞう) 구조 / くわだて 계획
- □ 自尊心(じそんしん) 자존심 ≒ プライド 프라이드, 자존심
- □ したたか 세게, 호되게 ≒ しぶとく 세게
- □ しなやかに 유연하게 N1용법 ≒ 柔軟(じゅうなん)に 유연하게
- □ しのぎを削る(けずる) 맹렬히 싸우다 ≒ 競争(きょうそう)し合(あ)う 서로 경쟁하다
- □ シビアだ 엄격하다 N1유의 ≒ 厳(きび)しい 엄격하다
- □ 仕向ける(しむける) ① 대우하다 ② 발송하다 ≒ 待遇(たいぐう)する 대우하다 / 発送(はっそう)する 발송하다
- □ 終始(しゅうし) 시종, 내내, 줄곧 N1읽기 ≒ ずっと 쭉
- □ 収集(しゅうしゅう) 수집 ≒ コレクション 수집(품)
- □ 終生(しゅうせい) 종생, 일생 동안 ≒ 死(し)ぬときまで 죽을 때까지
- □ 従来(じゅうらい)の 종래의 N1읽기·유의 ≒ これまでの 지금까지의
- □ 主将(しゅしょう) 주장 ≒ キャプテン 캡틴 / 統率者(とうそつしゃ) 통솔자
- □ 巡回(じゅんかい) 순찰 ≒ パトロール 패트롤, 순찰
- □ 照会(しょうかい)する 조회하다 N1교체 ≒ 問(と)い合(あ)わせる 문의하다
- □ 触発(しょくはつ)される 자극받다 N1유의 ≒ 刺激(しげき)を受(う)ける 자극을 받다
- □ 助言(じょげん) 조언 N1유의 ≒ アドバイス 어드바이스, 충고

□ 所詮(しょせん) 어차피 ≒ どうせ・いずれにしても 어차피

□ 所存(しょぞん) 생각 ≒ 考え(かんが) 생각 / つもり 작정

□ しょっちゅう 늘, 언제나, 부단히 ≒ いつも 언제나

□ 処分(しょぶん) 처분 ≒ 始末(しまつ) 처리, 정리

□ 序論(じょろん) 서론 ≒ 前置き(まえお) 서론

□ 退く(しりぞ) 물러나다, 물러서다, 후퇴하다 ≒ 後退する(こうたい) 후퇴하다

□ 仕分ける(しわ) 분류하다 ≒ 分類する(ぶんるい) 분류하다

□ 真摯(しんし) 진지함 ≒ 真面目(まじめ) 성실함 / 真剣(しんけん) 진지함

□ 迅速に(じんそく) 신속하게 N1읽기·문규 ≒ すみやかに 신속하게

□ 進捗する(しんちょく) 진척되다 ≒ はかどる 진척되다 / 順調(じゅんちょう)に進む(すす) 순조롭게 진행되다

□ 衰退する(すいたい) 쇠퇴하다 ≒ 衰える(おとろ)・朽ちる(く) 쇠퇴하다

□ すがすがしい 상쾌하다 N1문규·유의 ≒ 爽やかだ(さわ)・心地よい(ここち) 상쾌하다

□ スキル 스킬 ≒ 技術(ぎじゅつ) 기술

□ スケール 규모, 도량 N1유의 ≒ 規模(きぼ) 규모 / 度量(どりょう) 도량

□ すこぶる 매우, 대단히 ≒ とても・はなはだ 매우

□ 健やか(すこ) 건강함, 튼튼함 N1읽기 ≒ 達者(たっしゃ) 건강함, 능숙함 / 健全(けんぜん) 건전함 / 上手(じょうず) 능숙함

□ 筋合い(すじあ) 조리 ≒ 筋道(すじみち) ① 사리, 조리 ② 절차, 순서

条理(じょうり) 조리 / 手続き(てつづ) 절차

□ 素性(すじょう) 가문, 태생 ≒ 生まれ(う) 태생

□ スチーム 스팀, 증기 ≒ 蒸気(じょうき) 증기

□ ステップアップ 스텝 업 ≒ 進歩(しんぽ) 진보 / 向上(こうじょう) 향상

□ ストーリー 스토리, 이야기 ≒ 話(はなし)・物語(ものがたり) 이야기

□ ストック 재고 N1문규 ≒ 在庫(ざいこ) 재고

□ ストレートに 솔직하게 N1유의 ≒ 率直(そっちょく)に 솔직하게

□ すばしこい 민첩하다, 잽싸다 N1문규 ≒ 素早い(すばや) 재빠르다

□ スプリング 스프링, 용수철 ≒ ぜんまい 태엽, 용수철

□ すべ 방법, 수단, 도리 N1유의 ≒ 方法(ほうほう) 방법

□ スラックス 슬랙스, 바지 ≒ ズボン 바지

□ せかす/せかせる 재촉하다, 서두르게 하다 N1유의 ≒ 急(いそ)がせる 서두르게 하다

□ セキュリティー 시큐리티, 안전 ≒ 安全(あんぜん) 안전 / 保安(ほあん) 보안

□ セクション 섹션, 분할 ≒ 部門(ぶもん) 부문

□ せっかち 성급함 ≒ 性急(せいきゅう) 성급함

□ 接近(せっきん) 접근 ≒ アプローチ 접근

□ 折衝(せっしょう) 절충 ≒ 交渉(こうしょう) 교섭 / 話(はな)し合(あ)い 대화

□ 絶頂(ぜっちょう) 절정 ≒ ピーク 절정

□ セレモニー 세레모니, 의식 ≒ 儀式(ぎしき) 의식

□ センス 센스, 감각 N1문규 ≒ 感覚(かんかく) 감각

□ 先(せん)だって 앞서, 얼마전에, 요전에 ≒ このあいだ 요전에

□ 先方(せんぽう) 상대방, 상대편, 저쪽 N1유의 ≒ 相手(あいて) 상대

□ 旋律(せんりつ) 선율 ≒ メロディー 멜로디

□ 総(そう)じて 대체로, 일반적으로 N1용법 ≒ 概(がい)して・おおよそ・総(そう)じて 대체로

□ 装飾(そうしょく) 장식 ≒ デコレーション 장식

□ 即日(そくじつ) 바로 그 날, 당일 ≒ 当日(とうじつ) 당일

□ そうぞうしい 시끄럽다 ≒ さわがしい 시끄럽다 / うるさい 시끄럽다

□ 素描(そびょう) 소묘, 데생 ≒ デッサン 데생

□ 素振(そぶ)り 거동, 기색 ≒ 気配(けはい) 기색

□ そわそわする 안절부절 못하다 N1문규 ≒ 緊張(きんちょう)する 긴장하다

□ ぞんざいに 아무렇게나 N1문규 ≒ おろそかに 소홀히 / いいかげんに 무책임하게

□ ターゲット 타깃, 표적 ≒ 的(まと) 표적

□ 大概(たいがい) 대개, 대강, 대체로 ≒ だいたい・たいてい 대개, 대체로

おおむね 대개, 대강

□ 対抗(たいこう)する 대항하다 ≒ 立(た)ち向(む)かう 대항하다

□ たくらむ 계획하다, 꾀하다, 꾸미다 ≒ 仕組(しく)む・計画(けいかく)する 계획하다

□ 携(たずさ)わる 종사하다 ≒ 従事(じゅうじ)する 종사하다

□ 蛇足(だそく) 사족, 군더더기, 쓸데없는 것 ≒ よけいなもの 쓸데없는 것

□ 立(た)ち寄(よ)る 다가서다, 들르다 ≒ 近寄(ちかよ)る 다가가다 / 訪(おとず)れる 방문하다

□ 建前(たてまえ) 원칙, 방침 ≒ 原則(げんそく) 원칙

□ だぶだぶ (옷이) 헐렁헐렁 N1문규 ≒ ぶかぶか 헐렁헐렁

□ ダメージ 데미지, 손해, 타격 ≒ 損害(そんがい) 손해 / 打撃(だげき) 타격

□ 便(たよ)り 소식, 편지 ≒ 手紙(てがみ) 편지

□ 断(だん)じて ① 반드시, 꼭 ② 절대로 ≒ 決(けっ)して 결코 / 必(かなら)ず 반드시

□ 端的(たんてき)に 단적으로 N1유의 ≒ 明白(めいはく)に 명백하게

□ 断念(だんねん)する 단념하다 N1유의 ≒ 諦(あきら)める 단념하다

□ 段落(だんらく) 단락 ≒ 区切(くぎ)り 단락

□ 胆力(たんりょく) 담력 ≒ 度胸(どきょう) 담력

□ チャンピオン 챔피언, 제1인자 ≒ 第一人者(だいいちにんしゃ) 제1인자

□ 治癒(ちゆ) 치유, 회복 ≒ 回復(かいふく) 회복

□ 注意深(ちゅういぶか)い 조심스럽다 ≒ 慎重(しんちょう)だ 신중하다

□ 中途半端(ちゅうとはんぱ) 흐지부지함, 엉거주춤함 ≒ 未完成(みかんせい) 미완성

□ 中腹(ちゅうふく) 산 중턱 ≒ 山腹(さんぷく) 산의 중턱

□ 重宝(ちょうほう)する 쓸모가 있어 편리하다 N1유의 ≒ 便利(べんり)で役(やく)に立(た)つ 편리하고 도움이 된다

□ 調和(ちょうわ) 조화 ≒ ハーモニー 조화

□ 賃貸(ちんたい) 임대 ≒ レンタル 렌탈

□ ついては 따라서, 그래서 ≒ したがって 따라서

□ ついて(い)る 재수가 있다 ≒ 運(うん)がいい 운이 좋다

□ 月並(つきな)み 평범함, 진부함 ≒ 平凡(へいぼん)・ありきたり 평범함

□ 償(つぐな)い 속죄, 보상 N1읽기 ≒ 補償(ほしょう) 보상

□ 繕(つくろ)う 고치다, 수선하다	≒	修繕(しゅうぜん)する 수선하다
□ 告(つ)げる 고하다, 알리다 N1읽기	≒	知(し)らせる 알리다
□ つつましい 조심스럽다	≒	控(ひか)えめだ 조심스럽다
□ 集(つど)い 모임, 회합	≒	集(あつ)まり・会合(かいごう) 모임, 회합
□ 集(つど)う 모이다, 회합하다, 집회하다	≒	集(あつ)まる 모이다
□ 募(つの)る ① 심해지다 ② 모집하다 N1읽기	≒	広(ひろ)く呼(よ)びかけて集(あつ)める 널리 호소하여 모으다
□ 手(て) 방법, 수단	≒	方法(ほうほう)・手段(しゅだん) 방법, 수단
□ 停止(ていし) 정지	≒	ストップ 스톱, 정지
□ 手薄(てうす) 허술함, 적음, 불충분함 N1읽기	≒	不十分(ふじゅうぶん) 불충분
□ 手掛(てが)かり (수사·조사 진행의) 단서, 실마리 N1유의	≒	ヒント 힌트 / 手(て)づる・糸口(いとぐち) 실마리, 단서 N1유의
□ 手頃(てごろ) 알맞음, 적당함	≒	適当(てきとう)・適度(てきど)・適切(てきせつ) 적당함
□ てっぺん 꼭대기, 정상	≒	頂上(ちょうじょう) 정상 / 頂点(ちょうてん) 정점
□ 手(て)はず 준비, 계획	≒	準備(じゅんび) 준비 / 計画(けいかく) 계획
□ 手引(てび)き (손을 잡고) 인도함, 안내함, 첫걸음, 주선	≒	マニュアル 매뉴얼 / 手引書(てびきしょ) 입문서
□ 手本(てほん) 본보기, 모범	≒	模範(もはん) 모범
□ デリケート 섬세함, 민감함, 미묘함	≒	繊細(せんさい) 섬세함 / 敏感(びんかん) 민감함 / 微妙(びみょう) 미묘함
□ 手分(てわ)け 분담 N1유의	≒	分担(ぶんたん) 분담
□ てんで ① 전혀, 아예, 도무지 ② 대단히, 매우	≒	まるっきり・まったく 전혀 / 非常(ひじょう)に 상당히
□ 闘志(とうし) 투지	≒	ファイト 투지 / 意気込(いきご)み 패기, 의욕
□ 当然(とうぜん) 당연	≒	あたりまえ 당연함
□ 当面(とうめん)ない 당분간 없다 N1유의	≒	しばらくはない 당분간 없다
□ 独裁的(どくさいてき)な 독재적인	≒	ワンマン 원맨, 독재적인 사람
□ 督促(とくそく) 독촉, 재촉 N1읽기	≒	催促(さいそく) 재촉
□ 土壇場(どたんば) 막판, 마지막 순간	≒	最後(さいご)の瞬間(しゅんかん) 마지막 순간 / 窮地(きゅうち) 궁지
□ とっさに 순식간에 N1용법	≒	瞬間的(しゅんかんてき)に 순간적으로
□ どっさり 듬뿍, 많이, 잔뜩	≒	たくさん 많이

□ 突如(とつじょ) 갑자기, 별안간 N1용법 ≒ にわかに・突然(とつぜん) 돌연, 갑자기

□ 唱(とな)える 주창하다, 주장하다 N1문규 ≒ 主唱(しゅしょう)する 주창하다 / 主張(しゅちょう)する 주장하다

□ 途方(とほう)もない 터무니없다 ≒ とんでもない 당치도 않다

□ とまどう 망설이다 N1유의 ≒ 困(こま)る 난처하다, 곤란하다

□ 捉(とら)える 포착하다, 파악하다 ≒ 把握(はあく)する 파악하다

□ 取(と)り去(さ)る 없애다, 제거하다 ≒ 取(と)り除(のぞ)く 제거하다 N1읽기

□ 取(と)りも直(なお)さず 곧, 결국 ≒ すなわち 곧 / 結局(けっきょく) 결국

□ 頓着(とんちゃく)せずに 신경쓰지 말고 ≒ おかまいなく 개의치 말고

□ 貪欲(どんよく) 탐욕 ≒ 欲深(よくふか) 욕심이 많음

□ どんよりした天気(てんき)だ 날씨가 잔뜩 흐리다 N1유의 ≒ 曇(くも)っていて暗(くら)い 흐려서 어둡다

□ なじむ 익숙해지다, 친숙해지다 N1유의 ≒ 慣(な)れる 익숙해지다

□ 名高(なだか)い 유명하다 ≒ 有名(ゆうめい)だ 유명하다

□ 懐(なつ)く 따르다, 친해지다 ≒ なじむ・馴(な)れる 따르다

□ なにかと 이것저것, 여러 가지로 ≒ あれこれ 이것저것 / いろいろ 여러 가지로

□ 何卒(なにとぞ) 제발, 부디, 아무쪼록 N1문규 ≒ どうぞ・どうか 부디, 아무쪼록

□ 生温(なまぬる)い 미적지근하다, 미온적이다 ≒ てぬるい 미온적이다 / 中途半端(ちゅうとはんぱ)だ 어중간하다

□ 波(なみ)に乗(の)る 시류에 편승하다 ≒ 時流(じりゅう)に便乗(びんじょう)する 시류에 편승하다

□ 並(なら)びに 및, 또 ≒ および・かつ・また 및, 또

□ 並(なら)ぶ 필적하다 ≒ 匹敵(ひってき)する 필적하다

□ 軟弱(なんじゃく) 연약함 ≒ 弱気(よわき)・弱腰(よわごし) 연약함

□ なんだか 왜 그런지, 어쩐지 ≒ なんとなく 왠지 모르게

□ 賑(にぎ)わう 활기차다, 번창하다 ≒ 繁盛(はんじょう)する 번창하다 N1용법·읽기

□ にわかには 바로는 N1유의 ≒ すぐには 바로는

□ ネガ 네거티브, 소극적, 부정적 ≒ 消極的(しょうきょくてき) 소극적 / 否定的(ひていてき) 부정적

□ ネック 넥, 애로, 지장 ≒ 支障(ししょう) 지장 / 障害(しょうがい) 장애

□ 粘(ねば)り 찰기, 끈기 N1문규 ≒ 根気(こんき) 끈기

□ 乗(の)り越(こ)える 뛰어넘다, 극복하다 ≒ 克服(こくふく)する 극복하다

は

□ 場合(ばあい) 경우 ≒ ケース 케이스, 경우

□ はかばかしい 진척되다, 병이 호전되다 ≒ 順調(じゅんちょう)だ 순조롭다

□ 励(はげ)ます 격려하다 ≒ 激励(げきれい)する 격려하다

□ 抜群(ばつぐん)だ 발군이다, 뛰어나다 N1유의 ≒ ほかと比(くら)べて特(とく)によい 다른 것과 비교해서 특히 좋다

□ ばったり 뚝, 딱 ≒ 完全(かんぜん)に 완전히

□ ばったり 딱 ≒ 偶然(ぐうぜん)に 우연히

□ バトル 배틀, 싸움 ≒ 戦(たたか)い 싸움

□ 鼻(はな)にかける 자랑하다 ≒ 自慢(じまん)する 자랑하다

□ 甚(はなは)だ 매우, 몹시, 심히 ≒ 非常(ひじょう)に・たいそう 대단히, 매우

□ 腹(はら)を決(き)める 결심하다 ≒ 決心(けっしん)する 결심하다

□ 張(は)り合(あ)う 경쟁하다 N1유의 ≒ 競争(きょうそう)する 경쟁하다

□ バロメーター 지표 ≒ 指標(しひょう) 지표

□ パワー 파워, 힘, 능력 ≒ 力(ちから) 힘 / 能力(のうりょく) 능력 / 実力(じつりょく) 실력

□ 判(はん)じる・判(はん)ずる 판단하다 ≒ 見分(みわ)ける 판별하다 / 判断(はんだん)する 판단하다

□ 範疇(はんちゅう) 범주 ≒ カテゴリー 카테고리, 범주

□ ひそかに 살짝, 몰래 N1유의 ≒ こっそり 몰래

□ 批評(ひひょう) 비평 ≒ コメント 코멘트, 비평

□ 百姓(ひゃくしょう) 농민 ≒ 農民(のうみん) 농민

□ 比喩(ひゆ) 비유 ≒ 例(たと)え 비유

□ 日和(ひより) 일기, (좋은) 날씨 ≒ 天気(てんき) 날씨 / 晴天(せいてん) 좋은 날씨

□ びら 전단지 ≒ ちらし 전단지

□ 翻(ひるがえ)す 뒤집다, 바꾸다 ≒ 裏(うら)がえす 뒤집다 / 変(か)える 바꾸다

□ 不意(ふい)に 돌연히, 갑자기, 느닷없이 N1유의 ≒ 突然(とつぜん)・いきなり・急(きゅう)に 갑자기

□ フォロー 폴로, 보조 N1문규 ≒ 補助(ほじょ) 보조 / 援助(えんじょ) 원조

□ フォローする 돕다 ≒ 助(たす)ける 돕다

□ 不器用(ぶきよう) 서투름, 손재주가 없음 ≒ へた 서투름

□ 不精(ぶしょう)・無精(ぶしょう) 귀찮아 함 ≒ 面倒(めんどう)くさがり 귀찮아 함

□ 不振(ふしん)だ 부진하다 ≒ はかばかしくない 부진하다

□ 附随(ふずい)・付随(ふずい) 부수, 연관 ≒ 連関(れんかん) 연관

□ 復帰(ふっき) 복귀 ≒ カムバック 복귀

□ ふに落(お)ちない 납득이 가지 않다 ≒ 納得(なっとく)できない 납득할 수 없다

□ 不用意(ふようい) 부주의함 N1유의 ≒ 不注意(ふちゅうい) 부주의함 / 軽率(けいそつ) 경솔함

□ フランク 프랭크, 솔직함 ≒ 率直(そっちょく) 솔직함

□ ブランク 블랭크, 여백, 공백 N1용법 ≒ 空白(くうはく) 공백

□ プラス 이익 ≒ 利点(りてん) 이점

□ 振(ふ)り返(かえ)る 뒤돌아보다, 회고하다 ≒ 回顧(かいこ)する 회고하다

□ 振(ふ)り出(だ)し 출발점, 처음 상태 N1문규 ≒ 出発点(しゅっぱつてん) 출발점

□ 振(ふ)る舞(ま)い 행동 ≒ 行動(こうどう) 행동

□ 無礼(ぶれい) 무례, 실례 ≒ 不遜(ふそん) 무례 / 失礼(しつれい) 실례

□ プロセス 프로세스, 절차, 경과, 과정 ≒ 手続(てつづき) 절차 / 経過(けいか) 경과 / 過程(かてい) 과정

□ プロフィール 프로필 ≒ 横顔(よこがお) 프로필 / 略歴(りゃくれき) 약력

□ ふんだんに 많이, 넉넉히 ≒ 大量(たいりょう)に 대량으로

□ 並行(へいこう) 병행 N1문규 ≒ 両立(りょうりつ) 양립 / 同時進行(どうじしんこう) 동시진행

□ 平生(へいぜい) 평소 ≒ ふだん・平常(へいじょう)・平素(へいそ) 보통, 평소

□ へきえき 손듦, 질림 ≒ 閉口(へいこう) 질림

□ へま 실수 ≒ 失敗(しっぱい) 실수, 실패

□ 弁解(べんかい) 변명 N1유의 ≒ 言(い)い訳(わけ)・弁明(べんめい)・釈明(しゃくめい) 변명

□ 報復(ほうふく) 보복 ≒ リベンジ 보복

□ ポーズ 포즈, 자세 ≒ 姿勢(しせい) 자세

□ ポイント 포인트, 요점 ≒ 要点(ようてん) 요점

□ ほっとする 안심하다 ≒ 安心(あんしん)する 안심하다

□ 保留(ほりゅう)する 보류하다 ≒ 見合(みあ)わせる 보류하다 / 中止(ちゅうし)する 중지하다

□ 本腰(ほんごし) 진지함, 본격적으로 임함 ≒ 本気(ほんき) 진지함 / まじめ 성실함

ま

□ 前向(まえむ)き 적극적, 진취적 ≒ 積極的(せっきょくてき) 적극적

□ 前(まえ)もって 미리, 사전에 ≒ あらかじめ N1유의 ・ 事前(じぜん)に 미리, 사전에 N1유의

□ まさしく 틀림없이 ≒ 確(たし)かに 확실히

□ まちまち 갖가지 N1용법 ≒ さまざま 여러 가지

□ マッチ 매치, 어울림, 일치 ≒ 調和(ちょうわ) 조화 / 一致(いっち) 일치

□ まなざし 눈길, 시선 ≒ 視線(しせん) 시선

□ 間々(まま) 가끔, 때때로 ≒ ときどき 때때로

□ まばらだ 드문드문하다 N1유의 ≒ 少(すく)ない 적다

□ 満遍(まんべん)なく 구석구석, 빠짐없이, 골고루 ≒ もれなく 빠짐없이 / あまねく 골고루

□ 見込(みこ)み 예상 ≒ 予想(よそう) 예상

□ ムード 무드, 분위기, 기분 N1문규 ≒ 雰囲気(ふんいき) 분위기 / 気分(きぶん) 기분

□ 無償(むしょう)で 무상으로 N1유의 ≒ ただで 무료로

□ 無性(むしょう)に 공연히, 까닭없이 N1문규 ≒ むやみに・やたらに 함부로

□ 無条件(むじょうけん) 무조건 N1읽기 ≒ 文句(もんく)なし 완전히, 무조건

□ 無造作(むぞうさ)に 손쉽게, 간단하게, 아무렇게나 N1용법 ≒ 簡単(かんたん)に 간단하게 / たやすく 손쉽게
深(ふか)い考(かんが)えもなく 깊이 생각하지도 않고

□ むっとしたようだった 화가 치민 듯 했다 N1유의 ≒ 怒(おこ)ったような顔(かお)をした 화난 것 같은 얼굴을 했다

□ 無謀(むぼう) 무모함 N1문규 ≒ 無鉄砲(むてっぽう) 무모함

□ 無論(むろん) 물론	≒	もちろん 물론
□ 目当て(めあて) 목적, 목표	≒	めど 목표
□ 明瞭だ(めいりょう) 명료하다	≒	はっきりする 확실하다
□ メンテナンス (건물·기계 등의) 관리, 유지	≒	管理(かんり) 관리 / 維持(いじ) 유지
□ 面倒な(めんどう) 귀찮은 N1유의	≒	厄介な(やっかい) 귀찮은 / 煩わしい(わずら) 귀찮은 煩雑な(はんざつ) 번거로운
□ 設ける(もう) 마련하다, 베풀다, 설치하다 N1문규	≒	用意する(ようい) 준비하다
□ 毛頭(もうとう) 털 끝만큼도, 조금도, 전혀	≒	少しも(すこ) 조금도
□ もくろむ 계획하다 N1유의	≒	計画する(けいかく) 계획하다
□ 目下(もっか) 현재 N1문규	≒	現在(げんざい) 현재
□ 専ら(もっぱ) 오로지, 한결같이	≒	ひたすら 한결같이
□ 弄ぶ(もてあそ) 가지고 놀다, 만지작거리다	≒	いじくる 만지작거리다
□ もてる 인기가 있다	≒	人気がある(にんき) 인기가 있다
□ 物好き(ものず) 유별난 것을 좋아함, 호기심	≒	好奇心(こうきしん) 호기심
□ もめごと 다툼, 분규, 갈등	≒	葛藤(かっとう) 갈등 / 争い(あらそ) 다툼, 분쟁
□ もろに 직접, 정면으로 N1문규	≒	まともに・じかに 직접적으로

□ やきもち 질투, 시기	≒	ねたみ・嫉妬(しっと) 시기, 질투
□ やきもちをやく 질투하다	≒	ねたむ・嫉妬する(しっと) 시기하다, 질투하다
□ やむをえず 어쩔 수 없이 N1유의	≒	しかたなく 어쩔 수 없이
□ ややこしい 복잡해서 알기 어렵다	≒	複雑だ(ふくざつ) 복잡하다
□ やんちゃな 떼를 쓰는	≒	わがままな 제멋대로의
□ 誘因(ゆういん) 어떤 상태를 야기하는 원인	≒	きっかけ 계기
□ 優に(ゆう) 족히, 충분히	≒	十分に(じゅうぶん) 충분히
□ ゆさぶる (뒤)흔들다	≒	ゆるがす (뒤)흔들다

□ ユニーク 유니크, 특이, 독특	≒	独特(どくとく) 독특함
□ 用意(ようい)ならない 중대하다	≒	重大(じゅうだい)だ 중대하다
□ 用心深(ようじんぶか)い 신중하다, 조심성이 많다	≒	慎重(しんちょう)だ 신중하다
□ 用心棒(ようじんぼう) 경호원, 보디가드	≒	ボディーガード 보디가드
□ 余地(よち) 여지	≒	ゆとり 여유, 여지
□ 弱腰(よわごし) 소극적임, 저자세	≒	消極的(しょうきょくてき) 소극적
□ 弱虫(よわむし) 겁쟁이	≒	いくじなし 겁쟁이
□ 弱(よわ)る 약해지다, 곤란해지다	≒	衰(おとろ)える 쇠약해지다 / 困(こま)る 곤란하다

らわ

□ 落胆(らくたん)する 낙담하다 N1유의	≒	がっかりする 실망하다
□ 立腹(りっぷく)する 역정내다	≒	おこる・腹(はら)が立(た)つ 화가 나다
□ リハーサル 리허설, 예행연습	≒	予行練習(よこうれんしゅう) 예행연습
□ 流暢(りゅうちょう) 유창함	≒	ぺらぺら 유창함
□ 了解(りょうかい)・了承(りょうしょう) 양해	≒	オーケー 오케이 / 承認(しょうにん) 승인
□ ルーズだ 루즈하다, 허술하다 N1유의	≒	だらしない 칠칠히 못하다
□ 歴然(れきぜん)としている 분명하다 N1유의	≒	はっきりしている 확실하다
□ 朗報(ろうほう) 낭보 N1유의	≒	うれしい知(し)らせ 기쁜 소식
□ 浪漫的(ろうまんてき) 낭만적	≒	ロマンチック 로맨틱
□ 和解(わかい) 화해	≒	仲直(なかなお)り 화해

⑩ 기타(접속사, 숙어, 관용어, 연어)

- □ 足(あし)が出(で)る 적자가 나다
- □ 頭(あたま)がさがる 감탄하다
- □ 安穏(あんのん)とした 안온한
- □ 咽喉(いんこう)を扼(やく)する 목을 조르다, 요충을 점령하다
- □ うまがあう 서로 마음이 맞다
- □ 画然(かくぜん)と 명확히
- □ 肩(かた)をならべる 어깨를 나란히 하다
- □ 確固(かっこ)たる 확고한
- □ 気(き)が済(す)む 마음이 후련하다
- □ 琴線(きんせん)に触(ふ)れる 심금을 울리다
- □ 気(き)をもむ 마음을 졸이다, 애태우다
- □ 口(くち)がかるい 입이 가볍다
- □ 口(くち)を出(だ)す 말참견하다
- □ 愚痴(ぐち)をこぼす 푸념하다
- □ 蛍雪(けいせつ)の功(こう)を積(つ)む 형설의 공을 쌓다
- □ 昂然(こうぜん)と 의기양양하게
- □ こえをかける 말을 걸다
- □ こしがひくい 겸손하다
- □ 索漠(さくばく)たる 삭막한
- □ したをまく 감동하다, 몹시 놀라다
- □ 釈然(しゃくぜん)と 석연히
- □ 整然(せいぜん)と 정연히
- □ たえなる 신묘한
- □ 足(あし)を洗(あら)う 발을 빼다, 손을 씻다
- □ あぶらをうる 농땡이 부리다
- □ 所謂(いわゆる) 소위, 이른바
- □ うでをみがく 기술을 연마하다
- □ 営々(えいえい)として 부지런히
- □ かけがえのない 둘도 없는, 매우 소중한
- □ 肩(かた)を持(も)つ 편을 들다
- □ 気(き)がおもい 마음이 무겁다
- □ 気(き)に障(さわ)る 비위에 거슬리다 N1문규
- □ 気(き)を晴(は)らす 우울한 기분을 풀다
- □ 口(くち)がおもい 말수가 적다
- □ 口(くち)にする 먹다, 말하다
- □ ぐっと来(く)る 강한 감동을 느끼다
- □ 首(くび)になる 해고되다
- □ 厳然(げんぜん)たる 엄연한
- □ 荒涼(こうりょう)とした 황량한
- □ 公然(こうぜん)と 공공연히
- □ 混沌(こんとん)たる 혼돈한
- □ さじを投(な)げる 가망이 없어 포기하다
- □ しのぎを削(けず)る 맹렬히 싸우다
- □ 常軌(じょうき)を逸(いっ)する 상도를 벗어나다
- □ そっぽを向(む)く 외면하다, 불응하다
- □ 断固(だんこ)たる 단호한

□ 単(たん)なる 단순한

□ 手(て)がかり 단서 N1유의

□ 手(て)をぬく 대충대충 하다

□ 堂々(どうどう)たる 당당한

□ 乃至(ないし) 내지

□ なんだかんだ 이러쿵저러쿵, 여러 가지

□ にわかには 즉시는 N1유의

□ 猫(ねこ)をかぶる 얌전한 체하다

□ 漠然(ばくぜん)たる 막연한

□ はっとする 흠칫하다

□ 鼻(はな)にかける 뽐내다, 자랑하다

□ 腹(はら)に据(す)えかねる 치미는 화를 참을 수 없다

□ 判然(はんぜん)たる 명백한

□ 平行線(へいこうせん)をたどる 평행선을 걷다 N1문규

□ ぼうせんと 망연하게

□ ほんの～ 그러~, 불과~

□ 水(みず)にながす 없었던 일로 하다

□ 耳(みみ)がはやい 소식 듣는 것이 빠르다

□ 耳(みみ)をかたむける 귀를 기울이다

□ 冥土(めいど)の旅(たび)に出(で)る 저승길로 떠나다, 죽다

□ 目(め)がない 사족을 못 쓰다

□ 目(め)につく 눈에 띄다

□ 目(め)をとおす 훑어보다

□ もってのほか 당치도 않음

□ 躍起(やっき)になる 기를 쓰다

□ 悠々(ゆうゆう)たる 유유한

□ 超然(ちょうぜん)たる 초연한

□ 手(て)をかす 일을 거들다

□ 手(て)を焼(や)く 애를 먹다

□ 途方(とほう)に暮(く)れる 어찌할 바를 모르다

□ 長(なが)い目(め)で見(み)る 긴 안목으로 보다

□ 荷(に)が重(おも)い 짐(책임)이 무겁다 N1문규

□ 猫(ねこ)の額(ひたい) 손바닥만 한(장소가 좁음의 비유)

□ 歯(は)がたたない 당해낼 수 없다

□ 漠然(ばくぜん)と 막연하게 N1읽기

□ はじをかく 창피를 당하다

□ 腹(はら)が立(た)つ 화가 나다 N1용법

□ 腹(はら)を決(き)める 결심하다

□ ひどい目(め)にあう 지독한 일을 당하다

□ 平然(へいぜん)と 태연하게

□ ほどがある 한도가 있다

□ 漫然(まんぜん)と 만연히, 멍하니

□ 水(みず)をさす 잘 되어가는 일을 훼방 놓다

□ 耳(みみ)にする 듣다

□ むしがいい 뻔뻔스럽다

□ 目(め)が高(たか)い 안목이 있다

□ 目(め)がまわる 매우 바쁘다

□ 目(め)にみえる 눈에 띄다

□ 面倒(めんどう)を見(み)る 돌보아 주다

□ 焼(や)け石(いし)に水(みず) 언 발에 오줌 누기, 임시방편 N1문규

□ ゆえに 따라서, 그런고로

□ 指(ゆび)を折(お)る 손꼽아 헤아리다

□ よしとする 좋다고 치다, 잘된 것으로 인정하다

□ 歴然(れきぜん)たる 역연한, 또렷한

□ 歴然(れきぜん)と 뚜렷이 N1유의

콕콕 예상 문제 01 한자읽기 /10

問題 1 ＿＿＿の言葉の読み方として最もよいものを、１・２・３・４から一つ選びなさい。

1 大雨(おおあめ)による洪水で多くの住宅に被害が出た。

1 こうすい　2 こうずい　3 きょうすい　4 きょうずい

2 非常時(ひじょうじ)には、迅速な行動が要求される。

1 じんそく　2 しんそく　3 じっそく　4 しっそく

3 二つの会社を合併して組織(そしき)を大きくする。

1 がっへい　2 ごうへい　3 がっぺい　4 ごうぺい

4 彼女は弁護士(べんごし)になる修行をした。

1 しゅぎょう　2 しゅうぎょう　3 しゅこう　4 しゅうこう

5 私は世界戦争は起こらないと楽観している。

1 がくかん　2 がっかん　3 らくかん　4 らっかん

6 この社の新製品が他社(たしゃ)の製品を圧迫し始めた。

1 あっばく　2 あつばく　3 あっぱく　4 あつはく

7 夏休みに歯の治療をしました。

1 ちりょう　2 ちりょ　3 じりょう　4 じりょ

8 あの人たちは恋愛結婚です。

1 れんない　2 れんあい　3 れあい　4 れない

9 東京は一面の焼(や)け野原(のはら)からみごとに復興した。

1 ふっきょう　2 ふくきょう　3 ふっこう　4 ふくこう

10 田中(たなか)氏は山田(やまだ)氏と組(く)んで事業を始めた。

1 きごう　2 じごう　3 きぎょう　4 じぎょう

답 1② 2① 3③ 4① 5④ 6③ 7① 8② 9③ 10④

콕콕 예상 문제 02 한자읽기 /10

問題 1 ＿＿＿の言葉の読み方として最もよいものを、１・２・３・４から一つ選びなさい。

1 本人の意向で結婚式はやらないことにした。

1 いご　2 いごう　3 いこ　4 いこう

2 内田(うちだ)さんは内緒でたばこを吸っていた。

1 ないしょ　2 ないしょう　3 ないじょ　4 ないちょ

3 マラッカ海峡は海上(かいじょう)の交通が盛(さか)んだ。

1 かいこう　2 かいそう　3 かいきょう　4 かいしょう

4 映画・漫画(まんが)・カラオケなどは現代の大衆文化である。

1 だいしゅう　2 だいすう　3 たいしゅう　4 たいすう

5 この記事は誇張して表現されている。

1 こちょう　2 こうちょう　3 こうちょ　4 こっちょう

6 高速道路で接触事故を起こしたら助からない。

1 せっそく　2 せつぞく　3 せっしょく　4 ぜつじょく

7 この国境(こっきょう)から先はカナダの領域だ。

1 りょいき　2 りょういき　3 ろういき　4 りょういぎ

8 彼に対し離婚(りこん)の訴訟を起こした。

1 そうしょ　2 そしょ　3 そうしょう　4 そしょう

9 あの時しくじったのが無念だ。

1 ざんねん　2 なしねん　3 ぶねん　4 むねん

10 軽飛行機を操縦して余暇(よか)を楽しむ。

1 そうじゅ　2 そうじゅう　3 そうじょ　4 そうじょう

답 1④ 2① 3③ 4③ 5① 6③ 7② 8④ 9④ 10②

콕콕 예상 문제 03 한자읽기 /10

問題 1 ＿＿＿の言葉の読み方として最もよいものを、1・2・3・4から一つ選びなさい。

1 引っ越しの荷物は運輸会社(がいしゃ)に運(はこ)んでもらう。

1 うんゆう　2 うんしゅう　3 うんゆ　4 うんしゅ

2 著名な評論家の解説のついた作品集(さくひんしゅう)を買った。

1 ちょうみょう　2 ちょうめい　3 ちょみょう　4 ちょめい

3 高速道路でトラックと乗用車(じょうようしゃ)が正面(しょうめん)衝突した。

1 そうとつ　2 ぞうとつ　3 しょうとつ　4 じょうとつ

4 病院の待合室(まちあいしつ)で患者が順番を待っている。

1 かんしゃ　2 ちゅうしゃ　3 かんじゃ　4 ちゅうじゃ

5 日本人の平均寿命は年々延(の)びている。

1 じゅうみょう　2 じゅみょう　3 じゅうめい　4 じゅめい

6 へき地(ち)に赴任する人には特別手当(てあて)がつく。

1 ふにん　2 ふじん　3 とにん　4 とじん

7 彼女は優秀な成績で大学を卒業した。

1 ゆうしゅう　2 ゆうしゅ　3 ゆうすう　4 ゆしゅう

8 日本の社会保障制度は欧米にくらべ遅れている。

1 ほうしょう　2 ほしょう　3 ほうそう　4 ほそう

9 レールに石などを置いて列車妨害をしてはいけない。

1 ほうかい　2 ほうがい　3 ぼうかい　4 ぼうがい

10 近ごろ、社会秩序が乱れつつある。

1 ちつじょう　2 ちつじょ　3 ちっじょう　4 ちっじょ

답 1③ 2④ 3③ 4③ 5② 6① 7① 8② 9④ 10②

콕콕 예상 문제 04 한자읽기 /10

問題 1 ＿＿＿の言葉の読み方として最もよいものを、１・２・３・４から一つ選びなさい。

1 もうすぐ米の収穫が始まります。

1 しゅうがく　2 しゅうかく　3 しゅがく　4 しゅかく

2 彼は自分のしたことに対し弁解しようとしなかった。

1 べんじょう　2 べんしょう　3 べんがい　4 べんかい

3 冷(ひ)え込(こ)んできたので部屋に暖房を入れる。

1 れいぼう　2 れいぼ　3 だんぼう　4 だんぼ

4 交差点周辺の一酸化(いっさんか)炭素の濃度はかなり高(たか)かった。

1 たんそ　2 たんぞ　3 だんそ　4 だんぞ

5 発展途上国が第一(だいいち)に望むものは、先端技術の移転である。

1 せんだん　2 せんばし　3 せんたん　4 せんはし

6 会った瞬間、彼だとわかった。

1 すんかん　2 しゅんかん　3 ずんかん　4 じゅんかん

7 自民党(じみんとう)の機構(きこう)を改革する案がある。

1 かいさん　2 かいこう　3 かいてい　4 かいかく

8 図書館のコンピューターが故障している。

1 こしょう　2 こせい　3 こしゅう　4 こすい

9 探検隊が登った山は、エベレストだ。

1 たんげん　2 たんけん　3 だんげん　4 だんけん

10 この病院には外来患者(かんじゃ)が多い。

1 そとき　2 そとらい　3 がいき　4 がいらい

답 1② 2④ 3③ 4① 5③ 6② 7④ 8① 9② 10④

콕콕 예상 문제 05 한자읽기 /10

問題 1 ＿＿＿の言葉の読み方として最もよいものを、１・２・３・４から一つ選びなさい。

1 経営不振（ふしん）のため、工場を閉鎖する。

1 へいさつ　2 へいざつ　3 へいさ　4 へいざ

2 小学校でいろいろな科目の基礎を勉強する。

1 きそ　2 きそう　3 きしょう　4 きしょ

3 彼女の名が名簿から抜けている。

1 ほいほ　2 めいぼ　3 めいふ　4 めいぶ

4 これらは特に考慮すべき点である。

1 ごうりょう　2 ごうりょ　3 こうりょう　4 こうりょ

5 抽選で順番を決める。

1 ちゅうせん　2 ちゅせん　3 ちょうせん　4 ちょせん

6 テレビや雑誌で新製品を宣伝する。

1 せんせん　2 せんぜん　3 せんてん　4 せんでん

7 川がコレラ菌（きん）で汚染された。

1 ごせん　2 おせん　3 ごぜん　4 おぜん

8 通信の秘密を守らなければならない。

1 ひみつ　2 ひびつ　3 きみつ　4 きびつ

9 事件が起こったら、すぐ記者が取材に来た。

1 しょざい　2 しょうざい　3 しゅざい　4 しゅうざい

10 彼女は絶対安静を命じられた。

1 あんでい　2 あんてい　3 あんぜい　4 あんせい

답 1③ 2① 3② 4④ 5① 6④ 7② 8① 9③ 10④

콕콕 예상 문제 06 한자읽기 /10

問題 1 ＿＿＿の言葉の読み方として最もよいものを、1・2・3・4から一つ選びなさい。

1 祖父も<u>老い</u>が目立つようになった。

1 やまい　2 とい　3 ふい　4 おい

2 母は、海に<u>臨む</u>美しい町で少女時代を過ごした。

1 のぞむ　2 はずむ　3 めぐむ　4 はげむ

3 政府は経済政策(せいさく)を<u>誤って</u>不景気(ふけいき)を引(ひ)き起(お)こした。

1 まちがって　2 あやまって　3 しくじって　4 あやつって

4 子どもたちの<u>健やか</u>な成長を祈っています。

1 なごやか　2 すみやか　3 すこやか　4 さわやか

5 労働組合は<u>大幅</u>な賃上(ちんあ)げを要求している。

1 おおふく　2 だいふく　3 おおはば　4 だいはば

6 <u>真心</u>のこもった贈(おく)り物(もの)をありがとう。

1 まこころ　2 まごころ　3 しんしん　4 しんじん

7 銀行に押(お)し入(い)った犯人が<u>人質</u>をとってたてこもった。

1 にんしつ　2 ひとしち　3 ひとじつ　4 ひとじち

8 外務大臣(がいむだいじん)はきょう韓国を<u>訪れた</u>。

1 すたれた　2 ふくれた　3 おとずれた　4 みだれた

9 彼は人がいいために、かえって<u>悪者</u>にされてしまった。

1 わるもの　2 おもの　3 あくしゃ　4 あくじゃ

10 学校給食(きゅうしょく)の<u>献立</u>表(ひょう)を書く。

1 こんだて　2 こんりつ　3 けんだて　4 けんりつ

답 1④ 2① 3② 4③ 5③ 6② 7④ 8③ 9① 10①

콕콕 예상 문제 07 한자읽기

/10

問題１ ＿＿＿の言葉の読み方として最もよいものを、１・２・３・４から一つ選びなさい。

1 退屈（たいくつ）な授業で、眠気（ねむけ）を催してしまった。

1 みたして　2 もよおして　3 はたして　4 ひやかして

2 何度も品物を取りに行くのは煩わしいから送ってください。

1 うるわしい　2 いやわしい　3 まぎらわしい　4 わずらわしい

3 泥棒は素直に自分のしたことを巡査（じゅんさ）に話した。

1 すなお　2 そちょく　3 そっちょく　4 すじき

4 ピアノとバイオリンでは音色が違う。

1 おとしき　2 ねしき　3 おといろ　4 ねいろ

5 彼は当時の社会の多様（たよう）な現象をいきいきと描いた。

1 えがいた　2 きずいた　3 さばいた　4 もがいた

6 心を傾けて勉強すれば、もっと成績がよくなるでしょう。

1 むけて　2 さずけて　3 かたむけて　4 もうけて

7 駅から式場（しきじょう）へ直接行かず、どこかで服装（ふくそう）を整えてから行きたい。

1 そなえて　2 ひかえて　3 ふまえて　4 ととのえて

8 女性が男性に劣るという根拠（こんきょ）はない。

1 ほこる　2 おとる　3 まさる　4 はかる

9 意見があったら、黙っていないで言ってください。

1 かたって　2 もぐって　3 だまって　4 すわって

10 われわれの旅行計画を練り直した。

1 ひねりだした　2 やりなおした　3 ねりなおした　4 ぬりなおした

답 1② 2④ 3① 4④ 5① 6③ 7④ 8② 9③ 10③

콕콕 예상 문제 08 한자읽기

/10

問題１ ＿＿＿の言葉の読み方として最もよいものを、１・２・３・４から一つ選びなさい。

1 今度だけどうぞ見逃してください。

1 みにげして　2 みのがして　3 みはがして　4 みなおして

2 現金払(げんきんばら)いなら１割(わり)値引きします。

1 あたいびき　2 あたいひき　3 ねびき　4 ねひき

3 首相を操っている黒幕(くろまく)を暴露(ばくろ)した週刊誌(しゅうかんし)がよく売れている。

1 まかなって　2 とどこおって　3 さえぎって　4 あやつって

4 改訂版の在庫が手薄になってきている。

1 てはく　2 てうす　3 しゅはく　4 しゅうす

5 彼とはいとこの間柄である。

1 まへい　2 けんへい　3 まがら　4 あいだがら

6 美しい音楽を聴(き)いて、悲しみに沈(しず)んだ心を慰めた。

1 ながめた　2 ちぢめた　3 なぐさめた　4 めざめた

7 原子力発電所(げんしりょくはつでんしょ)の建設に地元の住民は反対した。

1 ちげん　2 ちもと　3 じげん　4 じもと

8 思うように仕事がはかどらないので焦っている。

1 とどこおって　2 とどまって　3 さとって　4 あせって

9 彼女は手際よくスピーチを結(むす)んだ。

1 てきわ　2 てぎわ　3 しゅさい　4 しゅざい

10 事件の解決に目覚ましい働きをした。

1 めさましい　2 めざましい　3 まさましい　4 まざましい

답 1② 2③ 3④ 4② 5④ 6③ 7④ 8④ 9② 10②

콕콕 예상 문제 09 한자읽기 /10

問題１ ＿＿＿の言葉の読み方として最もよいものを、１・２・３・４から一つ選びなさい。

1 出国(しゅっこく)の手続きを踏む必要がある。

1 ふむ　2 かむ　3 のむ　4 はげむ

2 道がわからなくなったら、お店の人に尋ねよう。

1 かさねよう　2 つらねよう　3 たばねよう　4 たずねよう

3 失敗にも懲りず、また挑戦(ちょうせん)している。

1 かりず　2 こりず　3 おりず　4 ちょうりず

4 向こうから会いたくない人が来たので、木の陰(かげ)に隠れた。

1 すたれた　2 のがれた　3 かくれた　4 たれた

5 先生が生徒を励まして勉強させる。

1 れいまして　2 はげまして　3 すまして　4 なやまして

6 危険な場所を避けて登校(とうこう)する。

1 もうけて　2 さけて　3 かたむけて　4 うけて

7 彼は最近社内(しゃない)で発言力(はつげんりょく)を強めている。

1 かためて　2 さだめて　3 つよめて　4 たかめて

8 すっかり花が散ってしまった庭をつくづく眺める。

1 そめる　2 しずめる　3 さだめる　4 ながめる

9 年に１割の利子(りし)で金を借りた。

1 わり　2 かつ　3 たし　4 かけ

10 ガラスをふいたら、よく透き通るようになった。

1 すきとおる　2 ときとおる　3 つきとおる　4 はきとおる

답 1① 2④ 3② 4③ 5② 6② 7③ 8④ 9① 10①

콕콕 예상 문제 10 한자읽기

/10

問題１ ＿＿＿の言葉の読み方として最もよいものを、１・２・３・４から一つ選びなさい。

1 彼は予想(よそう)を<u>上回る</u>好タイムでゴールインした。

1 うわまわる　2 したたまわる　3 うえまわる　4 しもまわる

2 このバスは大学前を<u>経て</u>駅へ行く。

1 えて　2 そって　3 へて　4 たって

3 登山者(とざんしゃ)が<u>雷</u>に打たれて死んだ。

1 みなもと　2 おもむき　3 たましい　4 かみなり

4 国外(こくがい)の会社と<u>取引</u>を行う仕事に従事(じゅうじ)している。

1 とりびき　2 じゅいん　3 とりひき　4 しゅいん

5 彼らははげしい議論を<u>交わした</u>。

1 かわした　2 がわした　3 あわした　4 こわした

6 登山隊は<u>雪崩</u>にあい、遭難(そうなん)した。

1 ゆくえ　2 なだれ　3 せつほう　4 ゆきだれ

7 授業の<u>合間</u>に学生と会う。

1 あいかん　2 あいま　3 ごうま　4 ごうかん

8 人前(ひとまえ)で<u>醜い</u>争いをするのはやめなさい。

1 みにくい　2 こころよい　3 いちじるしい　4 いさぎよい

9 今年は<u>稲</u>のできがいい。

1 くき　2 しお　3 つつ　4 いね

10 わが国は通信技術で他国(たこく)と<u>競って</u>いる。

1 あらそって　2 きそって　3 ただよって　4 たたかって

답 1① 2③ 3④ 4③ 5① 6② 7② 8① 9④ 10②

콕콕 예상 문제 11 문맥규정 / 10

問題 2 （　　）に入れるのに最もよいものを、１・２・３・４から一つ選びなさい。

1 友人の結婚式がいくつもあって、家計には痛い（　　）だった。

1 浪費　2 経費　3 実費　4 出費

2 たばこの煙が（　　）。

1 まずしかった　2 するどかった　3 けむたかった　4 まぶしかった

3 （　　）若者がおぼれた子どもを救った。

1 愉快な　2 膨大な　3 迅速な　4 勇敢な

4 事件の真相(しんそう)は（　　）明らかになるだろう。

1 おのずから　2 いやいや　3 ぼつぼつ　4 ちやほや

5 入学すると学科ごとに（　　）が開かれる。

1 アンケート　2 オートメーション

3 レポート　4 オリエンテーション

6 よその人のノートを借りて、試験で１００点をとろうなどとは（　　）がいい。

1 ねこ　2 うま　3 あじ　4 むし

7 （　　）実験がもたらす影響は完全に予測できるものではない。

1 某　2 微　3 核　4 貴

8 引っ越しをしたので、貯金をすべて使い（　　）しまった。

1 はたして　2 あげて　3 ぬいて　4 とおして

9 人間が動物と異なる点は文化を（　　）するということである。

1 創造　2 想像　3 構想　4 創作

10 その国は独立を（　　）した。

1 明言　2 断言　3 公言　4 宣言

답 1④ 2③ 3④ 4① 5④ 6④ 7③ 8① 9① 10④

콕콕 예상 문제 12 문맥규정 /10

問題２　（　　　）に入れるのに最もよいものを、１・２・３・４から一つ選びなさい。

1 暗(くら)がりから（　　　）に人が現れたのでびっくりした。

1 意外　2 案外　3 不意　4 微妙

2 不況下(ふきょうか)で、人員(じんいん)が多数(たすう)（　　　）されて、仕事がきつくなった。

1 削除　2 削減　3 軽減　4 加減

3 私は今後も自身のスキルを磨いてつき（　　　）いきたいと思っています。

1 すてて　2 あわせて　3 つめて　4 はたして

4 私の理想（　　　）を描く努力は、まだ何も始まってはいない。

1 帯　2 郷　3 孔　4 臭

5 このクラブはどういう（　　　）になっているのですか。

1 オートマチック　2 システム　3 レギュラー　4 サイクル

6 山田(やまだ)君は君のことばかり（　　　）をもつので、いやになる。

1 あたま　2 こし　3 かた　4 あし

7 その若いピアニストは（　　　）に演奏(えんそう)活動をしている。

1 活発　2 自在　3 不調　4 敏感

8 彼女は（　　　）わが家を訪ねる。

1 つくづく　2 ちょくちょく　3 じっくり　4 なるたけ

9 彼は（　　　）自分の意見にこだわっている。

1 そっけなく　2 しぶとく　3 あっけなく　4 ややこしく

10 ２人の考えには（　　　）な違いがある。

1 微妙　2 微量　3 微力　4 特徴

답 1③ 2② 3③ 4② 5② 6③ 7① 8② 9② 10①

콕콕 예상 문제 13 문맥규정

/10

問題2 （　　　）に入れるのに最もよいものを、１・２・３・４から一つ選びなさい。

1 当病院の（　　　）時間は次のように決まっております。

1 対面　2 面接　3 会見　4 面会

2 毎月10万円近い授業料じゃ、家計の（　　　）も大きいですね。

1 負担　2 責任　3 役割　4 分担

3 彼は初めての演説というのに（　　　）口調(くちょう)だった。

1 のどかな　2 すこやかな　3 なめらかな　4 すみやかな

4 単語をばらばらに覚えるより、文章を（　　　）暗記したほうが応用力がつく。

1 もっぱら　2 ひたすら　3 まるごと　4 なおさら

5 インターネットという新しい（　　　）が社会を変えるかもしれない。

1 テレックス　2 トランジスタ　3 ワット　4 メディア

6 急ぎの用事だったのでタクシーに乗ったのに、道路がこんで１時間もかかり、
ひどい（　　　）にあった。

1 め　2 あし　3 て　4 みみ

7 文字（　　　）のデザインや表面仕上げによって腕時計が安っぽくなることもある。

1 欄　2 簿　3 碑　4 盤

8 彼が苦労して作り（　　　）会社を、２代目の社長になった息子がつぶしてしまった。

1 いれた　2 あげた　3 かけた　4 そびれた

9 こんなに高いがけから車で（　　　）したのでは命はないだろう。

1 墮落　2 転落　3 没落　4 倒産

10 親しくもないのに（　　　）口をきく人には注意したほうがいい。

1 でかい　2 なれなれしい　3 いやらしい　4 このましい

답 1④　2①　3③　4③　5④　6①　7④　8②　9②　10②

콕콕 예상 문제 14 문맥규정 / 10

問題２　（　　　）に入れるのに最もよいものを、１・２・３・４から一つ選びなさい。

1 あの人の人生は（　　　）だったようだ。
1 孤独　2 孤立　3 独立　4 自立

2 兄の名前が「ミチオ」で、妹の名前が「ミチヨ」だなんて、（　　　）困る。
1 ひとしくて　2 ふさわしくて　3 まぎらわしくて　4 のぞましくて

3 彼女は（　　　）おじぎをしました。
1 さわやかに　2 こまやかに　3 きよらかに　4 しとやかに

4 今度の決定は、業界(ぎょうかい)の損害のみならず（　　　）国家の損害でもある。
1 のきなみ　2 ひいては　3 ひたすら　4 いまさら

5 試合の途中で雨が降り、１時間ほど試合が（　　　）した。
1 決断　2 中断　3 休止　4 休憩

6 書類は（　　　）して期日(きじつ)までに提出(ていしゅつ)すること。
1 一連　2 一帯　3 一同　4 一括

7 彼女はSFという小説の（　　　）に興味を持っていた。
1 デザイン　2 モデル　3 ジャンル　4 デッサン

8 何も悪いことをしていないのに、しているように言われ、（　　　）が立った。
1 はな　2 みみ　3 くち　4 はら

9 花粉（　　　）とは、スギ花粉などによって起こるアレルギー性疾患(しっかん)のことである。
1 病　2 炎　3 傷　4 症

10 私は心身ともに疲れ（　　　）。
1 はてた　2 つけた　3 あわせた　4 つくした

답 1① 2③ 3④ 4② 5② 6④ 7③ 8④ 9④ 10①

콕콕 예상 문제 15 문맥규정

/10

問題２　（　　　）に入れるのに最もよいものを、１・２・３・４から一つ選びなさい。

1 財産目当てで結婚するなんて（　　　）。

1　あさましい　　2　とぼしい　　3　いやしい　　4　たくましい

2 鈴木さんは（　　　）人なので、だれからも好かれます。

1　ゆかいな　　2　さかんな　　3　あわれな　　4　びみょうな

3 彼の服はぼくに（　　　）合った。

1　きっちりと　　2　ほっと　　3　がっちりと　　4　げっそりと

4 庭といっても（　　　）ほどで、とても池などはつくれない。

1　ねこのひたい　　2　すずめのなみだ　　3　水のあわ　　4　上の空

5 少しでも（　　　）があるなら、こんなひどいことはできないはずだ。

1　良心　　2　誠心　　3　感心　　4　肝心

6 長く続いた政権が（　　　）し、選挙の結果、新政権が誕生した。

1　破棄　　2　放棄　　3　廃棄　　4　崩壊

7 海外旅行について父親の（　　　）を得た。

1　承認　　2　承合　　3　承諾　　4　承知

8 会社の（　　　）になるような行動を経営者がしては困る。

1　ブーム　　2　メッセージ　　3　ロマンチック　　4　イメージダウン

9 未決（　　　）は許可があれば外部と電話することができる。

1　士　　2　囚　　3　隊　　4　家

10 一晩じゅう泣き（　　　）失恋でさえも、いつか大切にしまっておきたい思い出になる。

1　はたした　　2　あかした　　3　つくした　　4　まわした

답 1① 2① 3① 4① 5① 6④ 7③ 8④ 9② 10②

콕콕 예상 문제 16 문맥규정 /10

問題２　（　　　）に入れるのに最もよいものを、１・２・３・４から一つ選びなさい。

1 ぜひ見ようと思っていた映画だったのに、忙しくて行き（　　　）。

1　かけた　　2　つけた　　3　つめた　　4　そびれた

2 会計（　　　）の国家試験が今月の１０日に行われる。

1　陣　　2　句　　3　人　　4　士

3 彼は（　　　）性格だから、隠(かく)しごとなんかしない。

1　ドライな　　2　ルーズな　　3　ユニークな　　4　オープンな

4 私が部屋に入ると、みんなは話を（　　　）やめてしまった。

1　ぐっと　　2　ひょっと　　3　ちらっと　　4　さっと

5 この計画は山田(やまだ)さんの（　　　）でようやく実現することになった。

1　懸念　　2　熱意　　3　懸命　　4　熱心

6 おいおい、水を（　　　）ようなことを言うなよ。

1　ながす　　2　いれる　　3　さす　　4　のむ

7 目標を（　　　）するためには、努力が必要だ。

1　到達　　2　成功　　3　達成　　4　実行

8 彼がまもなく死ぬのではないかという（　　　）予感がする。

1　不明な　　2　不当な　　3　不吉な　　4　不審な

9 １学期に比べて、２学期の成績は（　　　）向上した。

1　ひさしく　　2　いちじるしく　　3　とうとく　　4　さびしく

10 会員の会費(かいひ)で（　　　）の費用がまかなわれる。

1　一層　　2　一様　　3　一律　　4　一切

답 1④　2④　3④　4④　5②　6③　7③　8③　9②　10④

콕콕 예상 문제 17 문맥규정 /10

問題２　（　　　）に入れるのに最もよいものを、１・２・３・４から一つ選びなさい。

1 申し込み用紙は、３階図書館カウンターにそなえ（　　　）あります。

1 あわせて　2 つくして　3 つけて　4 こんで

2 息子が日本に行って２年が（　　　）した。

1 経過　2 経緯　3 過程　4 課程

3 社会生活の中では、欲求(よっきゅう)はある程度（　　　）されざるをえない。

1 制定　2 抑圧　3 圧迫　4 迫害

4 探検（　　　）が発見したものが博物館に展示されている。

1 弾　2 隊　3 師　4 戦

5 この器(うつわ)をほめてくださるとは、さすがにお目が（　　　）ですね。

1 おおきい　2 たかい　3 ひくい　4 ちいさい

6 外国映画の（　　　）を訳すのは、非常にむずかしい。

1 タイピスト　2 タイトル　3 タイマー　4 タイミング

7 叱(しか)られると（　　　）反抗したくなる。

1 てんで　2 なぜなら　3 なおさら　4 さほど

8 その会社は（　　　）赤字(あかじ)を抱(かか)えているため、倒産(とうさん)をうわさされている。

1 大胆な　2 膨大な　3 大体な　4 盛大な

9 ここ数十年のあいだに、コンピューターは（　　　）進歩(しんぽ)を遂げた。

1 こころよい　2 あわただしい　3 はかない　4 めざましい

10 山の中では（　　　）行動を取らないように。

1 唯一　2 単一　3 単独　4 孤独

답 1③ 2① 3② 4② 5② 6② 7③ 8② 9④ 10③

問題２　（　　　）に入れるのに最もよいものを、１・２・３・４から一つ選びなさい。

1 投書（　　　）には毎日さまざまな意見が掲載(けいさい)される。

1 源　　2 制　　3 欄　　4 帯

2 共働きが増えて、女性でも検診(けんしん)を受け（　　　）人は多いようだ。

1 こなす　　2 つめる　　3 あかす　　4 そこねる

3 相手の話にじっと耳を（　　　）。

1 だす　　2 むける　　3 いれる　　4 かたむける

4 彼はその地位をめぐって私の（　　　）だった。

1 ライバル　　2 チームワーク　　3 ファイト　　4 ポイント

5 この件については（　　　）責任を持ちません。

1 一切　　2 断然　　3 突如　　4 非常

6 すべての労働者が（　　　）して経営者に当たった。

1 緊密　　2 親密　　3 収束　　4 結束

7 いつまでも細かいことを（　　　）していないで本質的(ほんしつてき)な問題を話し合おう。

1 論議　　2 抗議　　3 審議　　4 会議

8 肌が（　　　）なので、化粧品はなるべく使わないようにしている。

1 敏感　　2 頻繁　　3 真剣　　4 切実

9 おわってみれば（　　　）恋だった。

1 すばしこい　　2 ひらたい　　3 そっけない　　4 はかない

10 最後の追いこみで、合格圏内(けんない)に（　　　）した。

1 上達　　2 到着　　3 到達　　4 達成

답 1③ 2④ 3④ 4① 5① 6④ 7① 8① 9④ 10③

콕콕 예상 문제 19 문맥규정 /10

問題２　（　　　）に入れるのに最もよいものを、１・２・３・４から一つ選びなさい。

1 アフリカでは栄養（　　　）で死亡する乳幼児が急増している。

1　低調　　2　不調　　3　失調　　4　変調

2 森さんは通信技術の（　　　）先端で仕事をしています。

1　最　　2　核　　3　微　　4　緒

3 その国の企業の海外（　　　）にはめざましいものがあります。

1　進入　　2　進出　　3　進展　　4　推進

4 二つの文の間には微妙な（　　　）の違いがある。

1　キャリア　　2　チャンス　　3　ニュアンス　　4　タイミング

5 新しい首相は田中さんが（　　　）だという噂だ。

1　勢力　　2　威力　　3　有力　　4　権力

6 特設会場では、販売開始から３０分間で５０００万円分を売り（　　　）。

1　つくした　　2　あかした　　3　かえした　　4　わたした

7 妹は言うことをきかないので、母は（　　　）を焼いている。

1　あし　　2　て　　3　はな　　4　くび

8 定年後の（　　　）生活にそろそろ飽きてきた。

1　大柄な　　2　困難な　　3　単調な　　4　複雑な

9 何度も読んでみて、（　　　）わかった。

1　とかく　　2　どうでも　　3　すんなり　　4　どうにか

10 需要と供給は１対１の対応をしているのが（　　　）。

1　あらっぽい　　2　まちどおしい　　3　のぞましい　　4　わずらわしい

답 1③ 2① 3② 4③ 5③ 6① 7② 8③ 9④ 10③

콕콕 예상 문제 20 문맥규정 /10

問題２　（　　　）に入れるのに最もよいものを、１・２・３・４から一つ選びなさい。

1 今月は体が（　　　）で思うように仕事がはかどらなかった。

1 困難　　2 不調　　3 自在　　4 気楽

2 店員はお得意の客に（　　　）頭を下げた。

1 ぼつぼつ　　2 ぺこぺこ　　3 だらだら　　4 ずるずる

3 だれかこの問題に（　　　）のある人はいませんか。

1 意向　　2 発見　　3 異議　　4 偏見

4 こんな（　　　）点数では大学に入れそうにない。

1 こころぼそい　　2 たやすい　　3 なにげない　　4 なさけない

5 食堂がせまいから（　　　）で食事をしてください。

1 交互　　2 交代　　3 交差　　4 交錯

6 女性に不利な法律は（　　　）すべきだ。

1 廃止　　2 廃棄　　3 禁止　　4 停止

7 彼は雄弁家(ゆうべんか)だが少々口が（　　　）点が困りものだ。

1 かるい　　2 しつこい　　3 きつい　　4 つよい

8 その国は科学技術の面でヨーロッパ諸国(しょこく)を（　　　）している。

1 ケース　　2 ポーズ　　3 リード　　4 レース

9 軍艦(ぐんかん)が三（　　　）、沖を走っている。

1 炉　　2 欄　　3 隻　　4 艇

10 順番を待っている人の列にわり（　　　）、文句を言われた。

1 つけて　　2 こんで　　3 こなして　　4 あげて

답 1② 2② 3③ 4④ 5② 6① 7① 8③ 9③ 10②

콕콕 예상 문제 21 문맥규정 /10

問題２　（　　　）に入れるのに最もよいものを、１・２・３・４から一つ選びなさい。

1 内臓(ないぞう)の機能や（　　　）病力のアップが期待できる。

1 被　　2 抗　　3 乱　　4 微

2 この機械を使い（　　　）にはかなりの技術が必要です。

1 おわる　　2 はたす　　3 すてる　　4 こなす

3 いちはやく世界のニュースを（　　　）する。

1 キャッチ　　2 コントロール　　3 チェンジ　　4 インテリ

4 弟は近ごろ成績が上がったのを（　　　）にかけている。

1 かお　　2 はな　　3 あし　　4 くび

5 （　　　）人を見かけたら、すぐ１１０番へ通報してください。

1 不吉な　　2 不明な　　3 不審な　　4 不当な

6 窓口には入場券を買いに来た人々が（　　　）並んでいる。

1 ひょっと　　2 ちらっと　　3 きちっと　　4 ずらっと

7 彼はまったく無（　　　）で働いているのかい。

1 失礼　　2 礼儀　　3 賞金　　4 報酬

8 この寺は織田信長(おだのぶなが)が死んだ場所として歴史に（　　　）。

1 なだかい　　2 みすぼらしい　　3 だるい　　4 くわしい

9 次の仕事の（　　　）書を早めに作成しておく必要がある。

1 用意　　2 企画　　3 企業　　4 事業

10 虫歯(むしば)はできるだけ早く歯医者(はいしゃ)へ行って（　　　）してもらった方が良い。

1 処置　　2 処分　　3 処理　　4 対処

답 1② 2④ 3① 4② 5③ 6④ 7④ 8① 9② 10①

콕콕 예상 문제22 문맥규정 /10

問題２　（　　　）に入れるのに最もよいものを、１・２・３・４から一つ選びなさい。

1 列車の運転状況により発売を見（　　　）場合もございますのでご容赦(ようしゃ)ください。

1 ならう　2 のがす　3 あわせる　4 こむ

2 父は仕事のほかはまったく（　　　）趣味です。

1 某　2 密　3 猛　4 没

3 この問題はむずかしすぎて（　　　）がたたない。

1 くち　2 みみ　3 は　4 て

4 意見の対立から、クラブが二つに（　　　）した。

1 分散　2 分担　3 分裂　4 分離

5 犯人は成田(なりた)空港から国外に（　　　）したもようである。

1 外出　2 退出　3 脱出　4 出張

6 彼らの間ではローラースニーカーが（　　　）だ。

1 ポーズ　2 ブーム　3 ムード　4 シート

7 彼女は食器を（　　　）買い込むくせがある。

1 もろに　2 まことに　3 やたらに　4 とっさに

8 物価の値上(ねあ)がりは（　　　）問題だ。

1 迅速な　2 切実な　3 温和な　4 器用な

9 面白くなさそうなところを見ると、この仕事は彼には（　　　）のかもしれない。

1 ものたりない　2 ひさしい　3 うっとうしい　4 おっかない

10 日本において離婚(りこん)は増加傾向にあるというのが（　　　）の認識(にんしき)である。

1 普段　2 通常　3 正常　4 同様

답 1③ 2④ 3③ 4③ 5③ 6② 7③ 8② 9① 10①

問題 3 ＿＿＿の言葉に意味が最も近いものを、1・2・3・4から一つ選びなさい。

1 新しい指輪（ゆびわ）を陳列棚に陳列した。
1 並べた　2 覆った　3 束ねた　4 操った

2 一人暮らしはこころぼそくなることがある。
1 不安に　2 平和に　3 頻繁に　4 活発に

3 両者はいちじるしい対照をなしている。
1 独特な　2 孤独な　3 敏感な　4 顕著な

4 マニュアルどおりの仕事ばかりでうんざりした。
1 しまった　2 しめた　3 いたした　4 まいった

5 あの人が病気以来ばったりたばこを止めたそうだ。
1 正確に　2 完全に　3 正直に　4 率直に

6 首相が描いていたシナリオが狂った。
1 創作　2 脚本　3 仮説　4 架空

7 A「最近、どうですか。」 B「さっぱりです。」
1 元気です　2 上々です　3 まあまあです　4 うまくいきません

8 子どものころから切手のコレクションをしている。
1 収集　2 結束　3 募集　4 拘束

9 空港の閉鎖でやむをえずその晩はホテルに泊まった。
1 まもなく　2 思いがけなく　3 しかたなく　4 限りなく

10 水をふんだんに使って洗濯する。
1 普通に　2 適当に　3 異常に　4 大量に

답 1① 2① 3④ 4④ 5② 6② 7④ 8① 9③ 10④

콕콕 예상 문제 24 유의표현

/10

問題 3 ＿＿＿の言葉に意味が最も近いものを、1・2・3・4から一つ選びなさい。

1 鏡に映る自分の顔をつくづくながめた。

1 こうこうと　2 きっちり　3 じっくり　4 しっとり

2 何事も思惑どおりに事は運ばないものだ。

1 意図　2 目的　3 めじるし　4 めど

3 彼の将来がたいへん気がかりだ。

1 愉快だ　2 手近だ　3 盛大だ　4 心配だ

4 意外にも田中(たなか)氏が会長に選ばれた。

1 困ったことに　2 弱ったことに　3 驚いたことに　4 幸いなことに

5 彼女は派手(はで)によそおっていた。

1 着て　2 寝て　3 背いて　4 焦って

6 山田(やまだ)君はかたくなに口をつぐんで、何も話そうとしない。

1 しっかりと　2 あっさりと　3 がんこに　4 正確に

7 だれかが線路のうえに、わざと石を置いた。

1 並びに　2 ゆえに　3 故意に　4 いまだに

8 年を取ると子どもの相手をするのはわずらわしい。

1 面倒だ　2 奇妙だ　3 複雑だ　4 簡潔だ

9 この言葉はとかく気分的に使われるきらいがある。

1 傾向　2 区別　3 好み　4 様子

10 町外れの映画館は観客もまばらだった。

1 少なかった　2 多かった　3 ふまじめだった　4 まじめだった

답 1③ 2① 3④ 4③ 5① 6③ 7③ 8① 9① 10①

問題３ ＿＿＿＿の言葉に意味が最も近いものを、１・２・３・４から一つ選びなさい。

1 その件については深く反省しております。

1 がっかりしています　2 だめだと思っています
3 しっかりしています　4 すまなく思っています

2 数学では彼にならぶ者はいない。

1 挑戦する　2 匹敵する　3 同盟する　4 対処する

3 彼は国際問題に関してするどいセンスをもっている。

1 感覚　2 推理　3 政策　4 使命

4 彼は人生に対して堅実な考えを持っている。

1 そっくりした　2 しっかりした　3 ゆったりした　4 がっかりした

5 近ごろ景気はさっぱりだ。

1 露骨だ　2 高尚だ　3 極端だ　4 低調だ

6 自分で運転すると疲れるので、運転手をかかえた。

1 やとった　2 ののしった　3 とがめた　4 のっとった

7 彼女は遅れたことをいろいろ弁解した。

1 言いまわし　2 言いわけ　3 言いかた　4 言いつけ

8 彼は英語がぺらぺらだ。

1 おおざっぱだ　2 かんぺきだ　3 めちゃくちゃだ　4 りゅうちょうだ

9 私はその本を丹念に読んだ。

1 じっくりと　2 ちらっと　3 ぼうっと　4 ざっと

10 人の作品をならうのはよくない。

1 模倣する　2 学習する　3 始末する　4 改良する

답 1④ 2② 3① 4② 5④ 6① 7② 8④ 9① 10①

콕콕 예상 문제 26 유의표현

/10

問題３　＿＿＿の言葉に意味が最も近いものを、1・2・3・4から一つ選びなさい。

1　彼はユニークな女性観の持ち主です。

1　独特な　　2　有名な　　3　美しい　　4　すぐれた

2　魚を料理するこつを覚えた。

1　利点　　2　修行　　3　要領　　4　製法

3　借りた車を壊したらつぐないをするのが当然だ。

1　補償　　2　弁解　　3　返還　　4　修理

4　いかに苦しくてもがまんできます。

1　どうにか　　2　どんなに　　3　どうして　　4　どうぞ

5　その計画は見合わせることに決めた。

1　変更する　　2　承認する　　3　実施する　　4　中止する

6　彼らは交代でハンドルをにぎった。

1　くれぐれも　　2　かわるがわる　　3　ことごとく　　4　ちゃくちゃくと

7　私とちがって、姉はとてもつつましい人です。

1　りっぱな　　2　ひかえめな　　3　まずしい　　4　のぞましい

8　家中くまなく捜したが、見当たらなかった。

1　すみずみまで　　2　ひととおり　　3　とりあえず　　4　ありのままに

9　お客を集めるところからバトルです。

1　狙い　　2　装い　　3　償い　　4　戦い

10　この写真は私にとってかけがえのないものだ。

1　真剣な　　2　貴重な　　3　地味な　　4　格別な

답 1① 2③ 3① 4② 5④ 6② 7② 8① 9④ 10②

콕콕 예상 문제 27 유의표현 /10

問題 3 ＿＿＿の言葉に意味が最も近いものを、1・2・3・4から一つ選びなさい。

1 彼女は100メートル競走で3位になった。

1 バトル　2 スコア　3 レース　4 スピード

2 何だか今日はどんよりした天気だ。

1 晴れていて明るい　2 曇っていて暗い

3 風が吹いて涼しい　4 雨が降って蒸し暑い

3 西側諸国(にしがわしょこく)はこぞって彼を支持していた。

1 おのおの　2 ほとんど　3 すべて　4 あんのじょう

4 終業をつげるチャイムが響いた。

1 閉じる　2 知らせる　3 伝わる　4 叫ぶ

5 彼はあわただしく出発した。

1 喜んで　2 いさぎよく　3 急いで　4 こころよく

6 その情報がどんなルートで入って来たのか確認する必要がある。

1 会議　2 議論　3 経路　4 流通

7 父からその件についてはオーケーをもらっています。

1 推薦　2 誤解　3 紹介　4 承認

8 理由も聞かずに子どもを叱ったのは軽率だった。

1 不注意　2 不機嫌　3 非常識　4 非合法

9 急にエンジンがストップした。

1 故障　2 停止　3 燃焼　4 爆発

10 彼女は綱(つな)の上をバランスを取りながら見事に歩いた。

1 均衡　2 屈折　3 姿勢　4 好調

답 1③ 2② 3③ 4② 5③ 6③ 7④ 8① 9② 10①

콕콕 예상 문제 28 유의표현 /10

問題 3 ＿＿＿の言葉に意味が最も近いものを、1・2・3・4から一つ選びなさい。

1 その男は彼女をあざむいてそのお金を取り上げた。

1 きずつけて　2 くるしませて　3 だまして　4 まよわせて

2 昔の結婚式の祝辞は、オーバーで形式的なほめ言葉を羅列(られつ)したものが多かった。

1 はなやかで　2 おおげさで　3 なめらかで　4 きよらかで

3 この文は構造がややこしい。

1 明確だ　2 奇妙だ　3 簡潔だ　4 複雑だ

4 会議は円滑に進行した。

1 エレガントに　2 スムーズに　3 オープンに　4 ドライに

5 とっさに身をかわして落石をよけた。

1 一般的に　2 間接的に　3 瞬間的に　4 積極的に

6 彼女はきわめて親切だった。

1 いっこうに　2 非常に　3 初めて　4 不意に

7 そのとき、私はピンチだった。

1 不況　2 切実　3 貧困　4 危機

8 彼のギャグにみんな爆笑(ばくしょう)した。

1 冗談　2 挨拶　3 物語　4 説話

9 やることがおさなくて、まったく中学生とは思えない。

1 物騒で　2 幼稚で　3 膨大で　4 乱暴で

10 あの人はしょっちゅう愚痴(ぐち)ばかりこぼしている。

1 たびたび　2 にわかに　3 たまたま　4 いつも

답 1③ 2② 3④ 4② 5③ 6② 7④ 8① 9② 10④

콕콕 예상 문제 29 유의표현

/10

問題 3 ＿＿＿の言葉に意味が最も近いものを、1・2・3・4から一つ選びなさい。

1 何事も努力が肝心だ。

1 有利だ　2 妥当だ　3 重要だ　4 得意だ

2 なんだか彼女が好きになれない。

1 しみじみ　2 なんとなく　3 いまにも　4 つくづく

3 容易ならない情勢(じょうせい)になってきた。

1 迅速な　2 重大な　3 明白な　4 無茶な

4 番組(ばんぐみ)の途中でコマーシャルを流す。

1 予告　2 宣伝　3 沈黙　4 抽選

5 彼らの間にはまだ大きなギャップがある。

1 溝(みぞ)　2 同感　3 しこり　4 ふた

6 このごろは誰でも手軽に海外旅行に行くことができる。

1 見事に　2 簡単に　3 退屈に　4 冷静に

7 学校へ来る途中で昔の友だちにばったり会った。

1 自然　2 突然　3 断然　4 偶然

8 彼が無事だったのでほっとした。

1 残念だった　2 不安だった　3 心中した　4 安心した

9 台本は数か所カットされていた。

1 補強　2 削除　3 修正　4 添削

10 どうせあなたも私もいつかは死ぬのです。

1 もしかしたら　2 きっと

3 しらずしらずのうちに　4 いずれにしても

답 1③ 2② 3② 4② 5① 6② 7④ 8④ 9② 10④

콕콕 예상 문제 30 유의표현 　　/10

問題３　＿＿＿の言葉に意味が最も近いものを、1・2・3・4から一つ選びなさい。

1　A「仕事はどうですか。」 B「はかどっています。」

1　徐々に減っています　　2　順調に進んでいます
3　予想外に遅れています　　4　急激に増えています

2　賄賂(わいろ)を受け取るなんて彼もあさましいことをしたもんだ。

1　冷静な　　2　勇敢な　　3　極端な　　4　卑劣な

3　彼女はいまだに独身です。

1　今でも　　2　そこまで　　3　今さら　　4　これから

4　お茶は缶の中にまだいくらか残っている。

1　まったく　　2　少し　　3　たっぷり　　4　全然

5　彼は法律家として長いキャリアを持っている。

1　経歴　　2　運転　　3　長身　　4　美人

6　私はすべてを彼女にうちあけてしまった。

1　申告して　　2　通告して　　3　告白して　　4　密告して

7　明日から夏休みだ。軽やかなステップで帰る。

1　歩み　　2　働き　　3　舞台　　4　つえ

8　彼のピアノ演奏はくろうと並みです。

1　アマチュア　　2　ゼロ　　3　プロ　　4　スマート

9　このごろは凶悪(きょうあく)事件が頻繁に起こる。

1　しきりに　　2　にわかに　　3　きわめて　　4　いっこうに

10　彼の説明のポイントがつかめなかった。

1　視点　　2　対処　　3　要点　　4　対策

답 1② 2④ 3① 4② 5① 6③ 7① 8③ 9① 10③

콕콕 예상 문제 31 유의표현

/ 10

問題 3 ＿＿＿の言葉に意味が最も近いものを、1・2・3・4から一つ選びなさい。

1 航空各社はいま顧客獲得(こきゃくかくとく)でしのぎを削っている。

1 譲歩し合って　2 他人より優れて　3 鉛筆を削って　4 競争し合って

2 われわれはみな彼の死を惜しんだ。

1 異常に思っている　2 面倒がっている
3 妥当に思っている　4 残念がっている

3 リーダーが腹を決めれば、われわれはそのとおりに動くのだ。

1 じっとがまんすれば　2 うらみをはらせば
3 おこり出せば　4 決心すれば

4 英語を話せることが彼のプラスになっている。

1 視点　2 利点　3 観点　4 欠点

5 物をぞんざいにあつかってはいけない。

1 じゅうぶん　2 だいたい　3 わずか　4 いいかげん

6 この特別番組について批評をお願いします。

1 インタビュー　2 アンケート　3 チェック　4 コメント

7 この問題には閉口しています。

1 けなされて　2 みなされて　3 なやまされて　4 まよわされて

8 その双子はうりふたつだ。

1 めっきり　2 ぶつぶつ　3 にこにこ　4 そっくり

9 彼女はその難関を乗り越えることができなかった。

1 模倣する　2 匹敵する　3 克服する　4 指摘する

10 痴呆症(ちほうしょう)の診断(しんだん)は難しいケースが多い。

1 しかけ　2 はこ　3 経路　4 場合

답 1④ 2④ 3④ 4② 5④ 6④ 7③ 8④ 9③ 10④

콕콕 예상 문제 32 유의표현

/10

問題 3 ＿＿＿の言葉に意味が最も近いものを、1・2・3・4から一つ選びなさい。

1 それはいかにも奇妙な事件だった。

1 実に　2 異常に　3 実は　4 微妙に

2 そのモデルは写真のポーズをとった。

1 姿勢　2 雰囲気　3 均衡　4 態度

3 昨晩は彼と長時間世間話をした。

1 雑談　2 講演　3 解説　4 議論

4 彼はどの道を選ぶべきかじっくり考えた。

1 上手に　2 地味に　3 慎重に　4 巨大に

5 商店街はあたかも真昼のような明るさだった。

1 いったん　2 まるで　3 つまり　4 やがて

6 その問題は目下検討中です。

1 将来　2 過去　3 現在　4 最中

7 あんなにわいわい騒(さわ)がれると、本人はうとましい気分になるだろう。

1 残念な　2 よく知らない　3 いやな　4 なつかしい

8 この歌はヒットチャートの第1位にランクされています。

1 忘却　2 決定　3 差別　4 順位づけ

9 私は彼女が笑ったので承知(しょうち)したものと判断した。

1 拒否した　2 断絶した　3 解釈した　4 承諾した

10 彼が金に困っているとは一向に知らなかった。

1 少しも　2 むしろ　3 すべて　4 かえって

답 1① 2① 3① 4③ 5② 6③ 7③ 8④ 9③ 10①

콕콕 예상 문제33 용법 /5

問題４ 次の言葉の使い方として最もよいものを、１・２・３・４から一つ選びなさい。

1 円滑(えんかつ)

1 彼は結婚に関してはひどく円滑だ。

2 仕事は円滑に進んでいる。

3 彼は円滑な政治家として知られている。

4 彼が偉大な小説家と呼ばれるのは円滑ではない。

2 はかどる

1 セーヌ川はパリの中心部をはかどって流れる。

2 名簿(めいぼ)作成が、いっこうにはかどらない。

3 僕はサーフボートの上でバランスをはかどることができない。

4 押印(おういん)に代えて署名してもはかどらない。

3 とりわけ

1 失敗がとりわけ良い結果を生むこともある。

2 彼女は手先(てさき)が器用だが、とりわけ編(あ)み物(もの)が上手だ。

3 とりわけ行ったのに、彼女は留守だった。

4 今年こそは、とりわけ泳げるようになりたい。

4 了承

1 祭りは夜ふけになってようやく了承した。

2 その仕事を了承するのにどれくらいかかりますか。

3 ご了承のように私はフランス語がぜんぜん話せません。

4 この案は委員会の了承を得ています。

5 キャリア

1 部署の改編に伴い新しいキャリアを購入した。

2 人事異動があって、新しい部署(ぶしょ)のキャリアに移る。

3 長いキャリアを持っているということは転職ではプラスポイントだ。

4 体操でひとつのキャリアを習得するには、長い間の努力が必要だ。

답 1② 2② 3② 4④ 5③

콕콕 예상 문제 34 용법 /5

問題４　次の言葉の使い方として最もよいものを、１・２・３・４から一つ選びなさい。

1 けなす

1　彼はいつも課長をけなしてばかりいる。
2　その子は母親に人形を買ってくれとけなした。
3　彼女はその子のほおをけなした。
4　借金をしないですませようといくらけなしても無駄だった。

2 うつろ

1　赤と黄色のうつろなシャツを着ている。
2　あの人は、うつろがうまい。
3　あの人はしょっちゅううつろなことを言っている。
4　彼女はうつろな目で私を見た。

3 ドライ

1　彼女はなかなかドライした個性の持ち主だ。
2　全体がドライとした雰囲気(ふんいき)の中に包まれている。
3　娘はドライな性格だと思われているが、本当はあれで涙もろい。
4　この研究分野では日本は大きく諸外国をドライしている。

4 へきえき

1　へきえきして彼の機嫌(きげん)をとる必要はない。
2　驚(おどろ)くほど絵がへきえきした。
3　お金をなくして彼はすっかりへきえきしてしまった。
4　この暑さにはへきえきした。

5 ろくに

1　４月だというのに今日はろくに暑い。
2　なんだ、君は。ろくに字も書けないじゃないか。
3　田舎の祖母は今年百歳だが、ろくに元気だ。
4　彼女は落石(らくせき)からろくに子どもをかばった。

답 1① 2④ 3③ 4④ 5②

問題４ 次の言葉の使い方として最もよいものを、１・２・３・４から一つ選びなさい。

1 しとやか

1 彼はかたわらにしとやかな女性を連れていた。
2 海はしとやかで波も静かだった。
3 しとやかな見積もりを出してください。
4 彼女の指はピアニストのようにしとやかだ。

2 いじる

1 彼はひじで私の背中をいじった。
2 混んだ電車で上着のボタンを３ついじられた。
3 机の上の書類は絶対(ぜったい)いじらないでください。
4 気をつけていても、息子の顔を見るとついいじるような言い方になってしまう。

3 しみじみ

1 私はさしみがしみじみ好きだ。
2 はなれて暮らしてみて、母のありがたみをしみじみと感じた。
3 富士山(ふじさん)に登るのはしみじみたいへんだ。
4 このごろしみじみ体の調子が悪い。

4 余地

1 彼の行動が犯罪であることは証拠(しょうこ)により疑う余地がない。
2 車にうちの子どもを乗せてもらう余地がありますか。
3 連休中テーマパークは余地を楽しむ家族連れでにぎわった。
4 余地に手品をやってくれないかと頼まれた。

5 やけに

1 やけにご機嫌ね。何かいいことでもあったの。
2 やけに雨だとしても予定どおり行う。
3 民衆(みんしゅう)はやけに武器を持って戦った。
4 彼はやけに勉強もしないのにいつも良い成績だ。

답 1① 2③ 3② 4① 5①

問題４　次の言葉の使い方として最もよいものを、１・２・３・４から一つ選びなさい。

1 目下

1　目下どんなことがあるかわからない。
2　運転免許を取ろうと目下練習中です。
3　部屋に入った目下に男が窓から逃げるのが見えた。
4　暑い目下でも彼女は厚いくつ下をはいている。

2 手配

1　その切り傷は手配をしてもらったほうがいい。
2　２月末に到着して、すぐ仕事に手配した。
3　たいへん手配をかけて申しわけありません。
4　彼に車を手配してくれるように頼んである。

3 やたら

1　疲れていたのでやたらと眠ってしまった。
2　親にも相談せずやたらに決めて結婚した。
3　家族を支えるためやたらに働いた。
4　やたらなことを言うものではない。

4 オープン

1　情報をオープンとして、相手とちゃんと話し合おう。
2　いつでも参照(さんしょう)できるよう、オープンした所に保管してください。
3　自動車走行中に突然エンジンがオープンになった。
4　大きな業績を残す人は、考え方がオープンです。

5 むやみに

1　燃料(ねんりょう)はむやみにあるから心配するな。
2　むやみに木(き)を切り倒(たお)すのは自然破壊(はかい)につながる。
3　わが社は円高(えんだか)の影響(えいきょう)をむやみに受けて倒産(とうさん)した。
4　あとで計算し直したら百円むやみに払っていた。

답 1② 2④ 3④ 4④ 5②

問題４　次の言葉の使い方として最もよいものを、１・２・３・４から一つ選びなさい。

1 没収

1　途中下車をするとこの切符は没収になります。
2　その地区では小学校を一つに没収する計画がある。
3　不正行為で手に入れた土地を没収された。
4　その高校は試合の出場を没収すると発表した。

2 無茶（むちゃ）

1　この国は無茶な天然資源に恵まれている。
2　最近マンションの売れ行き（うれゆき）が無茶した。
3　そのホテルでは原因不明の無茶した火災がしばしば起きる。
4　近ごろは無茶な運転をする人が多い。

3 かばう

1　その女優は自分の年齢をかばっていた。
2　初出場のチームに優勝（ゆうしょう）をかばわれた。
3　彼は私の注意をその話題からかばおうとした。
4　彼女は飛んできたボールから子どもをかばってけがをした。

4 うんざり

1　買ったばかりの財布をすられてしまい、彼はうんざりしている。
2　決まりきった毎日の仕事にうんざりしている。
3　彼女は若いけれども、考え方がうんざりしている。
4　病気がうんざりよくなったら、遊園地に行こうね。

5 本音

1　彼はまぬけのように見えるが、本音は利口者だ。
2　もうこの件にはかかわりたくないというのが彼の本音だろう。
3　彼の健康の回復はまだ本音的ではない。
4　その学生はようやく本音になって勉強を始めた。

답 1③ 2④ 3④ 4② 5②

콕콕 예상 문제 38 용법 /5

問題４ 次の言葉の使い方として最もよいものを、１・２・３・４から一つ選びなさい。

1 キャッチ

1 本当に正しい情報をキャッチしてください。
2 他の福祉(ふくし)予算をキャッチしてまで行うほど緊急性があるとは思えない。
3 あの首相には世論をキャッチとした強力な力がある。
4 2005年にキャッチして以来、これまで数多くのドラマや映画に出演してきた。

2 冷酷

1 責任能力に問題はなく、非情で冷酷な犯行だ。
2 結婚式は近親者しか招かない冷酷なものだった。
3 この大学に入るのは長らく私の冷酷な願いだった。
4 彼の冷酷な人柄が多くの人々を引きつける。

3 ことごとく

1 この本に書いてあることはことごとく理解した。
2 そらがことごとく暗くなって来たね。
3 この大雪ではことごとく電車は遅れるかもしれない。
4 時間がないので、朝食もことごとく家を出た。

4 がっくり

1 家の裏にがっくりした倉庫(そうこ)が置いてある。
2 彼は息子に死なれてがっくりしています。
3 選手たちはがっくりとスクラムを組んだ。
4 この服は私の体にがっくり合う。

5 心中

1 生活苦におちいって心中する事例(じれい)もある。
2 彼は医学の研究に一生をささげようと心中した。
3 朝の空気ですっかりさわやかな心中になった。
4 彼の英語嫌いは心中的なものです。

답 1① 2① 3① 4② 5①

問題４　次の言葉の使い方として最もよいものを、１・２・３・４から一つ選びなさい。

1 いまにも

1 彼は息子が生まれて、いまにも喜んでいるでしょう。
2 あの子が泣くなんて、いまにもくやしかったに違いない。
3 テレビで見た料理を、いまにも今夜作ってみます。
4 急に空が曇ってきて、いまにも雨が降りだしそうだ。

2 いたわる

1 病人をいたわるのは人としてあたりまえのことだ。
2 どんなことでも一生懸命やって、いたわる努力をしてください。
3 ぼくたちはお金を出し合って、アパートをいたわっている。
4 私は友だちを介してこの仕事をいたわってもらった。

3 折衷

1 コンビニエンスストアと駅売店を折衷な事業展開となっている。
2 普段からの努力が大切だということを折衷に感じた。
3 警察は麻薬の密売に対し厳しい折衷をとった。
4 私の案と彼の案を折衷して最終的提案を決めた。

4 質素

1 彼女は、非常に質素な生活をしている。
2 君たち、もっと質素に話し合おう。
3 彼は質素に自分の誤りを認めた。
4 質素に言うと君の主張は全然説得力がない。

5 だぶだぶ

1 だぶだぶ勉強にかかるとするか。
2 だぶだぶ目まいがして立っていられない。
3 彼女はだぶだぶして何も言えずに立っていた。
4 兄の洋服を着てみたら、だぶだぶだった。

답 1④ 2① 3④ 4① 5④

콕콕 예상 문제 40 용법 /5

問題４　次の言葉の使い方として最もよいものを、１・２・３・４から一つ選びなさい。

1 すみやか

1 バレエの基本と応用を身につけ、すみやかな体をつくります。
2 緊急事態だから、すみやかに行動に移らなくてはならない。
3 私たちはすみやかな坂をくだった。
4 和服というと、すみやかな女性が連想される。

2 つくづく

1 千メートル走ったらむねがつくづくした。
2 外国で暮らしていると、自分の国との文化の違いをつくづく考えさせられる。
3 つくづくあの店で昔の友だちに会った。
4 風邪を引いたので鼻水(はなみず)がつくづく出てきて困る。

3 内緒

1 彼の死後、彼の一人息子が全財産を内緒した。
2 このことは、妻に内緒にしておいてください。
3 彼は校長としての責任を内緒している。
4 彼らは卒業と内緒に結婚した。

4 シック

1 ピアスをしていて、シックを起こす人が数多くいる。
2 最近のお年寄りはシックでおしゃれな服装をしている人が多い。
3 面接では笑顔と声のシックが重要です。
4 演奏家には、才能、音楽のシックが必要です。

5 前途

1 雨が降り出したので、前途で引き返した。
2 これらの小さい地震は大地震の前途ではない。
3 新婚夫婦の前途を祝して乾杯した。
4 私の車の前途に大型のバスが走っていた。

답 1② 2② 3② 4② 5③

콕콕 예상 문제 41 용법 　/5

問題 4 次の言葉の使い方として最もよいものを、1・2・3・4から一つ選びなさい。

1 ゆるやか

1 2人はゆるやかに連絡を取り合っていた。
2 この測定器はゆるやかな物音にも反応する。
3 丘はゆるやかに南に向かって傾斜(けいしゃ)している。
4 海はおだやかで鏡のようにゆるやかだった。

2 中断

1 仕事を中断でやめてはいけない。
2 彼の演説はたびたびの質問により中断された。
3 日本政府はその件に関しては中断な態度を取っている。
4 南極基地(なんきょくきち)の様子は日本全国に中断放送された。

3 サボる

1 彼女は子どもたちのいたずらには目をサボった。
2 子どもが掃除当番をサボって帰ってきたことが判明した。
3 この電車をサボると、あと1時間電車がないんだ、急げ。
4 できるだけ早い成立を望むが、合意をサボることはない。

4 同調

1 その事件に関してはまったく同調だ。
2 アメリカ経済は依然として同調を維持している。
3 その少年が学校をさぼると、彼の仲間も同調した。
4 子どもの誕生で生きる喜びを同調した。

5 じっくり

1 あらゆる可能性をじっくり考えてごらん。
2 あの人は父に死なれてじっくりしている。
3 大学の入学試験に落ちてじっくりしている。
4 このスープはじっくりしている。

답 1③ 2② 3② 4③ 5①

問題4　次の言葉の使い方として最もよいものを、１・２・３・４から一つ選びなさい。

1 追及

1　警察は３日にわたり容疑者(ようぎしゃ)をきびしく追及した。
2　彼はその島に追及され、そこで死んだ。
3　あと３人まえ追及してください。
4　２人の長所が互いの短所を追及し合っている。

2 こっけい

1　静かでこっけいなお住まいですね。
2　病人(びょうにん)は一日中こっけいに水をほしがった。
3　彼はいつもこっけいなことを言ってみんなを笑わせる。
4　ゆうべはこっけいに寝てないんです。

3 さぞ

1　あの事故で彼はさぞ死ぬところだった。
2　彼の成績はクラスの皆よりさぞ優れている。
3　川で釣ったばかりの魚を焼いて食べるなんて、さぞおいしいに違いない。
4　親の言うことなんかさぞ聞こうともしない。

4 コントロール

1　同じコントロールを空けて木が植えられていた。
2　彼を社長の椅子から追い出すコントロールは役員会の前にすでに出来上がっていた。
3　感情をコントロールできる理性的な人になりたい。
4　同じ認証取得者でも製品コントロールが違うと、別のファイル番号が付与される。

5 動機

1　彼は私の年齢を動機してはくれなかった。
2　今度の失敗は彼にはいい動機した。
3　彼女は着席するようにと動機で示した。
4　彼は母の病気を治したいという動機から医者になった。

답 1① 2③ 3③ 4③ 5④

부록

파이널 테스트 1~4회

파이널 테스트 정답

JLPT N1

파이널 테스트 1회

問題１　＿＿＿の言葉の読み方として最もよいものを、１・２・３・４から一つ選びなさい。

1 その事件をきっかけに両国間の協力関係は瓦解した。

1　うかい　　2　がかい　　3　ごかい　　4　わかい

2 今日は学校で先生と保護者との懇談会があった。

1　こんだんかい　　2　かんだんかい　　3　ざだんかい　　4　えだんかい

3 内田(うちだ)さんの日々の努力は尊敬に値する。

1　ねする　　2　ちする　　3　あたいする　　4　いこいする

4 きのう、督促の電話がかかってきた。

1　さいぞく　　2　さいそく　　3　とくぞく　　4　とくそく

5 祖父が大切にしていた古い壺(つぼ)を専門家に鑑定してもらった。

1　かんじょう　　2　かんてい　　3　けんじょう　　4　けんてい

6 その質問に対する彼の答えが傑作だった。

1　けっさく　　2　けっさ　　3　がっさく　　4　がっさ

問題２　（　　　）に入れるのに最も良いものを、１・２・３・４から一つ選びなさい。

7 その事件はわれわれすべてにとってよい（　　　）となった。

1　教訓　　2　教養　　3　啓発　　4　触発

8 金銭面でまだ両者間の（　　　）は得られていない。

1　集結　　2　適用　　3　順応　　4　合意

9 高橋(たかはし)さんは驚くほど（　　　）知識を身につけている。

1 幅広い　　2 分厚い　　3 広大な　　4 重厚な

10 次の条件に（　　　）する場合はこの用紙にご記入ください。

1 適応　　2 相当　　3 順応　　4 該当

11 友人の（　　　）を暴(あば)くのはつらかったが、仕方なかった。

1 悪　　2 非　　3 苦　　4 没

12 雨も降ったり止んだりで、空は薄暗く、とても（　　　）気持ちです。

1 かすかな　　2 ひそかな　　3 心細い　　4 心無い

13 小林(こばやし)さんはコーヒーを１杯飲んだら落ち着きを（　　　）ようだ。

1 受け入れた　　2 取り戻した　　3 呼び込んだ　　4 引き寄せた

問題３　＿＿＿の言葉に意味が最も近いものを、1・2・3・4から一つ選びなさい。

14 このグラフは世界的な気象異変を<u>端的に</u>示している。

1 主に　　2 大げさに　　3 明白に　　4 部分的に

15 彼女は自分が美人なのを<u>鼻にかけて</u>いる。

1 張りあって　　2 打ち込んで　　3 自慢(じまん)して　　4 誇張して

16 <u>かねて</u>お知らせしたとおり、４月１日に会議を行います。

1 ふたたび　　2 まえもって　　3 ほとんど　　4 どうしても

17 到着は今夜<u>あるいは</u>明朝になります。

1 もしも　　2 そのまま　　3 または　　4 たしか

18 このごろはささいなことが重大事件に発展することが多い。

1 重要な　2 深刻な　3 新たな　4 小さな

19 私はその先生に淡い恋心(こいごころ)をいだいていた。

1 みじめな　2 ひそかな　3 わずかな　4 たんする

問題4 次の言葉の使い方として最もよいものを、1・2・3・4から一つ選びなさい。

20 規制

1 毎日5キロ走っているが、今日は寒いので3キロに規制した。
2 われわれの活動は狭い範囲に規制されている。
3 祭(まつ)り期間中、市街地では大幅な交通規制が行われる。
4 彼らは被害を最小限に規制するための努力を惜しまなかった。

21 帯びる

1 最終案が決まり、計画が現実味を帯びてきた。
2 そのピアニストは聴衆からの拍手を帯びて、アンコールにこたえた。
3 警察は被害者にうらみを帯びる者の犯行と見ている。
4 家庭を帯びている苦労も多いが、その分喜びも多い。

22 没頭

1 今は無理しないで耳の病気の治療に没頭してほしい。
2 私は今のアルバイトが楽しく、自分なりに没頭した生活を送っている。
3 打ち上げという大仕事を無事成(な)し遂(と)げ、充実感に没頭した。
4 すべてを忘れて没頭できるものがあるのはすばらしいことだ。

23 耐えがたい

1 日盛りまでまだ時間があるのに、耐えがたい暑さだった。

2 電話の向こうの彼女は、ひどく耐えがたい声をしていた。

3 お笑い芸人が市長になったというニュースは耐えがたく驚いた。

4 そんな初歩的なミスをなんて、不注意も耐えがたい。

24 退く

1 もう仕事のために家庭を犠牲にするのは退いた。

2 ８０キロを退いていた体重が７０キロ台に落ちた。

3 １日も退いてゆっくりとおふろに入るのが楽しみだ。

4 一般企業の工場長として長年勤めてきた職場を退いた。

25 復旧

1 台風被害により通行不能になっていた作業路を、５年ぶりにようやく復旧した。

2 雨が強くなり、一時中断となったが、17分後に試合が復旧した。

3 そのボクサーは３年前にいったん引退したが、そのあと現役に復旧した。

4 子ども同士のけんかは、あっという間に復旧するのであまり心配はないよ。

JLPT N1

파이널 테스트 2회

問題１　＿＿＿の言葉の読み方として最もよいものを、１・２・３・４から一つ選びなさい。

1 このドラマの登場人物はすべて架空のものです。

1 かくう　2 がくう　3 かこう　4 がこう

2 私は海外旅行をするために毎月少しずつ蓄えている。

1 たずさえて　2 たくわえて　3 そなえて　4 かかえて

3 質問があったら随時聞いてください。

1 しゅうじ　2 じゅうじ　3 すいじ　4 ずいじ

4 梅の香りが辺り一面に漂っていた。

1 うるおって　2 ただよって　3 さまよって　4 さからって

5 このキャッチフレーズは秀逸だ。

1 しゅういつ　2 しゅういち　3 しゅいつ　4 しゅいち

6 彼の事業は当時隆盛をきわめた。

1 りゅうじょう　2 りゅうじょう　3 りゅうせい　4 りゅせい

問題２　（　　　）に入れるのに最も良いものを、１・２・３・４から一つ選びなさい。

7 被告はその自白が警察に（　　　）されたものだったと言った。

1 圧倒　2 束縛　3 強制　4 固執

8 彼のマーケティングの（　　　）のよさは抜群です。

1 センス　2 クレーム　3 ステップ　4 ニュアンス

9 その工場は２４時間体制で（　　　）している。

1 展開　　2 起動　　3 運行　　4 稼働

10 社長は報道（　　　）の面会を拒んだ。

1 陣　　2 網　　3 隊　　4 派

11 台風の被害を最小限に（　　　）よう努力します。

1 吸い上げる　　2 投げ出す　　3 食い止める　　4 打ち切る

12 一日じゅう立ち続けで（　　　）疲(つか)れた。

1 ぎっしり　　2 へとへとに　　3 すっきり　　4 からからに

13 印象派の画家はみんな好きだが、（　　　）言えばモネがいちばんいい。

1 よほど　　2 いっそう　　3 いかにも　　4 しいて

問題3 ＿＿＿の言葉に意味が最も近いものを、1・2・3・4から一つ選びなさい。

14 私はハイキングに行くのが大好きだ。とりわけ秋がよい。

1 無性(ぶしょう)に　　2 大幅(おおはば)に　　3 丹念(たんねん)に　　4 格別(かくべつ)に

15 私の経歴については山本教授に照会してください。

1 知らせて　　2 申し込んで　　3 問い合わせて　　4 訪ねて

16 彼は怠けていたので、案の定試験に落ちた。

1 驚いたことに　　2 それと同時に　　3 あいにく　　4 思ったとおりに

17 腹が立って思わず彼をどなってしまった。

1 思ったとおり　　2 無意識に　　3 わざとらしく　　4 十分に

18 今回はもろもろの事情があって、研究会に参加できません。

1 いろいろの　2 いかなる　3 個人的な　4 やむをえない

19 次から次へと出てくる要求に私はとまどった。

1 驚いた　2 困った　3 怖がった　4 悔やんだ

問題 4 次の言葉の使い方として最もよいものを、1・2・3・4から一つ選びなさい。

20 抱え込む

1 そんな粗末な食事では体が抱え込まないだろう。
2 悩み事を一人で抱え込まないで友達に相談したほうがいいよ。
3 乗組員32人のうち5人の遺体はまだ抱え込まれていない。
4 役員会は社員の要求を抱え込むことにした。

21 入手

1 私は彼女から誕生日にプレゼントを入手した。
2 多くの人命を犠牲にしてわれわれは自由を入手した。
3 その男は麻薬の入手経路を明かさなかった。
4 この金庫を開けるには許可を入手しなければならない。

22 見落とす

1 誰もこっちへ来ないように見落としていてください。
2 彼は入試にすべて落ちて自分自身を見落とした。
3 選手が試合中、監督(かんとく)のサインを見落とした。
4 世の中が目まぐるしく変わるので5年先を見落とすことさえ難しい。

23 一律に

1 今までの疲れが、一律に出て寝込んでしまった。

2 中学生の医療費を一律に無料化するより、優先すべきことがある。

3 君は都合が悪くなると、一律に人のせいにするんだね。

4 その習慣が一律に普及したのは江戸時代の終わりごろだった。

24 はなはだしい

1 その試合での彼のはなはだしい活躍で僕らの学校は優勝した。

2 この宿題を月曜日までにすませるのはかなりはなはだしい。

3 彼女の冷たい態度に、彼ははなはだしく自尊心を傷つけられた。

4 彼女のはなはだしい活躍の陰には血のにじむような努力があった。

25 還元

1 予約をキャンセルされた場合、料金の還元は行われない。

2 町の人口はこの５年間で３０パーセント還元した。

3 専門家は今年の後半には景気が還元するだろうと語った。

4 研究成果を社会に還元する努力をしなければならない。

JLPT N1

파이널 테스트 3회

問題 1　＿＿＿の言葉の読み方として最もよいものを、1・2・3・4から一つ選びなさい。

1　彼は現実と虚構の区別ができなかった。

1　きょごう　　2　ぎょごう　　3　きょこう　　4　ぎょこう

2　記者会見に臨んだ首相は緊張した面持ちだった。

1　はげんだ　　2　いどんだ　　3　からんだ　　4　のぞんだ

3　陳列してある商品には手を触れないでください。

1　ちんれつ　　2　しんれつ　　3　ちんれい　　4　しんれい

4　まさに仕事一色の索漠たる人生を送っていると言ってもいいだろう。

1　せきまく　　2　せきばく　　3　さくまく　　4　さくばく

5　彼は私に痛罵を浴びせた。

1　つうば　　2　つうは　　3　うつばい　　4　つうはい

6　彼は幼少にして数学の天才の萌芽が見られた。

1　ほうげ　　2　ほうが　　3　もうげ　　4　もうが

問題 2　（　　　）に入れるのに最も良いものを、1・2・3・4から一つ選びなさい。

7　その先輩は社内でも有名なほどの感情の（　　　）が激しい方です。

1　高低　　2　出没　　3　起伏　　4　明暗

8　父は休日の時間を（　　　）ゴルフの打ちっぱなしに費(つい)やした。

1　もっぱら　　2　しきりに　　3　ますます　　4　せめて

9 私たちが（　　　）している問題についてもっと話し合うべきだ。

1 近接　2 対面　3 直面　4 隣接

10 山田（やまだ）さんはその答えを見つけようと最善を（　　　）。

1 果たした　2 尽くした　3 極めた　4 遂げた

11 警察官には違反車の取り締まりの（　　　）が課されていると言われている。

1 チーフ　2 コスト　3 ノルマ　4 キャリア

12 その少年は人込みに（　　　）見えなくなってしまった。

1 なじんで　2 からんで　3 おさまって　4 まぎれて

13 山下（やました）さんはその知らせを聞くや、（　　　）勢いで出て行った。

1 いさましい　2 すさまじい　3 やかましい　4 あわただしい

問題 3 ＿＿＿の言葉に意味が最も近いものを、1・2・3・4から一つ選びなさい。

14 往来のど真ん中でけんかをするな。

1 道路　2 広場　3 公園　4 跡地

15 社長や先輩たちがフォローしてくれた。

1 援助して　2 救助して　3 助けて　4 教えて

16 その法案はかろうじて過半数を得て通過した。

1 何とか　2 なぜか　3 すぐに　4 たまたま

17 石田（いしだ）さんはあした面接を受けるのでそわそわしている。

1 感動して　2 緊張して　3 振動して　4 出張している

18 彼女に花束を渡したらけげんな顔をされた。

1 面倒くさい　2 不愉快な　3 疑わしい　4 機嫌よい

19 実験のプロセスで我々の仮設の問題点がはっきりした。

1 証明　2 結果　3 装置　4 過程

問題４　次の言葉の使い方として最もよいものを、１・２・３・４から一つ選びなさい。

20 安静

1 私は安静な判断や処置のできる看護師になりたい。
2 通院の場合には自宅で安静にしていることが大事だ。
3 この辺りは緑が多く、安静でとても暮らしやすいところだ。
4 彼女は安静した仕事を見つけたいと思っていた。

21 はがす

1 この発見は自然科学の歴史に新たな１ページはがした。
2 細かい字は、めがねをはがさないとよく見えなくなってきた。
3 りんごの皮をはがして放置すると、表面が茶色っぽくなる。
4 ワインの瓶(びん)からラベルをはがして集めている人もいるようだ。

22 素早い

1 派手な花柄が大流行だが、素早くすたれるだろう。
2 急な事態の変化にも彼は素早く対応した。
3 天文学は最も素早く発展し、あらゆる科学の手本となった。
4 音楽が素早くやんでラジオから臨時ニュースが流れてきた。

23 今更

1 その町には今更内戦の傷跡が残っている。

2 彼女は今更倒れそうなほど真っ青だった。

3 今更女性の昇進は難しいという現実がある。

4 今更その件に関して説明するまでもないだろう。

24 もはや

1 以前はこの通りに沿ってもはや桜の並木があった。

2 彼はもはや高校教師だったが、現在は作家として活躍している。

3 本当にそんなことができるのならもはやこの場でやって見せてくれ。

4 「もはや私の時代ではない」と社長は辞任に際して言った。

25 統合

1 その会議の目的は世界経済のより緊密な統合にある。

2 暗すぎるなら、やや薄めの焦げ茶系の色に統合しても良いだろう。

3 お土産などを購入して部屋に戻って、彼と1時間後に統合する予定だ。

4 引っ越しが落ち着いたので、引っ越しにかかった費用を統合してみた。

JLPT N1

파이널 테스트 4회

問題 1 ＿＿＿の言葉の読み方として最もよいものを、1・2・3・4から一つ選びなさい。

1 その教授の講義で私は大いに啓発された。

1 けいはつ　2 けいぱつ　3 かいはつ　4 かいぱつ

2 彼は深い思索に沈潜、まったく斬新な案を打ち出した。

1 しんせん　2 しんさん　3 ちんせん　4 ちんさん

3 彼は私たちの要求を受け入れるのを拒んだ。

1 うらんだ　2 おがんだ　3 にくんだ　4 こばんだ

4 彼女は華やかなスターの生活にあこがれていた。

1 あざやかな　2 はなやかな　3 なごやかな　4 かろやかな

5 彼女の説明には脈絡がない。

1 びゃくりゃく　2 びゃくらく　3 みゃくりゃく　4 みゃくらく

6 淡い月光を浴びて木は銀色に見えた。

1 あわい　2 きよい　3 あさい　4 はかない

問題 2 （　　）に入れるのに最も良いものを、1・2・3・4から一つ選びなさい。

7 罰則(ばっそく)強化は犯罪の（　　）になると考えられます。

1 抑揚(よくよう)　2 抑止(よくし)　3 予期(よき)　4 予測(よそく)

8 私は明るく（　　）性格で、毎日楽しく生活することを心がけております。

1 おおらかな　2 あざやかな　3 ささやかな　4 すみやかな

9 大量の顧客データがその事件で（　　　）した。

1 転向　　2 展開　　3 発散　　4 流出

10 そんなに（　　　）していると病気になるよ。

1 ふんわり　　2 ひっそり　　3 のろのろ　　4 くよくよ

11 その法案は圧倒的多数で（　　　）された。

1 選出　　2 可決　　3 採取　　4 判別

12 佐藤（さとう）さんは雄弁家として（　　　）しています。

1 没頭（ぼっとう）　　2 露呈（ろてい）　　3 卓越（たくえつ）　　4 装飾（そうしょく）

13 彼女と別れたいが、どうやって話を（　　　）いいかわからない。

1 切り出して　　2 割り当てて　　3 押し込んで　　4 持ち上げて

問題3 ＿＿＿の言葉に意味が最も近いものを、1・2・3・4から一つ選びなさい。

14 子どもには良い<u>手本</u>を示す必要がある。

1 方法　　2 模範　　3 手順　　4 見本

15 彼の考え方は<u>いかにも</u>日本的だ。

1 具体的に　　2 全体的に　　3 典型的に　　4 一般的に

16 眠いのを<u>こらえて</u>徹夜で勉強した。

1 調整して　　2 辛抱して　　3 封鎖して　　4 協議して

17 その言葉に彼の<u>自尊心</u>はひどく傷ついた。

1 プライド　　2 スタイル　　3 イメージ　　4 コントロール

18 彼は人に何を言われてもいっこうに気にしない。

1 もう一度　2 少しずつ　3 一斉に　4 全然

19 紛争はその事件をきっかけにエスカレートしていった。

1 段階的に縮小して　2 組織的に縮小して
3 段階的に拡大して　4 組織的に拡大して

問題4 次の言葉の使い方として最もよいものを、1・2・3・4から一つ選びなさい。

20 人一倍

1 君が来てくれるとパーティーも人一倍楽しくなる。
2 Cアナウンサーに変わってから視聴率が人一倍だそうだ。
3 彼が今の地位にあるのは、若い頃に人一倍努力したからだ。
4 南米のサッカーチームは、いつもワールドカップで人一倍進出している。

21 携わる

1 今度の実験の成功は彼女にとって大変な業績に携わっている。
2 理論上は可能だが、それを実際に携わるのは難しいだろう。
3 勉強と仕事の両立は大変だったが、彼女は最後まで携わった。
4 私は地元の中小企業の経営に携わっており、日々勉強の毎日だ。

22 軌道

1 彼はそのソフトをインストールする軌道を同僚に説明した。
2 その点に関して政府は明確な軌道を打ち出していない。
3 石油価格の暴落により事業は軌道を修正せざるをえなくなった。
4 私はこれまで木村(きむら)先生を軌道にがんばってきた。

23 経緯

1 彼はヨットが経緯からそれないように懸命に操った。

2 生産経緯でのミスによりその商品に異物が混入した。

3 定年退職後の有意義な経緯を教えてください。

4 全国的にも有名なこの事件の経緯を追ってみよう。

24 思い詰める

1 学校から帰ってきた息子が思い詰めた表情をしている。

2 出発の3時間前にようやくスーツケースを思い詰めた。

3 悩んだあげく彼はその家の購入は思い詰めることにした。

4 私は今でもその事件をはっきりと思い詰めることができる。

25 心構え

1 ホテルマンたるもの常に全宿泊客への心構えを怠ってはならない。

2 金銭トラブルに遭わないようにするには、日頃の心構えが大切だ。

3 勉強する心構えだったが、誘惑に負けて映画を見てしまった。

4 それは彼女に何か心構えがあってやったことに違いない。

JLPT N1 파이널 테스트 정답

01회

▶ p.278

問題 1	1. ②	2. ①	3. ③	4. ④	5. ②	6. ①	
問題 2	7. ①	8. ④	9. ①	10. ④	11. ②	12. ③	13. ②
問題 3	14. ③	15. ③	16. ②	17. ③	18. ④	19. ③	
問題 4	20. ③	21. ①	22. ④	23. ①	24. ④	25. ①	

02회

▶ p.282

問題 1	1. ①	2. ②	3. ④	4. ②	5. ①	6. ③	
問題 2	7. ③	8. ①	9. ④	10. ①	11. ③	12. ②	13. ④
問題 3	14. ④	15. ③	16. ④	17. ②	18. ①	19. ②	
問題 4	20. ②	21. ③	22. ③	23. ②	24. ③	25. ④	

03회

▶ p.286

問題 1	1. ③	2. ④	3. ①	4. ④	5. ①	6. ②	
問題 2	7. ③	8. ①	9. ③	10. ②	11. ③	12. ④	13. ②
問題 3	14. ①	15. ③	16. ①	17. ②	18. ③	19. ④	
問題 4	20. ②	21. ④	22. ②	23. ④	24. ④	25. ①	

04회

▶ p.290

問題 1	1. ①	2. ③	3. ④	4. ②	5. ④	6. ①	
問題 2	7. ②	8. ①	9. ④	10. ④	11. ②	12. ③	13. ①
問題 3	14. ②	15. ③	16. ②	17. ①	18. ④	19. ③	
問題 4	20. ③	21. ④	22. ③	23. ④	24. ①	25. ②	

MEMO

MEMO